Journal of the Mediterranean Rim Studies

浙江外国语学院环地中海研究院（教育部高校国别和区域研究备案中心）主办

环地中海学刊

Journal of the Mediterranean Rim Studies

第 2 辑

马晓霖◎主编

浙江外国语学院环地中海研究院（教育部高校国别和区域研究备案中心）主办

当代世界出版社
THE CONTEMPORARY WORLD PRESS

图书在版编目（CIP）数据

环地中海学刊. 第 2 辑／马晓霖编. -- 北京：当
代世界出版社，2023.12
ISBN 978-7-5090-1777-7

Ⅰ. ①环… Ⅱ. ①马… Ⅲ. ①地中海问题-文集
Ⅳ. ①D815.9-53

中国国家版本馆 CIP 数据核字（2023）第 207360 号

书　　名：环地中海学刊 第 2 辑
出 品 人：吕　辉
策划编辑：刘娟娟
责任编辑：魏银萍　徐嘉璐
装帧设计：王昕晔
版式设计：韩　雪
出版发行：当代世界出版社
地　　址：北京市地安门东大街 70-9 号
邮　　编：100009
邮　　箱：ddsjchubanshe@163.com
编务电话：(010) 83907528
发行电话：(010) 83908410（传真）
　　　　　13601274970
　　　　　18611107149
　　　　　13521909533
经　　销：新华书店
印　　刷：英格拉姆印刷（固安）有限公司
开　　本：710 毫米×1000 毫米　1/16
印　　张：15.75
字　　数：191 千字
版　　次：2023 年 12 月第 1 版
印　　次：2023 年 12 月第 1 次
书　　号：ISBN 978-7-5090-1777-7
定　　价：79.00 元

编委会

卷首语

《环地中海学刊》第 2 辑如期出版。本辑刊登九篇文章，各篇概要如下：

黄民兴《阿拉伯-伊斯兰文明形成的历史》：系统地提出阿拉伯人的定义，介绍阿拉伯-伊斯兰文明的形成，由区域文明向世界性文明扩展的历程，主要内容、特点、影响，以及该文明孕育、奠基、全盛和衰落四阶段的发展脉络。

刘中民《奥斯曼帝国晚期的政治思潮与伊斯兰教关系述评》：19 世纪至 20 世纪初，奥斯曼帝国推动初步现代化而使政治、法律和教育领域出现世俗化倾向，并与伊斯兰传统政治思想产生矛盾与斗争，在思想领域产生泛伊斯兰主义、现代主义和土耳其主义分野。伊斯兰教既以泛伊斯兰主义形式渗透在泛奥斯曼主义、泛突厥主义中，也作为相对独立的政治与社会思潮产生广泛影响。

孙德刚、章捷莹《百年变局下中国与中东国家核能合作的现状与前景》：中东国家积极探索核能发展道路，以缓解国内电力紧张、减少碳排放、建设核能强国；在新能源革命和新科技革命推动下，中东国家发展核能促进了能源结构的多样化和全球核能技术合作伙伴的多元化。中国作为后来者，不断发挥增量优势，积极鼓励核电企业开拓中东市场、提升国际化水平。

刘云《北非新伊斯兰主义兴起的原因与特点》：新伊斯兰主义是"阿拉伯之春"以来中东政治伊斯兰演进的新阶段，埃及自由与正义党、突尼斯复兴党、摩洛哥正义与发展党通过选举上台，阿尔及利亚争取和平社会运动、利比亚正义与建设党也在"阿拉伯之春"后的选举中取得重大成果，说明新伊斯兰主义力量在北非甚至中东政治舞台兴起。与传统伊斯兰主义相比，新伊斯兰主义更加世俗化、实用化，更具有宽容性，代表了中东政治伊斯兰未来发展方向。

丁工《伊拉克战争与中东地缘战略格局的走向观察》：美国发动伊拉克战争，试图以本国政治体制为蓝本对其进行议会民主制改造，并作为民主模板向阿拉伯世界兜售。但 20 年过去，伊拉克依然笼罩在政治混乱、经济衰落、社会分裂和族群敌对、国家面临解体的巨大阴影下。随着美国影响力下降，区域大国影响力日益提升，为伊拉克寻求以发展为导向的国家政策提供了有利环境。中国更加积极主动发挥建设性作用也将为伊拉克"由乱变治"提供新机遇。

李雷《"因时制宜"：古埃及神谕兴起的多维因素探析》：神谕是一种普遍存在于早期人类文明的宗教活动，古埃及神谕兴于新王国时期，并产生深远影响，学术界却对其兴起原委鲜有深入讨论。古埃及神谕兴起并非一蹴而就，它涉及王权与神权相互关系变迁、宗教仪式时空单元建构、阿蒙神崇拜崛起，以及哈特舍普苏特与图特摩斯三世的权争。

李金泰《批判与反批判——伊本·鲁世德驳安萨里的思维路径》：伊斯兰宗教学者安萨里以怀疑论方法对世界永恒说展开系统批判，意在说明世界既非无始也非不朽，以此破坏经典形而上学、维护启示信仰崇高地位，而哲学家伊本·鲁世德认为安萨里通过转移话题和偷换概念进行诡辩。伊本·鲁世德与安萨里的论战实际上围绕理性与信仰关系展开，是对安拉、世界与人关系的理论反思，体现了针对自然理性与启示信仰、他者与自我关系的认知差异。

罗越源《倭马亚王朝时期基督徒的处境与回应——以叙利亚地区基督教为例》：倭马亚王朝统治时期，叙利亚地区基督教所处政治和宗教环境相对宽松，对伊斯兰教征服主要采取四种回应模式。叙利亚地区基督教与伊斯兰教不断接触而发展起来的共存文化，为中东地区文明发展作出重要贡献。

叶尔沙那提·吾尔尼克拜、舍金林《隐形的竞赛：巴以冲突中的人口政治探析》：本文探讨巴勒斯坦和以色列生育率出现不同走向的政治原因，认为，双方均实施人口战略，进行人口竞赛，将人口作为政治斗争武器，然而，相似地缘政治环境和生育观念下，不同的国家能力和社会经济条件对巴以双方人口政策和民众生育意愿产生不同影响，推动双方生育率反向变化，使族群人口相对优势向以色列倾斜。

《环地中海学刊》编辑部

2023 年 11 月 20 日

目　录

阿拉伯-伊斯兰文明形成的历史*

黄民兴　西北大学中东研究所教授

内容摘要：阿拉伯国家主要是根据阿拉伯国家联盟（阿盟）22 个成员国的范围来确定，阿拉伯人即阿拉伯国家的主体居民，他们是按语言和文化来定义的。阿拉伯-伊斯兰文明是中古时期伊斯兰教兴起后在西亚、北非和中亚地区形成的区域文明，以它为基础形成了伊斯兰文明圈。阿拉伯-伊斯兰文明形成和繁荣的原因是：中东古代文明长期演进和交往，阿拉伯帝国的繁荣及其对教育、文化交流的重视。古典时期阿拉伯-伊斯兰文明的发展包括四个阶段：孕育时期、奠基时期、全盛时期、衰落时期。阿拉伯-伊斯兰文明包括物质文明、精神文明、制度文明和生态文明，其特点主要是：兼具统一性和多元性；源远流长，具有历史的多源性；在内涵上有其突出特色；具有与时俱进的精神。阿拉伯-伊斯兰文明的影响主要是：阿拉伯帝国沟通了阿拉伯人所了解的以地中海

---

　　* 本文根据作者 2020 年在浙江外国语学院环地中海研究院所作同名讲座的录音稿整理、修改而成。

为中心的几乎世界所有主要文明，从而实现了古代亚非欧三大洲文明的全面交流。阿拉伯-伊斯兰文明衰落的原因包括：农耕文明与游牧文明在阿拉伯世界的长期冲突，阿拉伯帝国政治制度的影响，阿拉伯世界政治分裂，阿拉伯人失去政治统治，十字军东征，后期的阿拉伯文化趋于保守，百年翻译运动总体上未超出古希腊人的科学水平，11世纪以后，逊尼派教法学派中的创制大门关闭。

关键词： 阿拉伯人　阿拉伯-伊斯兰文明　百年翻译运动　伊斯兰化

阿拉伯-伊斯兰文明是中古时期伊斯兰教兴起后在西亚、北非和中亚地区形成的区域文明，以它为基础形成了伊斯兰文明圈，后者的范围包括了南亚、东南亚、西非和东非等地区。[①] 在历史上，阿拉伯-伊斯兰文明曾经辉煌灿烂，对世界历史产生了深远影响。本文试图对阿拉伯-伊斯兰文明形成的历史背景、特点、阶段和影响进行一个初步的探讨。

一、阿拉伯国家和阿拉伯人

人们一般从当代世界的角度去对阿拉伯国家进行定义。阿拉伯国家或阿拉伯世界主要是根据阿盟22个成员国的范围来确定的，它们主要分布在西亚、北非和东非地区，即阿尔及利亚、阿联酋、阿曼、埃及、巴勒斯坦、巴林、吉布提、卡塔尔、科威特、黎巴嫩、利比亚、毛里塔尼亚、摩洛哥、沙特阿拉伯、苏丹、索马里、突尼斯、叙利亚、也门、伊拉克、约旦和科摩罗；

---

① 羽田正者著，朱莉丽、刘丽娇译：《"伊斯兰世界"概念的形成》，上海：上海古籍出版社，2012年版。

而北非尚未独立的西撒哈拉地区也以阿拉伯人为主要居民。以上国家和地区即构成阿拉伯世界。

阿拉伯人就是阿拉伯国家的主体居民。但即便是在阿拉伯国家，也生活着其他不同民族。一些民族的人口较多，包括库尔德人、柏柏尔人和黑人等，这三个民族在西亚、北非有关国家的人口中所占比重较大。另外还有很多人口较少的民族，包括亚美尼亚人、阿塞拜疆人、亚述人、土耳其人、切尔克斯人等。所以说，阿拉伯国家实际上并非单一民族国家，而是多民族国家。

阿拉伯人属于闪族，即闪米特族（Semite），又译为塞姆族，他们世代居住在阿拉伯半岛。7世纪，伴随伊斯兰教的兴起，阿拉伯人开始以穆斯林的身份大规模进入半岛以外地区，主要是西亚、北非、中亚和南亚。在西亚、北非地区，也就是今天的阿拉伯地区和一些其他非阿拉伯国家，阿拉伯穆斯林主要通过两种方式对当地居民进行阿拉伯化：一是血缘，即阿拉伯人与当地人通婚；二是阿拉伯-伊斯兰文化的传播，例如阿拉伯语和伊斯兰教的传播（伊斯兰化）等。所以，随着阿拉伯帝国的建立和若干世纪民族的融合，原本主要分布在阿拉伯半岛上的阿拉伯民族，现在分布的范围十分广泛。还有一点就是在伊斯兰教兴起之前，这些地区所信奉的宗教是基督教和其他宗教，现在叙利亚和黎巴嫩也仍有很多基督徒。

由此，我们可以得出一个重要结论，即阿拉伯人并不是按血统，而是按语言和文化来定义的。其原因是从血统上来看，他们和当地人进行了融合，而且阿拉伯半岛的面积范围远远小于北方的新月地带和北非地区，所以在今天的当地居民中，阿拉伯人的血统所占比例并不高，尤其是在北非。也正因为如此，当代阿拉伯国家的领袖们在一次集会上把阿拉伯人定义为："凡是生活在我们的国土之上、说我们的语言、受过我们文化的熏陶，并以我们的光荣而自豪者，就是我们之中的一员。"① 而阿拉伯-伊斯兰文明就是中古时期由阿拉伯世界使用阿拉伯语的各民族创造的，以阿拉伯语为媒介、以伊斯兰教为最高宗旨、囊括了本地民众社会生活的各个方面、融汇了本地区历史上所有文化的文明。

二、阿拉伯-伊斯兰文明形成的背景

从宏观的历史角度来看，阿拉伯-伊斯兰文明是中东古代文明长期演进和交往的结果。中东是国内外学术界公认的世界文明的发祥地之一，其中两河流域和埃及是本地区古代文明发展的两大中心，形成了世界上最早的文字、城市和国家。同时，在这两大文明的影响下，西亚地区以大叙利亚为中心兴起了一系列具有特色的地方文明，这些文明的规模大都较小，但也有例外，如腓尼基、迦南、犹太、埃兰、胡里特、赫梯、阿拉伯等。这些文明涉及叙利亚、伊朗、小亚细亚和阿拉伯半岛等地区，它们围绕着地中海展开，分布在地中海的东部和南部。大叙利亚包括了叙利亚、黎巴嫩、约旦、以色列和巴勒斯坦五个国家和地区，英国历史学家汤因比（Arnold Joseph Toynbee）称大叙利亚为欧亚文明交往重要的"交通环岛区"，提出本地区的创新主要体现在宗教（一神教）、语言（字母文字）和航海上，② 其中，三大一神教都形成于该地区。由于大叙利亚地处两河流域和埃及之间、小亚细亚的南面、阿拉伯半岛的北面、伊朗的西面，所以是理想的文明交汇融合之地。在汤因比看来，欧亚文明交往主要集中在大叙利亚和中亚地区。这两个地区从地理上可以看成两个喇叭口分别朝

① 伯纳德·刘易斯著，马肇椿、马贤译：《历史上的阿拉伯人》，北京：中国社会科学出版社，1979 年版，第 3 页。

② 阿诺德·汤因比著，刘北成、郭小凌译：《历史研究》（修订插图本），上海：上海人民出版社，2000 年版，第 44 页。

向东西方的横卧的字母"Y"，将它们延伸并交汇就可以形成文明交往的"十字路口"，而中间的两河流域和伊朗就构成了连接东西方的"金哑铃"，成为文明创新和交往的大动脉。① 因此，叙利亚尽管在政治上表现平平，但其文明发展展现出后来居上的态势，主要体现在作为一神教的犹太教和腓尼基字母上，最终促成了一神教的基督教对本地区二元神教和多神教的取代，以及以字母文字（希腊、拉丁、阿拉米、阿拉伯等字母）文明对西亚的楔形文字文明和埃及的象形文字文明的取代。这些字母文字对世界文明的发展产生重大影响，如拉丁字母传播到整个欧洲，阿拉伯字母传播到整个亚非大陆，而阿拉米字母甚至发展为印度的天城体字母，以及中亚的栗特字母，并经由后者发展为中国的回鹘文、突厥文、蒙古文、满文和锡伯文的字母。② 在这一文明冲突、融合的过程中，代表东西方文明的中东文化和希腊文化发生了正面交锋，其结果是融合了双方元素的基督教的形成和传播，正是由于基督教吸收了东西方的文化，所以才能够在东西方得到广泛的传播。但基督教三位一体的教义受到希腊的影响，相对于犹太教和伊斯兰教来说，基督教一神教的观念不够彻底，并且过度吸收了欧洲文化，无法与中东的主体文化相协调，所以说伊斯兰教的兴起是中东地区文化传播交往过程中一个向中东传统（彻底的一神教和反对偶像崇拜）回归的新时代。

阿拉伯-伊斯兰文明繁荣发展的第二个原因是阿拉伯帝国的繁荣及其对教育、文化交流的重视。首先，阿拉伯帝国在其扩张过程中占据了两河流域和埃及两个古老文明地区并将其作为中心，而随着不同文明交流的加强，阿拉伯帝国统治下的西亚、北非经济繁荣、社会稳定，从而为阿拉伯-伊斯兰文明的兴盛奠定

① 彭树智主编：《中东史》，北京：人民出版社，2010年版，第28页。
② 《中国大百科全书·语言文字》（民族卷），北京：中国大百科全书出版社，1988年版，第522页。

了物质基础。其次，阿拉伯帝国对教育和文化交流高度重视，这在圣训中有很多相关的记载，比如："求学是每个男女穆斯林的天职"，体现了男女平等；"你们求学，自摇篮到坟墓"体现了"终身学习"的理念；还有"学问纵远在中国，亦当往求之"和"学者的墨汁，贵于殉道者的鲜血"；这些语句都彰显了伊斯兰教对教育的重视。① 此外，阿拉伯帝国在这一时期还建立了世界上最早的大学——卡鲁因大学（859 年）。卡鲁因大学位于今摩洛哥的非斯，而欧洲的大学就是受其影响而建立和发展起来的。根据 9 世纪的一些文献，我们可以了解到当时学校数量为前 10 名的部分城市，分别是开罗（74 家）、大马士革（73 家）、耶路撒冷（41 家）、巴格达（40 家）、阿勒颇（14 家）、的黎波里（13 家）。除的黎波里以外，其他城市都分布在大叙利亚和埃及地区，由此可见古老文明所焕发的活力。除学校外，清真寺不仅是宗教活动的场所，也是各种社交活动和教育活动的场所，9 世纪的巴格达据说有清真寺 3 万座。

三、阿拉伯-伊斯兰文明形成演变的历史进程

古典时期阿拉伯-伊斯兰文明的发展包括四个时期。第一个时期是前伊斯兰时期（622 年前），此为阿拉伯-伊斯兰文明的孕育时期，穆斯林学者称该时期为"贾希利亚时代"（"蒙昧时代"）。这里的"蒙昧"是指"愤恨、轻薄、骄矜、暴戾的意思"。② 这一时期的阿拉伯文化受到了周边的新月地带、波斯、罗马、希腊、基督教，以及犹太教的影响。早期阿拉伯文化主要包

---

① 中国伊斯兰教协会:《求学是每个男女穆斯林的天职》，http://www.chinaislam.net.cn/cms/jjgz/xwez/mpsx/201503/03-12112.html。

② 艾哈迈德·爱敏著，纳忠译:《阿拉伯-伊斯兰文化史》（第一册），北京:商务印书馆，1982 年版，第 75 页。

括两个方面：一是以阿拉伯社会为特点的部落文化，反映了部落生活的特点，其突出形式是诗歌。二是宗教。早期阿拉伯社会偶像崇拜非常兴盛，但后来随着思想观念的演变，发展出了哈尼夫派，该教派反对偶像崇拜，主张一神教。而在这一时期结束时，伊斯兰教开始传播。

第二时期是奠基时期（622 年—8 世纪中叶），这一时期是阿拉伯-伊斯兰文明体制和地理范围初步确立的时期。伊斯兰教的兴起使阿拉伯人全面实现了由边缘到中心的突破，第一次成为中东历史的主导者。阿拉伯-伊斯兰文明由此进入初创阶段，包括穆罕默德时期、四大哈里发时期和倭马亚王朝时期三个阶段。

这三个阶段文明演变的主要内容有两个方面。一是建立乌玛，即穆斯林主导的国家，国家的各项体制全面建立。在宗教方面，最终确立：以麦加为朝拜方向；以星期五为聚礼日，即主麻日；以希吉来历 9 月为斋月。此外，还确定了朝觐麦加、征收天课的制度以及清真寺的形制；编辑了《古兰经》的定本和圣训；乌里玛（伊斯兰教的一种社会阶层，包括穆斯林的学者及教法学者、法官等）及逊尼派、什叶派的教义、仪式、节日制度开始形成。在政治方面，结束了部落之间的冲突。伊斯兰教义规定，部落之间不能发生冲突，所有穆斯林是平等的，要互助互爱。在这一时期，还确立了早期乌玛和阿拉伯帝国政教合一的领导人遴选和继承制度，建立了中央和地方各级政府，以及犹太教徒和基督教徒（迪米人）的社团自治体系和管理体系。在经济方面，确立了土地、税收体制和战利品分配制度。在形势逐步稳定后，从沿用原波斯帝国的货币演变为发行阿拉伯帝国的货币，由此可以看出穆斯林处事的灵活性。在社会方面，第一个措施是建立驻防城市，这些城市往往位于农牧区的边缘地带，并逐渐变成穆斯林的政治和经济统治中心。其中典型的如伊拉克的库法、埃及的福斯塔特（开罗）等。第二个措施是建立从奴隶中培养政府官员和军官的制度，这是阿拉伯帝国独有的制度。在军事方面，早期阿拉伯军队几乎都是阿拉伯人，后来开始吸收被征服地区的人员和其他非阿拉伯民族成员。在文化方面，《古兰经》起到了重要作用，因为它的编纂确定了阿拉伯语书面语言的格式，而统一的书面语言又推动了阿拉伯语在阿拉伯半岛以外地区的传播。另外，穆斯林统治者也开始修建规模宏大、装饰精美的清真寺，建立了保护诗人和艺术家、赞助文化和科学的制度，这与其说是统治者的个人爱好，毋宁说是一种加强政治合法性的制度，因此统治者有义务去保护文化、赞助科学。在民间和政府的支持下，伊斯兰文化形成了一种独有的风格。例如，出于反对偶像崇拜的原则，伊斯兰装饰画只能以阿拉伯字母、几何图案和植物花纹为主要设计元素。

二是发起规模罕见的大征服运动。阿拉伯帝国消灭了威胁伊斯兰国家的拜占庭和萨珊帝国，使其范围扩大到西亚、北非、中亚和南亚部分地区，幅员空前辽阔，包括了诸多古老文明中心，并与周边的南亚、东亚、欧洲文明建立了直接的交往关系。

第三个时期是全盛时期（8世纪中叶—945年），这一阶段是阿拉伯-伊斯兰文明深入发展和兴盛的阶段，包括位于西亚地区的阿拉伯帝国阿拔斯王朝前期和位于北非、中亚的法蒂玛王朝、萨曼王朝、塔希尔王朝等。

这一时期政治方面的主要变化是：其一，伊斯兰政治体系发生重大变化。乌玛分裂，伊斯兰国家从哈里发国家"一个国家（乌玛），一个宗教（伊斯兰教），一个君主（哈里发）"的体系演变为以哈里发帝国为中心、穆尔科（Mulk，王国）并立的列国体制。[①] 这是一个真正的伊斯兰世界的体系。"穆尔科"的概念是

---

① 最初是西班牙后倭马亚王朝的建立，其后是中亚和北非地方王朝的建立。

由后来的突尼斯思想家伊本·赫勒敦（Ibn Khaldun，1332—1406年）提出来的，他指出，国家是一个独立实体，从哈里发国向穆尔科的转变是不可避免的，而穆尔科保留了哈里发国家和伊斯兰的一些因素。[①] 其二，中央集权受到削弱。这一时期，哈里发面临多重威胁：缺乏明确的继承制度导致的冲突和内战、朝廷内波斯人势力的崛起，以及突厥奴隶军人大权在握的威胁。9世纪中期以后，突厥将军成为帝国的主人，可以任意废立哈里发，甚至将其杀害，君主已成他们的玩偶。在帝国政府内部，由于高级官员任命各自的亲信担任秘书而形成了不同的宗派，这些集团轮流控制大维齐（首相）之职，大肆搜刮财富，导致国家权力衰落和岁入流失。为了阻止官场腐败，政府大量颁授伊克塔（采邑）以代替官员和将军的俸禄，从长远看造成了税收流失，并干扰了各省行政的正常运作，加剧了地方的割据性。王室挽救中央集权的另一项对策是实施包税制，结果加重了民众负担，削弱了国家未来的税收基础，并且形成了地方政府的私人化。[②]

在宗教方面，乌里玛和苏菲派等组织结构开始形成。在社会方面，阿拔斯王朝的阿拉伯色彩逐渐淡薄、伊斯兰帝国的性质日益凸显，这体现在三个方面。首先是统治精英的民族融合。因为阿拔斯王朝的哈里发多为混血，贵族、富人也纳外国女奴，出现后代混血。其次是国家机关和军队的异族化。大批波斯人、基督徒、犹太人进入政府机构，波斯文化进一步影响政府的运作。军队早期有大批波斯人，后期则为突厥奴隶所取代。再次是普遍的民族融合和伊斯兰文化的发展。这表现在大批非阿拉伯人进入阿拉伯城市，阿拉伯军人也纷纷退役，转而务农、做工、经商，与当地人融合，因此，阿拉伯语在波斯及以东的中亚地区广为传

---

① Gabriel Ben-Dor, *State and Conflict in the Middle East: Emergence of the Postcolonial State*, New York: Praeger Publishers, 1983, pp. 43-49.

② 彭树智主编：《中东史》，北京：人民出版社，2010年版，第107页。

播，当地语言改用阿拉伯字母并吸收了一些阿拉伯语词汇。

在文化方面，进一步吸收希腊、罗马、波斯和印度等文明成果，其标志是百年翻译运动（750 年—9 世纪中期）。其中，哈里发马蒙（Mamun，813—833 年在位）于 830 年在巴格达创立智慧馆，设有两个天文台、一个翻译馆和一个图书馆。10 世纪的开罗拥有一所智慧馆，藏书 200 万册。百年翻译运动的译书范围广泛，其中的名篇包括亚里士多德（Aristotle）的《工具论》《物理学》《论天》《伦理学》《政治学》，柏拉图（Plato）的《理想国》《政治家篇》《智者篇》，盖伦（Galen）的《解剖学》等全部医学著作，托勒密（Claudius Ptolemaeus）的《天文大集》《地理学》《光学》，以及欧几里得（Euclid）的《几何学原理》，等等。"一句话，即希腊人的智慧在科学和哲学上所取得的成就，都被译成了阿拉伯文。"① 希腊文化使阿拉伯学术打上了逻辑学的烙印，后者对穆斯林的思维产生重大影响。

在自然科学方面，阿拉伯人全面、系统地学习了希腊的数学、天文学、医学、物理学、力学和地理学等学科的知识，继承了这些学科的遗产，包括大量科学术语、一些实用名词以及格言谚语。阿拉伯语是当时世界上最重要的学术语言之一，波斯人、突厥人等非阿拉伯民族都用阿语创作，产生了一大批文化、学术名人，如散文家查希兹（Al-Jahiz，黑人）、历史学家伊本·胡尔达兹比赫（Ibn Khurradadhbih，波斯人）、医学家法拉比（Al-Farabi，中亚人）和伊本·西拿（Ibn Sina，中亚人）、哲学家兼医学家拉齐（Razi，波斯人）、数学家兼天文学家花拉子密（Al-Khwarizmi，中亚人）等，甚至著名的犹太神学家迈蒙尼德（Moses Maimonides）也有用阿拉伯语写作的专著。

---

① 艾哈迈德·爱敏著，朱凯、史希同译：《阿拉伯-伊斯兰文化史》（第二册），北京：商务印书馆，2001 年版，第 246 页。

第四个时期是衰落时期（945—1258 年），阿拉伯人失去了对帝国核心地带的掌控，位于北非、中亚的地方王朝割据加强，包括法蒂玛王朝、阿尤布王朝、萨曼王朝等。

这一时期在政治方面的变化主要是：其一，哈里发大权旁落。除了国内突厥将军大权在握外，哈里发完全降低为宗教和精神领袖（其世俗权力仅限于巴格达市内及郊区），政治和军事权力被地处波斯的白益王朝（945—1055 年）总埃米尔（国王）和其后的塞尔柱帝国（1037—1194 年）苏丹掌握，加上控制经训解释权和司法权的乌里玛，形成三足鼎立的伊斯兰政治架构。著名的伊斯兰哲学家安萨里（Ghazzali，1058—1111 年）指出，新的哈里发制度的特征为：名义上至高无上的哈里发，握有实权的地方苏丹和沙里亚的监护人（伊斯兰教规）乌里玛。[①] 其二，阿拉伯人退出政治舞台。945 年以后，随着白益王朝和塞尔柱帝国的先后建立，阿拉伯人从此退出中东核心地带的政治舞台。同时，阿拔斯王朝的中亚、北非属地的独立进一步强化，部分少数民族建立政权，如库尔德人。其三，什叶派进入政治舞台。他们先后在埃及建立了法蒂玛王朝（909—1171 年），在波斯建立了白益王朝，与逊尼派轮流执政。[②]

在宗教方面，伊斯兰化也基本完成，伊斯兰的宗教体制最终确立。在伊拉克中部、南部和埃及、波斯，这一过程结束于 11 世纪。同时，伊斯兰文明向北非、中亚和南亚进一步传播，伊斯兰教由此成为民众而非精英的宗教，而基督教仅残存于叙利亚、黎巴嫩和小亚细亚。这一时期，伊斯兰教的发展主要表现在三个方面：其一，塞尔柱帝国建立了大批马德拉萨（高等宗教学校），主要教授四大教法学派的学说。其二，乌里玛成为新的上层阶

① 吴云贵：《伊斯兰教法概略》，北京：中国社会科学出版社，1993 年版，第 201 页。
② 法蒂玛王朝为逊尼派的阿尤布王朝（1171 年—16 世纪初）取代，白益王朝为逊尼派的塞尔柱帝国取代。

级。他们掌握了司法、教育大权，并通过国家赠予和自动托庇获得了大量土地和瓦克夫（资金），并参与地方的税收、水利、警察和慈善事务。马德拉萨不仅为宗教培养人才，也为社会培养人才，许多毕业生成为新式官员，由此历史性地取代了从上古以来就存在的书吏（Scribe）[①] 阶层。乌里玛由此加强了与政府的联系，成为政府与民众的重要中介。其三，苏非派思想和仪式最终成熟，出现了以教团为代表的完善的组织体系。苏非派深入民间，尤其是农牧民中，其势力在北非和中亚地区尤为强大。上述情况标志着伊斯兰社会的最终成熟，这保证了伊斯兰教发展的连续性，独立的伊斯兰民间机构形成了牵制政府的重要力量。

四、阿拉伯-伊斯兰文明的内涵

（一）物质文明

物质文明指阿拉伯人在历史上创造的物质财富以及所表现的文化，主要包括以下方面。

工程技术：农业栽培技术，通过嫁接等栽培技术来改良水果品种。金属冶炼技术，如金、银、铁等金属的冶炼。水利技术，包括修筑水坝、水渠的技术，建造地下暗渠供水系统（坎儿井）的技术等。此外，阿拉伯人发明了外科手术器械、肥皂、成像技术等产品和技术，还从印度引进了蔗糖生产技术。[②]

生产部门：包括农业（农、林、渔业）、畜牧业、手工业、建筑业等。新月地带、埃及、波斯居民擅长园艺，椰枣、小麦、

---

① 书吏也译"书记员"等，是上古中东一个为数不多的识字阶层，成为统治阶级的重要助手甚至成员。在上古中东，主要的文字如楔形文字和象形文字十分繁难，在不存在造纸术的情况下，他们的文化垄断地位便更形突出。

② 伯纳德·路易斯著，郑之书译：《中东：自基督教兴起至二十世纪末》，北京：中国友谊出版公司，2004 年版，第 168—174 页；哈全安：《中东史 610—2000》（上卷），天津：天津人民出版社，2010 年版，第 226—227 页。

大麦、稻米、橄榄、石榴、无花果、咖啡等都是他们主要的特色农产品，手工产品有纺织品、五金、香水和地毯等。①

服务业：包括国内外贸易、交通设施、金融等。中东是丝绸之路的中介，海陆贸易和金融业发达。②英国著名学者伯纳德·路易斯（Bernard Lewis）指出："在中古时代盛期，伊斯兰教中东的商业活动在各方面都领先了欧洲的商业活动——丰富多样、规模宏大、组织周详、提供的货品样式较多、购买货品的资金亦较多、贸易关系网覆盖面广而复杂。"③

衣食住行：阿拉伯独特的饮食有茶、咖啡、手抓饭、烤全羊等；服饰有长袍、披风、头巾、面纱和罩袍等；建筑有清真寺、圣墓、民居等。

军事部门：包括独特的军事装备、设施、城堡、盔甲等。④

（二）精神文明

精神文明首先是指作为阿拉伯-伊斯兰文明统摄原则的伊斯兰教，包括教义、规章制度、教法等，其次是指社会各领域的文化。

教育方面，建立了从清真寺学校到高等学校马德拉萨的完整的教育体系。科学方面，包括数学、天文学、化学、物理学（光学）、医学等领域的重大突破。例如化学上，化学家贾比尔·本·海彦（Jabir ibn Hayyan）提出了有关金属形成的新理论，制造了硫酸、硝酸、氧化汞等物质；医学上，大大丰富了诊断和治

---

① 伯纳德·路易斯著，郑之书译：《中东：自基督教兴起至二十世纪末》，北京：中国友谊出版公司，2004年版，第161—168、175—177 饮；哈全安：《中东史 610—2000》（上卷），天津：天津人民出版社，2010年版，第222—230页。

② 伯纳德·路易斯著，郑之书译：《中东：自基督教兴起至二十世纪末》，北京：中国友谊出版公司，2004年版，第177—182页；哈全安：《中东史 610—2000》（上卷），天津：天津人民出版社，2010年版，第230—233页。

③ 伯纳德·路易斯著，郑之书译：《中东：自基督教兴起至二十世纪末》，北京：中国友谊出版公司，2004年版，第182页。

④ 同③，第162—168、174—175页。

疗的手段，建立了许多医院和制药厂。哲学方面，发展唯理主义的穆太齐赖派哲学、神秘主义的苏菲派哲学、经院哲学，以及东方逍遥派哲学等，诸多哲学流派在论争中不断融合，形成了独特的伊斯兰哲学体系。历史学方面，早期对部落、先知、圣训等的研究发展为独立学科。文学方面，包括诗歌、散文等形式，内容丰富。艺术方面，包括绘画、雕塑、工艺美术等形式，其中的细密画具有特色，同时，这些绘画、雕塑等体现出强烈的装饰性和独特的伊斯兰图案风格。建筑方面，主要是王宫和清真寺。体育娱乐方面，传统的体育包括赛骆驼、赛马、叼羊、摔跤、棍术等，娱乐包括斗狗、打猎等。思想观念方面，主要是宗教观念和部落观念。

（三）制度文明

首先是政治制度。[①] 哈里发制度，经历了从推举到世袭的演变；哈里发是最高的行政、司法、军事和宗教首脑，其合法性基础包括宗教的捍卫者、民众利益的维护者、文化艺术的赞助者等；宫廷制的设立及其变化。中央政府体制，设立迪万（政府管理机构），如税务部、军务部、邮政局、书信局等；设立上诉法院，实施酷刑，设立钦差官员、驿站和警察。地方政府体制，设立了省和县，其划分沿袭了萨珊帝国；城市无自治地位。官僚制度，中央设立了大维齐（首相）统辖下的官僚队伍，形成官员等级制度，如各省总督森严的门卫制；宏伟的总督官邸和大型议事厅取代了部落会议和议事厅；设立总督卫队。司法制度，统治者颁布和执掌公法，而以私法为主的教法则由法学家和教法官创制实施。

---

① 伯纳德·路易斯著，郑之书译：《中东：自基督教兴起至二十世纪末》，北京：中国友谊出版公司，2004 年版，第 135—160 页；黄民兴《中东历史与现状二十讲》，北京：中国书籍出版社，2019 年版，第 68—84 页。

其次是经济制度。[①] 土地制度在倭马亚时代正式形成，类型包括王室土地（萨瓦菲）、私有土地（穆尔克）、宗教地产（瓦克夫）、部落公有地和伊克塔（采邑），采邑早期授予文官，后来也授予军人。税收制度，主要税种是土地税 [分全额土地税（海拉吉）和什一税，所有人均需缴纳，为实物税]、人头税（吉兹亚，非穆斯林缴纳，为货币税）和关税。海拉吉的征收仍延续拜占庭、波斯旧制，后期实行包税制。货币制度，早期使用波斯货币，后期开始铸造阿拉伯货币。地租制度，有特色的是分成制。行会制度，适用于城市工商业，由政府管理，负责维持秩序和分摊税收。

再次是社会制度。[②] 民族和宗教、教派的关系方面，作为统治者的穆斯林控制国家经济、政治、军事等，非穆斯林的迪米人接受统治和保护，合法纳税，不服兵役。什叶派处于被歧视地位。部落、家族制度是阿拉伯人调控内部关系的机制。

最后是军事制度。倭马亚时代在叙利亚建立了常备军，设立了军区和军团。伊拉克和埃及则是临时征召传统的部落军队，以战利品作为军饷。阿拔斯王朝开始组建奴隶军队。

（四）生态文明

中东地处干旱半干旱地带，生态环境脆弱，自然灾害频繁，包括地震、海啸、旱涝、病灾和虫灾等。因此，中东人通过发展各种学科和技术来应对灾害，包括创立几何学、天文学，发展医学及各类灌溉技术 [沙杜夫（提水装置）、水坝、坎儿井等]、治理盐碱化技术、建筑技术、粮食储存技术等。

伊斯兰教的生态观对阿拉伯、伊斯兰国家的生态文明有着重

---

① 哈全安：《中东史 610—2000》(上卷)，天津：天津人民出版社，2010 年版，第 210—219 页。

② 同①，第 244—258 页。

大影响。沙特阿拉伯学者马乌·伊齐·丁（Mawu Y. Izzi Deen）认为，伊斯兰教致力于保护环境的原理如下：其一，真主创造了世界，保护环境即是保留造物主的迹象。其二，大自然气象万千的组成是对造物主永恒赞美的实证。其三，所有自然法则是造物主制定的，其基础是存在的绝对连续性（整体性）。其四，《古兰经》认为人类以外的其他生命也是存在物，值得人类尊敬和保护。其五，伊斯兰的环境伦理基于下述概念，即人类所有关系的基础是正义和平等。其六，真主创造的宇宙的平衡必须予以保持。其七，环境是真主给整个人类的礼物，包括过去和未来。其八，唯有人类能够承担保护环境的重任。① 因此，人类成为真主在大地上的"代治者"，必须处理好同大自然之间的关系。为此，人们必须接近自然而不崇拜自然，开发自然而不滥用自然，人与自然相依为命、共存共荣。否则，势必自毁家园、自食其果。②

五、阿拉伯-伊斯兰文明的特点

汤因比根据其历史哲学理论把世界各种文明主要分为两大类：第一类是第一代文明，从产生时间上来看是最早的，包括古代埃及、苏美尔、米诺斯、中国等；第二类是第二代文明，系从第一代文明派生出来的亲属文明，即与第一代文明相联系的文明，包括古代巴比伦、叙利亚、赫梯、阿拉伯等。不同于早期的单一文明，阿拉伯-伊斯兰文明吸收了多个古代文明，因而是一种复合式文明，其地理范围也较为广泛。

---

① Mawu Y. Izzi Deen, "Islamic Environmental Ethics, Law, and Society", in Louis P. Pojman, ed. *Environmental Ethics: A Readings in Theory and Application*, 3nd ed. Belmont: Wadsworth, 2001, p. 261.

② 马明良：《伊斯兰生态文明初探》，载《世界宗教研究》，2003 年第 4 期，第 114—121 页。

阿拉伯-伊斯兰文明的特点包括以下几个方面：第一，兼具统一性和多元性。统一性首先反映在同文同教，即同样的文字和同样的宗教，并且伊斯兰教作为一种生活方式影响到阿拉伯社会的司法、教育、文化和生活习俗等方方面面，形成阿拉伯文化的共同内核和阿拉伯人的共同心理素质。统一性其次反映在一些相同的聚集性活动，如穆斯林星期五聚礼、重要节日和一年一度的麦加朝觐，整个地区范围内的游学、布道等。但阿拉伯-伊斯兰文明也有着丰富多彩的地方特色。

第二，源远流长，具有历史的多源性。它是帝国领土上所有民族和宗教信徒共同智慧的结晶。从地域上看，阿拉伯帝国包括了欧亚非三个大陆；从语言上看，帝国主要民族使用的语言涉及闪含语系（阿拉伯语等）、印欧语系（波斯语、库尔德语、普什图语等）、阿尔泰语系（突厥语）等；从宗教上看，除穆斯林外，有基督徒、犹太人等；从文化来源看，除中东地区外涉及希腊-罗马、南亚、东亚等国家和地区。

第三，在内涵上有其突出特色，表现在其宗教观、人生观、经济观、社会观、政治观、环境观、历史观和许多独特的成分、形式和符号上。

第四，具有与时俱进的精神。随着乌玛从阿拉伯半岛扩大到新月地带、埃及、波斯和小亚细亚地区，哈里发的统治面临着上述地区古老文明和多元文化的挑战。但教法学家们以经训为基础关照现实，以理性为手段，创制了一个个教法判断，形成了各有特色的逊尼派四大教法学派。

六、阿拉伯-伊斯兰文明的影响

首先，阿拉伯帝国沟通了阿拉伯人所了解的以地中海为中心的几乎世界所有主要文明，从而实现了古代亚非欧三大洲文明的全面交流。因为只有在政治上实现大一统，其他交流才会更加顺畅。其次，阿拉伯人是世界文化的重要创造者，巴格达等阿拉伯城市是当之无愧的世界文化中心。阿拉伯人的文化成就绝不仅仅局限于宗教，而是包括宗教研究、人文学科和自然科学的全面繁荣。再次，阿拉伯人是古老文化、新技术及不同物种的重要传播者。古老文化的典型案例是古希腊文化，这对于中世纪的欧洲起着关键作用，它具体体现在，后来欧洲大量古希腊典籍的翻译都是从阿拉伯语转译的。在新技术及不同物种方面，许多农作物和经济作物的生产技术被介绍和传播到欧洲甚至美洲，如小麦、大麦、稻米、椰枣、橄榄、咖啡等作物，以及造纸、蔗糖生产等技术。最后，阿拉伯-伊斯兰文明极大地改变了中东的民族构成以及宗教、语言和文化格局，周边的中亚、南亚、西非、东非等地区的宗教、语言和文化都受其影响，塑造了延续至今的阿拉伯-伊斯兰文化圈。由此，阿拉伯-伊斯兰文明承前启后、继往开来、沟通中西，在世界历史上占有十分重要的地位。

恩格斯在《自然辩证法》中对阿拉伯-伊斯兰文明评价道："古代流传下欧几里得几何学和托勒密太阳系；阿拉伯流传下十进位、代数学的发端、现代数字和炼金术；基督教的中世纪什么也没有留下。"[1] 著名的美籍黎巴嫩裔学者希提（Philip K. Hitti）在《阿拉伯通史》中指出："讲阿拉伯话的各国人民，是第三种一神教的创造者，是另外两种一神教的受益者，是与西方分享希腊-罗马文化传统的人民，是在整个中世纪时期高举开明火炬的人物，是对欧洲文艺复兴做出慷慨贡献的人们，他们在现代世界觉醒的、前进的各独立民族中已经有了自己的位置。"[2] 同样，伯

---

① 恩格斯：《自然辩证法》，载马克思、恩格斯著，中共中央翻译局译：《马克思恩格斯选集》（第四卷），北京：人民出版社，1995 年版，第 263 页。

② 希提著，马坚译：《阿拉伯通史》（下册），北京：商务印书馆，1979 年版，第 904 页。

纳德·路易斯在《中东：自基督教兴起至二十世纪末》一书中评价道："中东地区的伊斯兰文明在高峰时代，是傲视群伦的气派——在许多方面，他都是人类文明发展到当时的最高点……他们缔造出一个宗教文明，它超出了单一种族，或是单一地区，或是单一文化的界限。中古盛期的伊斯兰教世界是国际化的、种族多元的、民族多样的，甚至可以洲际连结的。"[①] "科学史之父"、美国学者乔治·萨顿（George Sarton）则把阿拉伯文明视为"东方智慧的第三次浪潮"（第一次浪潮指古埃及、古巴比伦文明，第二次浪潮指希伯来文明），宣称"人类的主要任务已经由穆斯林完成了"。[②] 上述经典作家和学者对阿拉伯-伊斯兰文明的高度赞赏都体现出它对世界的重要影响及其历史地位。

七、阿拉伯-伊斯兰文明的衰落

综上所述，从 10 世纪开始，阿拉伯-伊斯兰文明出现衰落的势头，这表现在政治、经济、社会、军事等各个领域。下面就这一衰落的整体表现和原因作分析。

第一，农耕文明与游牧文明长期冲突在阿拉伯世界的表现。已故著名历史学家吴于廑先生提出，农耕文明与游牧文明的冲突是古代世界的主要矛盾，而阿拉伯大征服是他所说的世界历史上游牧文明对农耕文明的第二次大冲击中的最后一次。[③] 不过，此

[①] 伯纳德·路易斯著,郑之书译:《中东:自基督教兴起至二十世纪末》,北京:中国友谊出版公司,2004 年版,第 278—279 页。

[②] George Sarton, *Introduction to the History of Science*, Vol. 1, Baltimore: The Williams & Wilkins Co. ,1927,p. 624. 转引自张晓丹:《试论伊斯兰科学的兴衰及其历史贡献》,载《西亚非洲》,1992 年第 6 期,第 56 页。

[③] 第二次大冲击主要是公元前 2 世纪到公元 7 世纪间由东向西、由骨牌效应推动的横扫欧亚草原的征服活动,包括精于骑兵战术的游牧民族,有匈奴、大月氏、鲜卑、拓跋、突厥、塞人(西徐亚人)、嚈哒、柔然、日耳曼、斯拉夫、阿拉伯人等。参见吴于廑:《世界历史上的游牧世界与农耕世界》,载《云南社会科学》,1983 年第 1 期,第 47—57 页。

后建立的阿拉伯帝国的经济和政治中心转移到新月地带和埃及,这一地区是典型的农耕文明区。此后,以农耕文明为主的阿拉伯地区继续遭受来自游牧文明的冲击,主要是由 13—14 世纪的蒙古、突厥和帖木儿人的征服构成的游牧文明对农耕文明的第三次大冲击。在伊拉克,来自波斯、中亚和蒙古的入侵者造成了严重的影响,一些地区水利失修、运河淤积,洪泛更为频繁,造成南方沼泽面积的进一步扩大,为瘟疫的频发埋下了隐患。由于兵荒马乱和重税盘剥,农民或者进入城市,或者弃农从牧。同时,长期以来,来自阿拉伯半岛的游牧部落不断迁入伊拉克。其结果是定居地区逐渐缩小、大量土地抛荒和盐碱化、游牧半游牧地区扩大。①

第二,阿拉伯帝国政治制度的影响。阿拉伯帝国幅员相当辽阔,这也意味着其统治的高难度。由此,帝国政府在许多方面都沿袭了萨珊帝国和拜占庭帝国的既有政策以及地方省份的通行做法,包括省份的划分、税收政策、货币流通、官员留任、行政语言、教派政策等等,以方便其统治。②即便如此,帝国在实际统治中依然面临着超乎想象的困难,而这与帝国自身的起源存在密切的关系。具体而言,部落在帝国的社会、政治、经济体系中发挥着重要作用,从而导致了部落之间、部落与各级政府之间、政府及军队内部的重重矛盾、冲突。③哈里发启用异族奴隶正是为了避免部落造成的困扰,但被提拔到重要文官和军官职务的奴隶禁卫军却进一步削弱了哈里发的权力。阿拔斯王朝的社会基础是中央官僚与外省贵族的联盟,而在王朝末期,外省的小地主阶层衰

---

① 黄民兴:《伊拉克民族构建问题的根源及其影响》,载《西亚非洲》,2003 年第 6 期,第 46 页。

② M. G. Morony, *Iraq After Muslim's Conquest*, Princeton N. J. : Princeton University Press, 1984.

③ 菲利普·库里、约瑟夫·克丝缇娜主编,韩志斌等译:《中东部落与国家形成》,北京:商务印书馆,2022 年版。

落，取而代之的是奴隶军事贵族及由采邑主和包税人构成的大地主阶层，加上王室和官僚内部的派系斗争、教派冲突和民众起义，中央集权的基础因此削弱。由此，倭马亚王朝的国祚只有89年，阿拔斯王朝强盛的时期只有一个世纪。

第三，阿拉伯世界政治分裂的后果。如前所述，乌玛的分裂始于阿拔斯王朝时期后倭马亚王朝在西班牙的建立，此后，在远离哈里发帝国心脏、阿拉伯人统治不够稳固的中亚和北非，一个又一个地方穆斯林王朝先后建立。即使大的穆斯林帝国再次形成，也很快又陷入分裂境地。以塞尔柱帝国为例，1092年，马利克沙国王和名相尼扎姆去世后，诸王子为争位发生内讧，帝国开始解体，分裂成以巴格达、大马士革、摩苏尔、科尼亚、迪亚贝克尔等城市为中心的许多小塞尔柱苏丹王朝。各王朝之间的混战削弱了穆斯林世界的力量，为十字军入侵创造了条件。

第四，阿拉伯人失去政治统治的影响。从人类历史上看，有利于文明形成发展的条件一般如下——国家，拥有相对完整有效的国家机器、良好的治理以及强大的国力；民族，有能力建立国家的多民族国家内部的主体民族，一般而论具有较高的发展水平和较大的人口规模；文化，在古代以宗教为代表，拥有强大的社会整合能力和创新性。拥有上述条件的文明得以延续、传播。[1]就阿拉伯人而言，945年白益王朝的建立具有标志性的意义，因为他们在阿拉伯世界核心地带的统治从此被波斯人、突厥人、蒙古人以及欧洲人所取代，后者建立了白益王朝、塞尔柱帝国、帖木儿帝国、奥斯曼帝国等帝国和殖民统治，这种局面直到第一次世界大战后才被打破，而阿拉伯国家大批独立是在1945年后，即千年之后，此时，阿拉伯人至少在名义上完全成为阿拉伯世界的

---

[1] 黄民兴:《试论中亚历史上文明交往研究中的一些关键问题》,载《中东问题研究》,2015年第1期,第233页。

主导者。失去政治统治意味着阿拉伯文明遭受轻视，发展缺乏动力，奥斯曼时期阿拉伯文化的落后即为一例。

第五，十字军东征的严重后果。1096—1272 年，欧洲人先后发动了九次对地中海东岸穆斯林地区（包括拜占庭帝国）的十字军东征，十字军在伊斯兰教圣地的杀掠破坏导致阿拉伯人后来对基督徒的强烈仇恨以及自身的闭关自守。法籍黎巴嫩裔学者阿敏·马洛夫（Amin Maalouf）认为："耶路撒冷的劫掠，是伊斯兰和西方世界千年仇恨心结的开端。"① 美国学者约翰·埃斯波西托（John Esposito）也指出："在西欧，十字军的东征掀起了经济和文化上的革新；但在东方，战争却导致数世纪的衰败和文化上的封闭。在遭受四面八方打击后，穆斯林世界开始闭关自守，变得过度敏感、处处防人，容忍度差及格调降低。"② 不过，阿敏·马洛夫也承认："在法兰克人到来之前，阿拉伯人的文化已经是在原地踏步，陶醉在往日的美梦之中，虽然相较于新来的西方侵略者，仍旧是超乎其上，但业已开始走下坡。"③

第六，后期的阿拉伯文化趋于保守。尽管百年翻译运动贡献非凡，但它依然存在一些问题。首先，翻译家们翻译的著作都是有选择的，如重点关注学科是天文学、哲学和医学。其中，天文学入选出于两个原因，其一是它适应穆斯林为完成礼拜等宗教仪式而观察星相的需要，其二是穆斯林关心与天文学相关的星象占卜。④ 哲学入选涉及哈里发的宗教政策，因为统治者担心新皈依的穆斯林信仰不纯，同时，穆斯林学者需要增加哲学知识、加强

① 阿敏·马洛夫著,彭广恺译:《阿拉伯人眼中的十字军东征》,台湾:河中文化实业有限公司,2004 年版,第 XIII 页。
② 埃斯波西托著,东方晓等译:《伊斯兰威胁:神话还是现实?》,北京:社会科学文献出版社,1999 年版,第 49 页。
③ 同①,第 272 页。
④ Muzaffar Iqbal, *Science and Islam*, Westport:Greenwood Press,2007,p. 47.

辩论技巧和逻辑训练以应对非穆斯林学者的宗教论战。[1] 其次，第二次翻译运动（11世纪后阿拉伯语著作翻译为拉丁语）意味着由此进入了阿拉伯人向西方输出的时代，他们由此故步自封、闭关自守。而哈里发穆台瓦吉勒（Al-Mutawakkil，847年继任）在位期间开始严厉打击穆太齐赖派，用理性主义探讨宗教问题的方法和意志自由的观点从此销声匿迹。而且，阿拉伯人花费大量精力研究涉及伊斯兰教的学问，如教法学、教义学、经注学和圣训学等，经院哲学的创建者安萨里甚至反对青年人研究教法所禁止的学科。[2]

第七，百年翻译运动总体上并未超出古希腊人的科学水平，阿拉伯人的继承大于创新。科学还囿于古代自然哲学的框架，没有彻底分化出来，其研究方法主要是百科全书式的，没有产生思维方式的变革，没有形成一套新的科学方法和相对成熟的理论科学，几乎没有原理上的重大突破。[3]

第八，11世纪以后，逊尼派教法学派中的创制（伊智提哈德）大门关闭。因为此时伊斯兰法学理论和体系已基本定型；四大法学学派已确立；各种法学典籍均已成书；法学家的主要职能由法律的创制转向鉴别、比较各学派的观点与主张；后辈学者在学识、宗教修行等方面无法与前辈学者媲美，加之许多不具备创制资格和条件的人随意创制法律，造成了负面影响。由此人们主张关闭创制大门，以维护伊斯兰法的严肃性和实用性。[4]从此，阐释和守旧成为逊尼派教法的典型特征，创新的时代暂时结束。

---

[1] Masudi, *The Meadows of Gold*, Oxon: Routledge, 2010, pp. 388–389.
[2] 张晓丹:《试论伊斯兰科学的兴衰及其历史贡献》,载《西亚非洲》,1992年第6期,第54–55页。
[3] 同[2],第54页。
[4] 马明贤:《"伊智提哈德"——伊斯兰法的创制》,载《兰州大学学报》,2003年第3期,第83页。

总之，由于伊斯兰社会内部各种负面因素的积累，到11世纪时整体的社会发展出现停滞趋势。而正是在12—13世纪，欧洲处于完全相反的情况：十字军东征大大开拓了欧洲人的视野，推动了东西方贸易和欧洲城市经济的发展，促进了东方文化和古希腊文化的西传，进一步打击了欧洲的封建势力。加上其他原因，十字军东征之后的欧洲进入文艺复兴和宗教改革的时代，经济政治的发展大大加快。① 这决定了此后世界历史的走向。

---

① 彭树智主编：《中东史》，北京：人民出版社，2010年版，第120页。

奥斯曼帝国晚期的政治思潮与伊斯兰教关系述评

刘中民　上海外国语大学中东研究所教授

内容摘要：19世纪至20世纪初的早期现代化改革导致了奥斯曼帝国政治、法律和教育领域的世俗化倾向，世俗化思想与伊斯兰传统政治思想之间的矛盾与斗争也由此全面展开，并在奥斯曼帝国的思想领域产生了泛伊斯兰主义、现代主义和土耳其主义的分野。这种状况是奥斯曼帝国晚期政治思想混乱的具体表现，并在意识形态上呈现出多元化、复杂化、变动性的态势，同时也交织着传统与现代、东方与西方的矛盾与斗争。这一切都表明，在行将崩溃的奥斯曼帝国内部正在进行着一场剧烈的思想斗争，同时奥斯曼帝国从传统帝国形态向现代民族国家转变的社会政治变革正在酝酿。从奥斯曼帝国晚期政治思潮与伊斯兰教的关系来看，各种政治思潮尚无法摆脱伊斯兰教的影响，伊斯兰教不仅以泛伊斯兰主义的形式渗透在泛奥斯曼主义、泛突厥主义之中，而且泛伊斯兰主义本身作为一种相对独立的政治与社会思潮仍然有着广泛的影响。

关键词：奥斯曼帝国　泛伊斯兰主义　现代主义　土耳其主义　伊斯兰教

　　19 世纪至 20 世纪初的早期现代化改革导致了奥斯曼帝国政治、法律和教育领域的世俗化倾向，世俗化思想与伊斯兰传统政治思想之间的矛盾与斗争也由此全面展开，并在奥斯曼帝国的思想领域产生了泛伊斯兰主义、现代主义和土耳其主义的分野。泛伊斯兰主义主张依靠伊斯兰信仰加强穆斯林民族之间的团结，把所有穆斯林团结在苏丹的旗帜下，只有在伊斯兰教中才能找到振兴帝国的方法，这种思想一度成为统治者加强帝国统治的重要工具；而激进的现代主义认为必须全盘接受西方文明，指出，除欧洲文明外没有第二种文明，文明的含义就是欧洲文明，主张按照欧洲模式改造土耳其；土耳其主义主张土耳其民族主义，包括土耳其化、伊斯兰化和现代化，主张保留民族文化的同时引进西方的文化和技术，主张政教分离，国家政治、法律、教育的世俗化和文化生活的土耳其化，同时主张泛土耳其主义。①纵观 19—20 世纪的帝国改革，伊斯兰教的社会地位较之中世纪已不可避免地受世俗化的影响而日趋衰微，但伊斯兰教尤其是泛伊斯兰主义在奥斯曼帝国仍然有着深刻的影响，并且与泛奥斯曼主义和泛土耳其主义混杂在一起，构成了影响奥斯曼帝国解体前社会政治思潮的一个重要因素。

一、奥斯曼帝国时代的伊斯兰教

　　按照德国伊斯兰学者卡尔·布罗克尔曼的说法，土耳其人的

---

① Stanford Shaw and Ezel Shaw, *History of Ottoman Empire and Modern Turkey*, Vol. 2, Cambridge University Press, 1977, pp. 302–304.

祖先突兰人是活动于西伯利亚南部平原和介乎里海和阿尔泰山脉之间的一个游牧民族。在"一个以种族和语言结合起来的、在原始时代也可能包括蒙古人和通古斯人的社会中，出现了土耳其民族……土耳其人经常是由家长制小游牧民族的领袖中崛起的伟大统治人物所率领的……他们在历史上出现是在从天山山脉突进至中亚细亚草原地带的时候，这时他们业已具备了极为显著的种族特征，人类学家称之为突兰人"①。在 6 世纪的时候，土耳其人在中亚地区建立了两个强大的国家，但存在的时间十分短暂。在这两个短暂存活的国家灭亡后，在 13 世纪中叶前后，在小亚细亚地区出现了一个强国，这个国家不仅注定要比所有其他土耳其国家存在得更长久，而且注定要在将近 500 年的时期中成为所有伊斯兰国家的领袖，这个帝国就是奥斯曼帝国。②

奥斯曼土耳其人原属突厥斯坦的一支游牧部落，蒙古人的大举西侵使他们在帝国创立者奥斯曼的祖父时期到达两河流域，其中一部分进入塞尔柱人统治的安纳托利亚地区，并因不断向拜占庭帝国发起攻击而受到塞尔柱人的奖赏。由于塞尔柱人受到拜占庭帝国和蒙古帝国的夹击而无力控制安纳托利亚地区，奥斯曼部落的独立性不断增强。1299 年，塞尔柱帝国在蒙古的进攻下崩溃后，奥斯曼人宣布完全独立并建立了自己的国家，这就是奥斯曼帝国的雏形。也正是在此过程中，土耳其人在塞尔柱人的影响下皈依了伊斯兰教。③奥斯曼人对伊斯兰教的皈依一方面与塞尔柱人的影响密不可分，另一方面与奥斯曼家族长期以来对神秘主义教

---

① 卡尔·布罗克尔曼著，孙硕等译：《伊斯兰教各民族与国家史》，北京：商务印书馆，1985 年版，第 195—196 页。

② 关于奥斯曼帝国崛起的历史可以参考下列著作：P. Wittek, *The Rise of the Ottoman Empire*, London: Cambridge University Press, 1938; H. A. Gibbons, *Foundation of the Ottoman Empire, History of the Osmanlis, 1330-1403*, Oxford: Oxford University Press, 1916.

③ 何景熙：《土耳其伊斯兰教的变迁》，载《世界宗教资料》，1983 年第 4 期；金宜久主编：《伊斯兰教史》，北京：中国社会科学出版社，1990 年版，第 286 页。

团的依赖有密切的关系。而奥斯曼土耳其国家建立后，伊斯兰教则对于奥斯曼帝国的巩固和扩张发挥了重要的作用，"奥斯曼土耳其人信仰统一，宗教热情浓厚、圣战精神强烈，这种精神由历代苏丹保持发扬了数个世纪，在领土扩张运动中起了重要作用"①。

奥斯曼去世后，奥斯曼土耳其人经过数代君主的努力，于 1453 年攻陷东罗马帝国首都君士坦丁堡，并在此后经过 100 余年的征战达到鼎盛，最终形成了东到黑海、波斯湾，西抵北非摩洛哥，北迄维也纳附近，南抵埃及、苏丹，地跨欧亚非的大帝国。伊斯兰教对于奥斯曼帝国的征服扩张发挥了重要的作用，这也恰如西方著名中东问题专家伯纳德·刘易斯所言："帝国的领土便是伊斯兰的领土，帝国的君主便是伊斯兰的巴底沙（国王），帝国的军队便是伊斯兰的士兵，帝国的宗教首领便是伊斯兰的谢赫（教长），帝国人民首先想到的就是他自己是穆斯林。"而奥斯曼帝国也成为伊斯兰教的保护者，"奥斯曼帝国由奠定到灭亡，始终是一个致力于促进或保卫伊斯兰教权力与信仰的国家"②。

奥斯曼帝国作为一个通过军事征服建立的封建制国家，始终保持了政教合一的政治体制，伊斯兰教在帝国的政治生活中具有举足轻重的地位。帝国的统治者称为苏丹（Sultan，原意为权柄、权力），1517 年苏丹塞里姆一世（1512—1520 年）征服埃及后，迫使阿拔斯王朝最后一个哈里发退位，从而将苏丹和哈里发的权力集中于国王一身，一整套以伊斯兰教沙里亚法为基础的政教合一的政治制度随之确立。在帝国内最高执法官是苏丹－哈里发及其代表大维齐（首相）。帝国建立了以苏丹为名义领袖、以伊斯兰教长老（大穆夫提）为实际领导人的伊斯兰委员会，伊斯兰教

① 金宜久主编：《伊斯兰教史》，北京：中国社会科学出版社，1990 年版，第 287 页。
② Bernard Lewis, *The Emergence of Modern Turkey*, Oxford: Oxford University Press, 1968, p. 13.

长老作为伊斯兰委员会的最高职务在苏丹身边工作。伊斯兰委员会的成员由伊斯兰教长老、各级各类法官、教法学派教授等组成，作为帝国的精神支柱，他们负责司法和教律裁判、管理清真寺、履行宗教仪式、管理福利事业和宗教基金、进行各种宗教教育活动。此外，国家还有一套培养专职宗教人员的机构和体制。

在帝国征服的过程中，伊斯兰委员会对于战争动员、战时礼拜以及战后对征服地宗教生活的组织都发挥了重要的作用。伊斯兰教的最高长老在国家政治生活中有着至高无上的权力：苏丹在重大问题上要征求长老的意见；各种法律草案在发布之前须呈报长老审核；死刑案件需要经过长老亲自审批；长老对国家最高决策问题有权发布政令；苏丹发动战争必须要经过长老认定不违背伊斯兰教后才能发布命令；等等。总之，"奥斯曼人第一次使伊斯兰教法成为行之有效的官方法律，以'伊斯兰教长老'为首的伊斯兰委员会是伊斯兰教史上首次建立起来的一个国家权力机构，它发挥了维护信仰、监督教法实施的职能和作用。"[1]奥斯曼帝国作为依靠军事力量建立起来的包括各民族、各宗教信仰群体的国家，为了便于帝国的统治，实行了所谓的米勒特制度（Millet），即把帝国本土和属地的居民按照民族和宗教信仰划分为若干团体，只要它们向帝国当局纳税、服兵役，就允许这些团体在帝国内实行民族、宗教、语言、文化上的自治。米勒特制度既是一种自治制度，也是一种种族和社会隔离制度，它使非穆斯林居民同穆斯林隔离开来，分别限制在各自的社会圈子内。[2]

在奥斯曼帝国的中晚期，由于其内部的腐败专制和沙俄、英、法等列强崛起后对其版图的侵吞和蚕食，奥斯曼帝国走向了衰落。也正是面对内忧外患，奥斯曼帝国进行了百余年的帝国改

---

① 金宜久主编:《伊斯兰教史》,北京:中国社会科学出版社,1990 年版,第 298 页。

② Bernard Lewis, *The Emergence of Modern Turkey*, Oxford: Oxford University Press, 1968, p. 14.

革运动。①进入 18 世纪后，由于兵败于西方，奥斯曼帝国蔑视欧洲文明的态度有所改变，并开始感到改革的必要性，但其改革仅仅限于军事领域，"因为它在伊斯兰对异教徒的圣战中用得着"②。19 世纪，被拥立为苏丹的马哈穆德二世除了在军事上废除近卫军，代之以欧洲训练方式和装备的新军外，其改革还开始超出军事领域：在税制上采取了效仿欧洲的措施；在政治体制方面，效仿西方的文官制度和科层制度。马哈穆德改革加强了中央政权，削弱并冲击了宗教保守势力，促进了帝国向世俗化的迈进。

1839—1876 年，奥斯曼帝国进入了历史上的坦齐马特时代（Tanzimat，为整顿改革之意，由于在此时期在行政、财政、司法和教育等领域均进行了改革整顿，故称坦齐马特时代）。以拉希德帕夏为代表的具有资产阶级思想的新兴知识分子辅佐苏丹阿卜杜勒·麦吉德进行改革，指出，帝国衰落的根源在于不遵循伊斯兰教的原则和法律，但同时指出，现在不能回到旧法律中去，而应在真主的默许下创立新秩序，并在行政、财政、司法和教育等领域进行改革。坦齐马特改革是一场效仿西方的伊斯兰近代改革运动，具有强烈的世俗化倾向，进一步削弱了传统宗教的基础，因此一直遭到伊斯兰传统势力的抵制和反对，并于 1839 年爆发了乌里玛阶层煽动穆斯林群众在安纳托利亚等地暴乱的事件。1853—1856 年，由于奥斯曼帝国与沙俄爆发了克里米亚战争，英法开始以此为借口对奥斯曼帝国加以干涉和控制，并在战后强迫奥斯曼政府颁布了新的更加西方化的改革宪章，使帝国的政治、经济、法律、教育等方面的改革进一步世俗化。但由于种种因素

---

① 关于奥斯曼帝国晚期改革的详尽论述参见黄维民：《奥斯曼帝国社会改革的历史考察与评析》，载《西北大学学报》，1999 年第 4 期；彭树智主编：《伊斯兰教与中东现代化进程》，陕西：西北大学出版社，1997 年版。

② 彭树智主编：《伊斯兰教与中东现代化进程》，陕西：西北大学出版社，1997 年版，第 47 页。

制约，尤其是改革后期受到英法的干预和控制，改革并没有使帝国获得真正的复兴，也不能挽救帝国继续衰落和解体的危局。这也正如一位学者所言：“无论是在政治组织、社会生活和文化知识领域尚不能发现腐败涣散的奥斯曼制度发生实质性的变化，在政治领域，苏丹制度仍然控制着奥斯曼帝国的政治-军事-财政体系。”①

从伊斯兰教与帝国后期改革的关系来看，主要体现为以下两个方面：第一，伊斯兰教作为帝国的主导意识形态，反对改革思想和革新运动，伊斯兰教上层人士作为社会的保守和守旧势力对改革运动进行了重重阻挠。这也正如土耳其历史学家卡密尔·苏所言，“奥斯曼帝国在许多方面的落后，其原因之一在于宗教干扰国家事务。一些落后分子常常以宗教为借口反对新事物”。② 在坦齐马特改革时期，奥斯曼帝国的乌里玛阶层总是站在保守势力的一边，“不止一次地使得改革派的工作受到延误或破坏”。③第二，从奥斯曼帝国的改革者来看，面对社会上相当强大的宗教保守势力以及伊斯兰教在民众中根深蒂固的传统影响，帝国改革的领导者们对宗教保守势力或者采取妥协退让的态度，或者对其加以利用，打着伊斯兰复兴的旗号从事改革运动，并把伊斯兰教作为加强社会统治的工具。因此，经过坦齐马特改革，尽管帝国的社会政治生活出现了欧化的现象，但是，“伊斯兰教的神圣法典，特别是涉及社会和家庭问题时仍然丝毫不可动摇。所有有关结婚和离婚、财产和继承，以及妇女和奴隶地位等一类问题，实质上都没有改变；并且，这一时期的改革派似乎也没有想到要对宗教

---

① Niyazi Berkrs, ed. and trans, *Turkish Nationalism and West Civilization*, *Selected Essays of Ziya Gokalp*, New York: Columbia University Press, 1959, p. 16.

② 卡密尔·苏著, 杨兆钧译：《土耳其共和国史》，昆明：云南大学出版社，1978 年版，第 194 页。

③ Bernard Lewis, *The Emergence of Modern Turkey*, Oxford: Oxford University Press, 1968, p. 265.

机构进行任何形式的改革。"①

二、哈米德二世苏丹的奥斯曼主义与泛伊斯兰主义

坦齐马特改革之后的帝国改革运动是新奥斯曼党人的立宪活动，新奥斯曼党的前身是 1865 年在伊斯坦布尔成立的"爱国联盟"，1867 年更名为新奥斯曼党人，该组织在首次密谋立宪改革失败后逃往巴黎，1876 年卷土重来废黜了奥斯曼苏丹，并将苏丹的弟弟哈米德二世扶上王位，把宪政改革的希望寄托在他的身上。但是，哈米德二世苏丹尽管在 1876 年颁布了土耳其历史上第一部宪法，宣布实行君主立宪制，规定伊斯兰教为国教，宣布土耳其语为国语，宣称保障全体臣民在法律上一律平等，但是哈米德二世苏丹并非真心拥护立宪，而是假意立宪，实则等待反扑的机会。1877 年，哈米德二世苏丹以土耳其与沙俄战争失败为借口，宣布解散国会、废止宪法，新奥斯曼党人的立宪活动以失败告终。

在哈米德二世苏丹统治期间，奥斯曼帝国在意识形态上非常混乱，并且存在着奥斯曼主义（Ottomanism）、泛伊斯兰主义（Islamism）和泛土耳其主义（Pan-Turkism）的争论。②但是，在事实上，当时占据帝国意识形态主导地位的是奥斯曼主义。"所谓奥斯曼主义，简而言之，就是只承认统一的奥斯曼大民族，而奥斯曼帝国的其余各民族都必须'奥斯曼土耳其化'。也就是说，国家只容许一个主义，即奥斯曼民族主义；一个政治实体，即享有主权与领土完整的奥斯曼帝国；一种忠诚，即忠于统一祖国的

---

① Bernard Lewis, *The Emergence of Modern Turkey*, Oxford: Oxford University Press, 1968, p. 104.

② Jacob M. Landau, *The Politics of Pan-Islam: Ideology and Organization*, Oxford: Clarendon Press, 1990, p. 8.

爱国主义信念。"①而泛伊斯兰主义仅仅是哈米德二世苏丹借以维系崩溃在即的帝国统治的工具。但是，正如当时一个基督教徒在题为《伊斯兰统一》的小册子中所言，泛伊斯兰主义已经无法挽救帝国的衰亡，当然更无法实现对穆斯林的统一，他认为，泛伊斯兰主义"作为一种政治思想是非常有害的，它不仅不能挽救帝国，相反会毁灭帝国：从宗教的标准来看，它不能统一分裂的集团和宗派；从政治的标准看，苏丹哈里发将自己的统治强加给所有穆斯林，必将引起国际性的反对特别是被统治的穆斯林人民的反对。"②

但是，受当时阿富汗尼的泛伊斯兰主义思想的影响以及哈米德二世苏丹的人为利用，泛伊斯兰主义在当时的奥斯曼帝国仍然有着重要的影响，并且成为当时知识界和舆论界广泛讨论的话题。"官方主办的一系列报纸都支持泛伊斯兰主义，其主要目的是保证非土耳其穆斯林（阿拉伯人、阿尔巴尼亚人以及其他人）对帝国的忠诚；并且吸引上述各地以及印度等其他地方的穆斯林对帝国的政治和财政支持，第一步是将他们团结在奥斯曼帝国内，而下一步是在将来或者近期完成类似德国和意大利式的统一。"③哈米德二世苏丹也声称自己"是所有穆斯林的哈里发"，"以此让欧洲列强相信他自己作为各地穆斯林的精神领导对于维护他的世俗权力有重要意义"。④哈米德二世苏丹的泛伊斯兰主义政策具体体现在：第一，关注帝国内伊斯兰事业的发展。在通过给虔诚的穆斯林提供在公共机构、教育以及经济方面机会的同

---

① 吴云贵、周燮藩：《近现代伊斯兰教思潮与运动》，北京：社会科学文献出版社，2000 年版，第 228 页。

② Jacob M. Landau, *The Politics of Pan-Islam: Ideology and Organization*, Oxford: Clarendon Press, 1990, p. 23.

③ 同②，pp. 23-24。

④ 同②，pp. 36-37。

时，加强和提高乌里玛阶层的经济和政治地位，修缮和重建宗教机构、宗教学校，加强伊斯兰教教育与出版事业，关注在穆斯林中占重要地位的阿拉伯人。此外还通过强调基督教对伊斯兰教的威胁赢得穆斯林对帝国事业的关心。第二，将奥斯曼帝国作为穆斯林利益的代表，代表穆斯林反对西方基督教徒对穆斯林领土的侵略。①由此可见，哈米德二世苏丹及其控制的舆论界所宣传的泛伊斯兰主义的根本目的是实现奥斯曼帝国统一的迷梦。

三、青年土耳其党人的泛民族主义与伊斯兰教

新奥斯曼党人的立宪活动被苏丹哈米德二世的专制统治践踏后，人们终于认清了哈米德二世的真正面目，要求进行改革、废除哈米德二世专制统治的呼声再度高涨。1889 年，伊斯坦布尔军事医学院的学员组建了一个秘密会社——统一与进步委员会（Committee of Union and Progress），并在军事高等院校发展组织，该组织在指导思想上深受新奥斯曼党人纳米克·凯末尔（Namik Kemal，1840—1888 年）思想的影响。到 1896 年，新奥斯曼党人在统一与进步委员会中已经占据了主导地位，由于当时主张维新的大多数是青年一代，因此他们被统称为青年土耳其党人（The Young Turks）。

在经过筹备后，青年土耳其党人准备举事推翻哈米德二世的统治，但再次因事机泄漏遭镇压，部分成员逃往巴黎和日内瓦活动，并出于安全考虑将统一与进步委员会的会址转移到马其顿首府萨洛尼卡，后来成为现代土耳其缔造者的穆斯塔法·凯末尔也正是在这时成立了青年土耳其党人的分支组织——祖国与自由协

---

① Jacob M. Landau, *The Politics of Pan-Islam: Ideology and Organization*, Oxford: Clarendon Press, 1990, pp. 37-39.

会。1907年，青年土耳其党人的各派组织在巴黎召开联合大会，制定了包括武装起义在内的行动纲领，并在同年发动了一系列反对哈米德二世专制政府的抵抗活动。

1908年7月，青年土耳其党人发表声明，宣布恢复1876年宪法，并准备向首都伊斯坦布尔进军，哈米德二世被迫宣布恢复宪法和议会选举，青年土耳其党人的革命宣告结束，君主立宪制的建立成为青年土耳其党人革命的唯一胜利果实。1909年，发动反扑的哈米德二世被废黜，并选举了马赫穆德五世为新苏丹，但苏丹的权力遭到了严重削弱，青年土耳其党人参加了政府的改组并控制了实际大权。1913年，统一与进步委员会在分裂后更名为同盟与进步党（Party of Union and Progress），国家的权力实际上仅操纵在少数军方人士手中，苏丹已经名存实亡，这种局面一直维持到一战结束的1918年。

从青年土耳其党人的意识形态来看，他们奉行的是一种泛民族主义，是泛奥斯曼主义、泛突厥主义和泛伊斯兰主义的混合体，而内部不同政治派别的思想倾向各不相同，这在某种程度上是奥斯曼帝国即将瓦解并向现代民族国家演进过程中思想极为混乱的一种反映。泛奥斯曼主义是青年土耳其党人继承哈米德二世衣钵的产物，并成为党和国家的指导思想，根据此原则，奥斯曼帝国境内的非突厥民族必须使用被确定为国语的突厥语，只有通晓突厥语的人才有资格当选国会议员，而少数民族只有保持自己宗教信仰的权利。泛奥斯曼主义是赤裸裸的民族沙文主义，并在出笼后立即遭到了巴尔干各民族和名义上隶属奥斯曼帝国的阿拉伯人的抵制和反抗。泛突厥主义又称泛突兰主义，与泛奥斯曼主义密切相连，是泛奥斯曼主义在对外政策上的反映，即梦想建立一个泛突厥语族的联邦，把西亚、中亚、奥斯曼帝国境内外所有讲突厥语的民族、部族联合成一个政治实体。但二者具有的一个共同特征是，把伊斯兰教作为一种工具加以利用，并且在关于国家政治建构的思想方面无法割断与伊斯兰教之间的复杂联系。

纳米克·凯末尔作为青年土耳其党人的重要理论家，其民族主义思想是"政治自由主义与宗教保守主义相结合的产物"，[1]他一方面引进了西方自由民族主义关于爱国主义、自由、平等、主权等现代思想，另一方面又难以超越传统伊斯兰政治框架，充分体现出土耳其在现代民族国家形成前夕政治思想的矛盾性和复杂性。他一方面"认识到了建立现代国家所存在的障碍"，认为"伊斯兰教是原始的、过于理想化的宗教、道德、法律制度，古老的奥斯曼传统是原始的、过于理想化的政治制度，与此同时西方文明则带来了进步、繁荣并使欧洲民族居于领先地位"。但是，他得出了"它们之间并没有矛盾"的结论。根据他的结论，伊斯兰教能够提供社会的道德和法律基础；奥斯曼国家容忍多民族和多宗教的共同体政策是国家的政治框架；而西方文明应该为确保奥斯曼制度在列强崛起、经济进步的现代世界的生存提供实际的方案和技术支持。此外，他还认为"坦齐马特改革失败最重要的原因就在于对这三种因素的认识存在着严重的混乱"。[2]下文从两个方面说明纳米克·凯末尔思想中政治自由主义与宗教保守主义的矛盾。

第一，关于国家观念。在近代欧洲自由民族主义思想的影响下，纳米克·凯末尔已经确立了国家利益至上的爱国主义观念，把"国家"这一现代概念引进奥斯曼帝国的也正是纳米克·凯末尔。[3]但是，纳米克·凯末尔的国家观念与现代的国家观念仍然有

---

[1] E. I. J. Rosenthal, *Islam in the Modern States*, Cambridge: Cambridge University Press, 1965, p. 28.

[2] Niyazi Berkrs, ed. and trans, *Turkish Nationalism and West Civilization*, *Selected Essays of Ziya Gokalp*, New York: Columbia University Press, 1959, p. 18.

[3] 吴云贵、周燮藩：《近现代伊斯兰教思潮与运动》，北京：社会科学文献出版社，2000 年版，第 230 页。

着重要的区别，他所理解的"祖国""爱国主义"等范畴仍然不乏宗教成分和宗教感情色彩。一方面，受欧洲近代启蒙思想的影响，纳米克·凯末尔等人渴望通过宪政运动建立一个自由、民主、进步的国家；另一方面，由于无法割断与伊斯兰教之间的亲缘关系，又拒绝政治制度上的全盘西化，坚持政治制度改革应该以伊斯兰文化为蓝本。纳米克·凯末尔把西方的政治制度放在伊斯兰文化中寻找其渊源，"竭力论证《古兰经》中早已有三权分立、代议制政府、自由、平等、博爱、财产不可侵犯的思想"。①因此，在纳米克·凯末尔的政治理想中，未来的祖国仍然是一个以传统宗教法制为基础的伊斯兰国家，而非政教分离的世俗民族国家，因为他曾经明确表示，奥斯曼帝国要想生存下去，就不能"剥夺国家的伊斯兰特征"，"伊斯兰教法是我们国家的灵魂和本质"。②因此，青年土耳其党人的政治理念始终交织着现代政治思想与传统宗教价值之间的矛盾冲突，这也反映了处在剧烈社会变革前夕的社会政治思想的混乱特征。

第二，关于自由、平等、主权的观念。自由、平等和主权概念构成了西方自由民族主义的重要内容，这种思想对纳米克·凯末尔等青年土耳其党人产生了重要影响。但是，纳米克·凯末尔等人把西方的天赋人权观念进行了符合伊斯兰传统的改造，认为自由、平等和主权理论虽然是作为舶来品从西方传入奥斯曼帝国的，但是它们却是伊斯兰文化所固有的内容，早已在伊斯兰教的发端年代就为真主所预定。所谓自由，主要是政治自由而非个人意志和人格的自由，只要国家拥有一部体现民意的宪法，实行宪政制度，就不必争取更多的政治自由。所谓平等，是指在法律面前人人平等。而实际上，这是一句空话，因为在传统的伊斯兰教

---

① 何景熙:《土耳其伊斯兰教的变迁》，载《世界宗教资料》，1983 年第 4 期，第 54 页。

② E. I. J. Rosenthal, *Islam in the Modern States*, Cambridge：Cambridge University Press, 1965, p. 35.

法面前，不仅穆斯林与非穆斯林绝无平等可言，而且穆斯林之间也无平等可言。所谓主权，则包括国家主权和民众主权两层含义。纳米克·凯末尔认为，国家主权属于真主，由真主在人间的代理人苏丹-哈里发代为行使。宪政制度虽然是效仿西方的产物，但是却被纳米克·凯末尔解释为伊斯兰教舒拉（协商）制度的产物。因此，纳米克·凯末尔对于国家主权的认识仍然没有逃脱传统伊斯兰政治文化的窠臼，甚至与当代伊斯兰宗教激进主义的真主主权论完全相同。对于民众主权，即国家政府的权力来自人民大众，他认为，这种主权观念同样不是西方的创造，而是源于伊斯兰教。按照纳米克·凯末尔的解释，伊斯兰教法术语中的拜阿（Baya）就是一种主权在民的思想。实际上，拜阿是历史上新当选的哈里发表示效忠、服从的誓词，教法学家们认为，誓词确定了君主与臣民之间的契约关系，具有法律约束力。① 由此可见，纳米克·凯末尔把西方的自由、平等、主权观念引进奥斯曼帝国，这是一种历史进步，但是他又对它们进行了符合伊斯兰教的诠释，并在理解上与原生的西方自由民族主义的价值观念存在着巨大的差异和矛盾。

四、青年土耳其党人时期的泛伊斯兰主义

伊斯兰教对于青年土耳其党人时期奥斯曼帝国政治思想的影响不仅体现在其对泛奥斯曼主义思想的渗透中，而且体现在泛伊斯兰主义本身在思想界、舆论界和知识界的广泛影响上，并且，泛伊斯兰主义服务于泛奥斯曼主义。正如一位学者所言："一些出版物仍然围绕泛伊斯兰主义及其作为实现世界范围内的穆斯林

① 本段论述参考了我国伊斯兰教专家吴云贵先生的有关观点,参见吴云贵、周燮藩:《近现代伊斯兰教思潮与运动》,北京:社会科学文献出版社,2000 年版,第 230—231 页。

共同体的手段进行讨论，以加强挽救奥斯曼帝国的力量。"①

迈赫默德·阿基夫（1873—1936年）是奥斯曼帝国晚期崇尚泛伊斯兰主义的著名诗人和作家，他在题为《伊斯兰教与民族主义》的文章中指出，"尽管伊斯兰教要求穆斯林统一，尽管先知穆罕默德告知穆斯林分裂将导致穆斯林被敌人毁灭，但是穆斯林已经分裂为若干个民族。"他认为奥斯曼帝国内穆斯林民族的分裂，一方面在于基督教民族主义的影响，另一方面在于欧洲敌人的入侵，其目的就在于肢解和分裂"我们的国家"，因此，"所有团体都应该统一起来反对敌人，否则苏丹的王位将处在危急之中。""如果他们不能保护哈里发，他们将遭到毁灭，而这也正是敌人所希望的。毫无疑问，他们只有实现统一，才能建立一个充满力量的穆斯林政府，这种政府及其哈里发是伊斯兰教最后的希望所在。"②

另一较有影响的泛伊斯兰主义思想家是阿赫默德·海尔米（1865—1914年），他是来自比利时的穆斯林，早年在利比亚宣传泛伊斯兰主义和反对法国统治的政治思想。后来到土耳其的伊斯坦布尔大学教授哲学，在1908—1909年间，他用突厥语编辑、出版、宣传泛伊斯兰主义的刊物。在早期的一篇题为《我们对待伊斯兰联盟的观点》的文章中，他对于"政治的泛伊斯兰主义"（Political Pan-Islamism）采取了否定的态度，因为他认为建立一个包括所有穆斯林的国家与历史和自然规律相矛盾。但是对于有助于增强和促进穆斯林社会发展的"社会的泛伊斯兰主义"（Social Pan-Islamism）应该加以支持。海尔米的思想深受青年土耳其党人的影响，其思想的"主题是支持所有穆斯林和奥斯曼人的社

---

① Jacob M. Landau, *The Politics of Pan-Islam: Ideology and Organization*, Oxford: Clarendon Press, 1990, p. 73.

② 同①, pp. 76-77。

会和文化发展，因而表达了与新体制相适应的奥斯曼主义"，① 即海尔米早期的泛伊斯兰主义在本质上是服务于青年土耳其党人的奥斯曼主义的。

后来，海尔米对他早年曾经反对的"政治的泛伊斯兰主义"也表示了支持的态度，以公开的态度呼吁全球穆斯林的团结和统一，极力鼓动穆斯林反对欧洲列强。1911 年，海米尔发表了《20 世纪伊斯兰世界和欧洲穆斯林的政治指南》一文，认为"奥斯曼帝国内的穆斯林因素是维持帝国生存的唯一希望，穆斯林的统一是解救帝国困难、保障其独立的唯一保障，……而分裂则是一种灾难"。与此同时，海米尔也把奥斯曼帝国视为穆斯林的庇护人，认为"各地所有穆斯林的希望是奥斯曼帝国及其哈里发……如果他们继续保持分裂，他们将暴露在两种危险之下，即利益冲突和与对他们有害的列强进行合作。为了避免这种危险，必须实现伊斯兰的统一并从全球穆斯林那里寻求道义支持，才能使伊斯兰成为一支举足轻重的力量"。②海米尔在盛赞了伊斯兰早期的辉煌后，极力倡导穆斯林团结和伊斯兰统一，并指出，美利坚合众国、德意志和意大利等成功实现统一的国家应该成为泛伊斯兰统一的榜样，统一所有的穆斯林人民将产生一个以哈里发为中心的巨大力量，相反，穆斯林的分裂则是十分有害的，而且《古兰经》早就倡导统一、反对分裂。穆斯林统一的最高形式即建立一个能够抵御外敌入侵的"伊斯兰国家"，这个国家将包括所有以穆斯林为主要居民的地区，所有的穆斯林都应该服从伊斯坦布尔哈里发的统治。③由此可见，海米尔对于奥斯曼帝国仍然充满了留恋，并且把奥斯曼帝国视为穆斯林的根基所在，把穆斯林统一作为维持帝

---

① Jacob M. Landau, *The Politics of Pan-Islam: Ideology and Organization*, Oxford: Clarendon Press, 1990, p. 77.

② 同①, pp. 78-79。

③ 同①, pp. 79-80。

国生存的唯一希望。

瑟拉尔·奴里（1877—1939 年）是一个有着广泛影响的记者，其思想主要表现为泛伊斯兰主义和泛土耳其主义。他一方面承认数亿穆斯林不能奢望变成一个单一的国家，另一方面又警告说伊斯兰教反对分裂，因为分裂无助于伊斯兰教发挥在穆斯林民族之间的纽带作用。忽视伊斯兰教所导致的穆斯林民族分裂只能有利于外国侵略和破坏他们自身的独立。基督教强权正在挑起穆斯林群体间的相互仇恨，诸如：德国唆使波斯尼亚和阿尔巴尼亚的穆斯林要求摆脱土耳其的专制统治；法国鼓励柏柏尔语的复兴以加强柏柏尔人的独立意识；而英国、意大利和法国则通过挑唆阿拉伯人反对土耳其，破坏阿拉伯人与土耳其人的关系，进而破坏穆斯林统一。瑟拉尔·奴里进一步指出，没有了穆斯林共同体，英国和法国将占领更多的穆斯林领土，这不仅会使苏丹-哈里发的奥斯曼帝国遭到削弱，而且会破坏整个穆斯林团结。因此，只有实现穆斯林的统一，增进逊尼派和什叶派的联系，消除各宗教团体之间在道德、思想和行为上的混乱，代之以有序的团结和纪律，才能使穆斯林产生统一的共同愿望。穆斯林统一不仅是信仰的需要，而且是反对欧洲强权的现实政治的需要。①

在论证了实现穆斯林统一的必要性后，瑟拉尔·奴里进一步阐述了实现穆斯林统一的方案。他认为应该将穆斯林信仰上的统一像泛斯拉夫主义（Pan-Slavism）、泛拉丁主义（Pan-Latinism）和泛日耳曼主义（Pan-Germanism）一样付诸实践。泛伊斯兰主义将比它们更富有活力，因为它植根于伊斯兰的兄弟感情和共同的道德习俗。为抵御外敌入侵，穆斯林之间应该和平共处，穆斯林共同体意识应该得到鼓励和加强。他指出："穆斯林正在演奏

---

① Jacob M. Landau, *The Politics of Pan-Islam: Ideology and Organization*, Oxford: Clarendon Press, 1990, p. 81.

同一首乐曲，但是要将它们变成一首交响乐则需要一位指挥。尽管面临着外国统治以及各地穆斯林在政府、经济和语言上的差异，但是伊斯兰教作为过去、现在和将来的一种伟大力量，应该而且能够成为统一所有穆斯林的纽带……因此，穆斯林不仅应该实现他们关于伊斯兰统一的思想，而且应该公开向世界表明这一思想。"①

瑟拉尔·奴里认为，存在着许多有助于实现穆斯林统一的共同因素，他特别强调了以下几点：一是哈里发制度，土耳其人和阿拉伯人都应该对哈里发充满崇敬和感激之情。哈里发过去是而且仍将是统一各地穆斯林的巨大力量。二是神圣的朝觐，它不仅是一种宗教义务，而且具有丰富的社会与政治意义。三是伊斯兰教育，有着共同基础的伊斯兰教育有助于传播伊斯兰统一的思想。四是共同的宗教文学，它们已经渗透到穆斯林心灵的深处，并且有助于传播伊斯兰统一的思想。②他指出，之所以倡导泛伊斯兰主义，是因为伊斯兰统一的实现能够筑起伊斯兰教抵御欧洲基督教侵略的堤坝，进而粉碎欧洲的侵略，"泛伊斯兰主义不仅意味着将所有穆斯林融入奥斯曼帝国内，而且意味着将统一的情感保持在穆斯林心灵的深处并且使其在伊斯兰教的未来发挥关键作用……伊斯兰教将以自己的力量改变世界，并且在不久的将来在一个年轻的、统一的伊斯兰国家中实现自己的复兴"。③

瑟拉尔·奴里的思想在青年土耳其党人时期的奥斯曼帝国颇具代表性。"他的著作不仅是青年土耳其党人时期关于泛伊斯兰教最公开、最详尽的论著，而且是在 1914 年以前最具意识形态特征的泛伊斯兰主义。它不仅明确强调了伊斯兰统一的必要性，

---

① Jacob M. Landau, *The Politics of Pan-Islam: Ideology and Organization*, Oxford: Clarendon Press, 1990, p. 82.

② 同①, pp. 82-83。

③ 同①, p. 83。

主张通过统一以共同道德和知识为基础的伊斯兰力量反对欧洲侵略和基督教的仇视，而且具有明确的政治和经济含义。"① 从瑟拉尔·奴里的泛伊斯兰主义思想来看，在奥斯曼帝国濒临崩溃、帝国内民族主义思潮和运动风起云涌之际，他仍然企图通过推行泛伊斯兰主义实现穆斯林的统一并以此作为反对和对抗欧洲的手段和组织形式，尽管在反对欧洲殖民主义方面有一定的历史进步倾向，但是这种具有浓郁乌托邦色彩的泛伊斯兰主义无疑只能是一种美好的幻想和企盼，根本无法实现。此外，瑟拉尔·奴里的思想在本质上服务于维护奥斯曼帝国专制统治，因为他主张"哈里发将是加强伊斯兰统一的领导者，并且通过朝觐、教育和清真寺最终实现伊斯兰统一的最终目的"。② 把伊斯兰统一的希望寄托在一个行将就木的没落王朝身上，不仅为各伊斯兰国家民族主义兴起和建立民族国家的现实所限制，而且为民族国家正在取代帝国专制统治的历史洪流所不容，必将为历史所淘汰，而在土耳其完成这一历史使命的，正是即将到来的凯末尔革命。

作为青年土耳其党人革命后奥斯曼帝国权力的实际控制者，统一与进步委员会在如何对待泛伊斯兰主义的问题上存在着一定的两面性：在对泛伊斯兰主义加以反对的同时又加以利用。一方面，统一与进步委员会对泛伊斯兰主义持反对态度，正如美国学者凯马尔·卡尔帕特所言，在民族主义急剧上升的时代，青年土耳其党人并不相信泛伊斯兰主义这种超民族的意识形态（Supra-National Ideology）；③ 但另一方面，统一与进步委员会又不得不利用泛伊斯兰主义，因为泛伊斯兰主义作为一种扩张政策适合青年

---

① Jacob M. Landau, *The Politics of Pan-Islam: Ideology and Organization*, Oxford: Clarendon Press, 1990, p. 83.

② 同①。

③ Kemal H. Karpat, "The Turkic Nationalities: Turkish-Soviet and Turkish-Chinese Relations", in W. O. McCagg and B. D. Silver, eds. *Soviet Asian Ethnic Frontiers*, New York: Pergamon Press, 1979, p. 124.

土耳其党人的口味，利用泛伊斯兰主义可以恢复先前帝国的疆界。①因此，"统一与进步委员会致力于伊斯兰教和泛伊斯兰主义是出于政治实用的考虑，而不是出于原则的考虑"②。当然，青年土耳其党人之所以支持泛伊斯兰主义，也是为了寻求伊斯兰世界对自己政权的道义支持，并声称所有穆斯林应该建立一个反对欧洲侵略的阵线。③一战爆发后，统一与进步委员会对泛伊斯兰主义采取了更为积极的支持态度，不仅致力于鼓励泛伊斯兰主义活动，而且积极增进与伊斯兰教什叶派国家伊朗的联系，以便最终建立一个包括奥斯曼帝国、伊朗、阿富汗在内的广泛的泛伊斯兰联盟。④

五、结语

奥斯曼帝国晚期，在政治思想上存在着严重的混乱，伴随着奥斯曼帝国的衰落和政治混乱，其意识形态也表现为多元化、复杂化、变动性的态势，具体表现为泛奥斯曼主义、泛伊斯兰主义、泛突厥主义等政治思潮交互渗透、互相影响，同时也交织着传统与现代、东方与西方的矛盾与斗争，这一切都表明，在行将崩溃的奥斯曼帝国内部正在进行着一场剧烈的思想斗争，同时也正在酝酿着奥斯曼帝国从传统帝国形态向现代民族国家转变的社会政治变革。从奥斯曼帝国晚期政治思潮与伊斯兰教的关系来看，各种政治思潮尚无法摆脱伊斯兰教的影响，伊斯兰教不仅以

---

① Jacob M. Landau, *The Politics of Pan-Islam: Ideology and Organization*, Oxford: Clarendon Press, 1990, p. 87.

② 同①, p. 88。

③ R. L. Shukla, *The Pan-Islamic Policy of the Young Turks and India*, New Delhi: People's Publishing House, 1970, p. 306.

④ 同①, pp. 90-91。

泛伊斯兰主义的形式渗透在泛奥斯曼主义、泛突厥主义之中，而且泛伊斯兰主义本身作为一种相对独立的政治与社会思潮，仍然有着广泛的影响。

百年变局下中国与中东国家核能合作的现状与前景[*]

孙德刚　复旦大学中东研究中心主任、国际问题研究院研究员

章捷莹　复旦大学国际关系与公共事务学院2021级博士研究生

内容摘要: 中东国家核竞赛经历了冷战时期的军用核武竞赛与冷战后民用核能竞赛两个阶段。百年变局下,中东国家积极探索核能发展道路,旨在缓解国内电力紧张、减少碳排放、促进海水淡化、建设核能强国。在新能源革命和新科技革命的推动下,中东国家发展核能促进了能源结构的多样化和全球核能技术合作伙伴的多元化。俄罗斯、法国、美国、日本、韩国等核能大国具有存量优势,中国发挥增量优势,积极鼓励中国核电企业开拓中东国家市场,提升国际化水平。中国通过多边和双边平台,与阿拉伯国家联盟(阿盟)、海湾阿拉伯国家合作委员会(海合会)、沙特、阿联酋、土耳

---

　*　本文系教育部人文社科重点研究基地重大项目"百年变局下中东治理的大国作用与影响研究"(22JJD810024)的阶段性成果。

其、约旦、埃及、阿尔及利亚和苏丹等加强核能合作，形成了深度合作型、积极探索型和初步接触型三类核能合作层级。核能合作丰富了中国对中东国家能源外交的内涵，是人类命运共同体和中国在中东核能伙伴关系建设的重要内容。

关键词：核能合作　百年变局　中国外交　中东能源　清洁能源

百年变局下，新科技革命和新能源革命相互交织，大国战略竞争向经贸领域外溢，对全球安全格局与发展模式产生了深远影响。中国走绿色低碳的能源转型道路，大力发展太阳能、风能与核能。截至2018年，中国在国内投资600亿美元开发太阳能和风能，成为全球新能源最大的投资者。[①] 2020年，中国的清洁能源产业带动了400万人就业，占全球的40%。[②] 根据气候变化《巴黎协定》，中国承诺，到2030年，非化石能源在一次能源结构中占比达20%，二氧化碳排放量减少60%—65%；2030年实现碳达峰，2060年实现碳中和。[③] 中国是核能大国，截至2022年年底，中国运行54台核电机组，仅次于美国和法国，位列全球第三。[④]

中国在核能合作领域坚持国际化和市场化原则，探索第三方市场合作模式，反对投资与能源合作议题"政治化"。在国际核能合作领域，中东国家是中国核能企业的重要市场和战略板块。2014年，在中阿合作论坛第六届部长级会议上，习近平主席提出了"1+2+3"合作框架，其中"3"包括核能、航天卫星、新能

① Scott Kennedy and Mingda Qiu, "China's Expensive Gamble on New Energy Vehicles", in CSIS Commentaries, 6 November 2018, https://www.csis.org/node/48217.

② Renewable Energy Policy Network for the 21st Century (REN21), "Renewables 2019 Global Status Report", https://www.ren21.net/reports/global-status-report.

③ Barbara A. Finamore, "China's Quest for Global Clean Energy Leadership", *Istituto Affari Internazionali*, 2020, pp. 3–5.

④ Anna J. Davis, "Motivations for Nuclear Energy Today", in *The Role of Nuclear Energy in the Global Energy*, Oxford Institute for Energy Studies, 2022, pp. 4–5.

源。2022 年,习近平主席访问沙特,出席在利雅得召开的首届中阿峰会、中国与海合会峰会,核能成为重要领域。在中阿"八大共同行动"中,能源合作成为重要支柱,中阿双方宣布共建中阿清洁能源合作中心,支持中国能源企业和金融机构在阿同阿方开展能源科技研发合作,推动建立公平公正、均衡普惠的全球能源治理体系。① 核能成为中阿清洁能源合作的重点。

目前,国内外学者围绕中国与中东能源合作的研究成果主要在两大领域,一是传统能源,二是新能源。前者包括中国与中东国家围绕石油、天然气等能源的全产业链合作;② 后者包括中国与中东国家在太阳能、风能、氢能、潮汐能等领域的合作。③ 核能属于清洁能源,但不属于新能源,在中国与中东能源合作研究中,现有成果不多。④ 本文在前人研究成果的基础上,探讨中国与中东国家开展核能合作的时代背景、进展现状、重点国家、合作机制与合作前景。

---

① 《习近平在首届中国-阿拉伯国家峰会上提出中阿务实合作"八大共同行动"》,载《人民日报》,2022 年 12 月 10 日,第 4 版。

② 倪晓宁:《石油与阿拉伯世界经济变迁》,北京:对外经济贸易大学出版社,2016 年版;Phar Kim Beng and Vic Y. W. Li, "China's Energy Dependence on the Middle East: Boon or Bane for Asian Security?", *The China and Eurasia Forum Quarterly*, Vol. 3, No. 3, 2005。

③ 柳思思:《气候变化与国家新能源的发展:以阿拉伯国家为例》,北京:时事出版社,2015 年版;The International Renewable Energy Agency, League of Arab States, "Pan Arab Renewable Energy 2030", 2014; Jeffrey Ball, "The New Age of Renewable Energy", *Cairo Review of Global Affairs*, Winter 2018。

④ Robert Mason and Gawdat Bahgat, "Civil Nuclear Energy in the Middle East: Demand, Parity, and Risk", *The Arab Gulf States Institute in Washington*, https://agsiw.org/wp-content/uploads/2019/04/Mason_Bahgat_Civil-Nuclear_ONLINE-1.pdf; Jim Krane, Amy Myers Jaffe and Jareer Elass, "Nuclear Energy in the Middle East: Chimera or Solution?", *Bulletin of the Atomic Scientists*, Vol. 72, No. 1, 2016; Ephraim Asculai, "Nuclear Power in the Middle East", *The Nonproliferation Review*, Vol. 19, No. 3, 2012; "Nuclear Energy Expansion in the Middle East: Reactions to Iran?", *Journal of Strategic Comments*, Vol. 12, No. 9, 2006.

一、中国与中东国家核能合作的时代背景

百年未有之大变局是中国与中东国家民用核能合作的时代背景。早在 2012 年，习近平主席就首次提出了"大变局"概念，体现出新一代领导集体的时代观、大局观和角色观。钟飞腾、贾文山、胡鞍钢等学者对百年大变局的内涵作了深入研究，认为，其关键是全球权力转移。[①]

本文聚焦百年大变局的世界之变、时代之变和历史之变三大特征，[②] 将之分为权力、制度、发展、科技、治理和文明等六大要素。第一，权力格局从西方主导的单极格局到西方与非西方国家形成的多极格局；第二，政治制度从西方现代化道路到全球现代化的不同道路；第三，发展模式从粗放型经济到创新、协调、绿色、开放、共享的新发展模式；第四，科技革命从以信息技术为代表的第三次工业革命到以人工智能、新能源、新材料、虚拟现实、物联网为代表的第四次工业革命；第五，全球治理从西方主导到全球共治；第六，人类文明由西方海洋文明为主要形态转向人类文明的多种形态。

百年变局对中国与中东国家能源合作产生了深远影响。除以色列外，中国与中东国家同属发展中国家，在东升西降、大国战略竞争加剧背景下，积极探索各自现代化新道路，坚持绿色、低碳的新发展理念，积极应对新科技革命与新能源革命挑战，参与全球民用核能治理，探索人类文明的多元形态。

---

① 钟飞腾：《百年大变局、新发展格局与中国外交新布局》，载《外交评论》，2023 年第 1 期，第 1—25 页；胡鞍钢：《中国与世界百年未有之大变局：基本走向与未来趋势》，载《新疆师范大学学报(哲学社会科学版)》，2021 年第 5 期，第 38—53 页；贾文山、江灏锋：《千年视野下百年未有之大变局与中国路径》，载《现代国际关系》，2022 年第 7 期，第 23—30 页。

② 《学术前沿》编者：《百年变局的显著特征》，载《学术前沿》，2022 年第 10 期(上)，第 4 页。

　　能源是现代经济发展的动力。近代以来，人类社会经历了三次能源转型。第一次是以煤炭代替柴薪的转型，第二次是以石油代替煤炭的转型，第三次是以清洁能源与可再生能源代替传统能源的转型。在第三次能源转型过程中，能源体系的去碳化步伐加快，包括核能和可再生能源（风能、水能、太阳能、地热能、海洋能等）在内的替代能源比例上升。2015 年，全球可再生能源发电占比为 31%。如果把核能和天然气等清洁能源计算在内，则清洁能源发电已占当今全球发电量的一半。[①] 全球能源转型促进了低碳经济的发展。随着第四次科技革命和新能源革命加速发展，清洁能源的成本大幅度降低，越来越多的国家开始探索能源转型道路，从化石能源到清洁能源，从技术含量低的能源到技术含量高的核能，全球范围内出现了"核复兴"（Nuclear Renaissance）现象。

　　核能受到青睐，主要是因为各国把生态文明建设放在国家治理的重要位置，核能合作是中国与中东国家在能源领域应对百年大变局的重要举措。煤电链对公众健康造成的非辐射危害是核电链的 18 倍，造成的辐射危害是核电链的 50 倍。煤电链工作人员所受辐射剂量比核电链高 10 倍，造成的急性事故死亡率为核电链的 60 倍。核电链排放的温室气体仅为煤电链的 1%，是排放温室气体最小的能源链。[②] 化石能源的高污染和高排放迫使各国积极依靠清洁能源。在所有清洁能源中，核能的二氧化碳排放量最少，不仅少于石油和天然气，甚至少于风能和太阳能。此外，与其他可再生能源相比，核能所需物理空间小，节约了用地，代表了全球能源转型的方向，是全球能源转型中替代化石燃料的重要

---

　　① 吴磊、杨泽榆：《国际能源转型与中东石油》，载《西亚非洲》，2018 年第 5 期，第 142—152 页。
　　② 唐婷：《核能是清洁、安全、绿色的能源》，载《科技日报》，2012 年 8 月 21 日，第 1 版。

选项。①

除应对气候变化、满足电力需求外，核能还具有特殊的政治含义。核技术被视为国之重器，是国家硬实力尤其是科技实力的象征，成为国家间政治博弈与科技竞争的新领域。据世界核协会估计，目前，世界上大约有 30 多个②国家有意从事核能与民用核技术的开发，和平利用核能成为国际社会和国际原子能机构的重要共识。截至 2018 年年底，全球运营的核反应堆有 449 座，其中一半以上在欧美发达国家，西方国家具有存量优势；中国、印度、孟加拉国、土耳其、阿联酋、埃及等国是近年来全球核电机组数量增长最快的国家，具有增量优势。③ 广大发展中国家从增加供电、减少碳排放、参与全球气候治理、跻身核电强国的综合目标出发，积极启动核能项目。表 1 为 2022 年全球在建核反应堆数量一览表。

表 1　2022 年全球在建核反应堆数量一览表　（单位：座）

在建国家	在建核反应堆数量	建造公司	截至 2022 年运行的核反应堆数量
阿根廷	1	阿根廷核电公司	3
斯洛伐克	2	俄罗斯原子能公司	4
孟加拉国	2	俄罗斯原子能公司	0
白俄罗斯	1	俄罗斯原子能公司	1

①　Stephen S. Greene, "Nuclear Energy in a Low-Carbon Future: Implications for the United States and Japan", https://www.jstor.org/stable/resrep44947.

②　World Nuclear Association, "Nuclear Power in the World Today", https://www.world-nuclear.org/information-library/current-and-future-generation/nuclear-power-in-the-world-today.aspx.

③　World Nuclear Association, "World Nuclear Performance Report 2019", August 2019, p. 4.

续表

在建国家	在建核反应堆数量	建造公司	截至 2022 年运行的核反应堆数量
中国	2	俄罗斯原子能公司	54①
	7	中国广核集团	
	7	中国核工业集团	
	2	国家电力投资集团-华能集团	
芬兰	1	TVO（芬兰）、Areva（法国）、西门子（德国）	5
法国	1	法国电力集团	56
印度	4	印度核电公司下属的 BHAVINI 公司	23
	4	印度核电公司	
伊朗	1	俄罗斯原子能公司	1
巴基斯坦	1	中国核工业集团	5
俄罗斯	3	俄罗斯原子能公司	37
韩国	4	韩国电力公司	24
土耳其	4	俄罗斯原子能公司	0
乌克兰	2	俄罗斯原子能公司	15
阿联酋	2	韩国电力公司 阿联酋核能公司	2
英国	2	法国电力集团	11
美国	2	美国西屋公司	92

资料来源：Anna J. Davis, "Motivations for Nuclear Energy Today", in *The Role of Nuclear Energy in the Global Energy*, Oxford Institute for Energy Studies, 2022, pp. 4-5.

①中国广核集团董事长杨长利在 2023 年 4 月中国核能可持续发展论坛上发言指出，截至 2023 年，我国在建核电机组 24 台，商运核电机组 54 台。

美国、法国、俄罗斯等是传统核能大国，其中，法国是全球核电占比最高的国家，核电占法国电力结构比重高达 70%；欧盟发电总量的 25%、美国发电总量的 20% 来自核能。[①] 尽管 2011 年日本福岛核事故一度导致全球对核电的安全性提出了质疑，但随着全球变暖的速度加快，发达国家和发展中国家又重新启动核电站建设步伐。全球气候危机及乌克兰危机引发的欧洲能源危机，迫使法国总统马克龙于 2022 年宣布重启核能项目，兴建第二代欧洲先进压水堆（EPR2），投资 10 亿欧元建设颠覆性创新型核反应堆，开发小型模块化核反应堆（SMR），总投资 5 亿欧元。[②] 法国核能项目的开发，带动了全球核电产业的兴起。

中国的核能发展经历了"引进来"和"走出去"两个阶段，体现出"军转民"理念，支持改革开放和社会主义现代化建设，推动清洁能源项目，减少煤炭、石油和天然气的消费量，并通过优势核能"走出去"配合国际投资。中国核工业集团、中国广核集团、国家电力投资集团是中国核能"走出去"的三巨头，成为参与共建"一带一路"核能合作的重点企业。2018 年 1 月 31 日，国务院国有资产监督管理委员会正式发布公告，经国务院批准，中国核工业集团与中国核工业建设集团实施重组，中国核工业建设集团整体划转进入中核集团，进一步增强了中国核电企业参与国际竞争的能力。[③] 中国在国际核能合作中，一方面遵守国际公约，接受国际原子能机构的监督，预防纵向与横向核扩散；另一方面，中国从人类命运共同体的高度，推动核能造福全人类，助力绿色低碳能源，改善全球生态环境。

---

① Stephen S. Greene, "Nuclear Energy in a Low-Carbon Future: Implications for the United States and Japan", https://www.jstor.org/stable/resrep44947.

② 王晓菲:《法国发布新能源战略"重启民用核能的伟大征程"成为战略性转向》,载《科技中国》,2022 年第 7 期,第 92~93 页。

③ Mark Hibbs, "The Future of Nuclear Power in China", Carnegie Endowment for International Peace, 2018, p. 90.

中国通过优势核能开展国际合作，借助共建"一带一路""走出去"，阿根廷、巴基斯坦卡拉奇项目（2 个 1000 兆瓦、造价 65 亿美元），土耳其色雷斯地区的核电站项目，英格兰西南部萨默塞特郡的欣克利角 C 核电站，英格兰东部萨福克郡的塞兹韦尔 C 核电站、埃塞克斯郡的布拉德韦尔 B 核电站等项目成为中国核能企业走出去的重点项目。[1] 目前，中国核能巨头掌握国内 50 多个核电站项目，并投资约 15 个海外核电站项目。[2]《2015—2020 年中国核电行业市场前瞻与投资战略规划分析报告》显示，中国在建核电机组规模世界第一。预计到 2030 年，中国国内核电总装机量将达到 150—200 吉瓦，占能源消费总量的比重将达到 6%—8%。[3] 中国国内核电建设取得的丰富经验，促进了优势核能"走出去"。

中国政府支持核电企业扩大海外市场、增加外汇创收，通过参与国际竞争倒逼技术进步，增强企业的国际竞争力。中国按照国际原子能机构的要求，执行《不扩散核武器条约》，同时尊重主权国家和平利用核能的权利，帮助其他国家发展民用核项目、掌握民用核技术，并在国际核能合作方面与西方、俄罗斯、日本、韩国等一道参与核秩序与核规范的塑造。[4] 中国核能领域的国际合作丰富了中国外交的工具箱，核能产业"走出去"成为新时代中国经济外交和科技外交的重要实践。

中国国内立法为核能领域的国际合作扫清了法律障碍。中国国家能源局与业主国联邦计划、公共投资与服务部关于核能合作

---

[1] Biao Zhang, "State Transformation Goes Nuclear: Chinese National Nuclear Companies' Expansion into Europe", *Third World Quarterly*, Vol. 40, No. 8, 2019, pp. 1462-1463.

[2] Degang Sun, Haiyan Xu and Yichao Tu, "In with the New: China's Nuclear-Energy Diplomacy in the Middle East", *Middle East Policy*, Vol. 29, Issue 1, 2022, p. 43.

[3] 刘馨蔚:《"核能外交"显成效，频频收获海外订单》，载《中国对外贸易》，2017 年第 2 期，第 70 页。

[4] Samuel Hickey, "China's Nuclear Diplomacy in the Middle East", https://thediplomat.com/2018/10/chinas-nuclear-diplomacy-in-the-middle-east/.

的协议，两国政府间和企业间核电合作协议，业主国核电站项目框架合同等重要文件，为新时期中国投标国际核能合作项目奠定了法律基础。[①] 2018 年 1 月 1 日，《中华人民共和国核安全法》正式生效，为中国开展国际核能合作奠定了法律基础；中国国家能源局、国家核安全局、国家核事故应急办公室（国防科工局）积极支持中国核电企业"走出去"，包括核电、天然铀、核燃料、核环保、核技术等全产业链的"走出去"，支撑中国的国家战略利益和企业经济利益。核电企业"走出去"是高质量共建"一带一路"的重要内容，核能领域的国际合作丰富了中国与对象国战略合作的内涵。

在核能国际合作过程中，中国的技术和标准日益得到国际组织的承认。2016 年 7 月，核电站核级数字化仪控系统（核级 DCS）收到国际原子能机构签发的独立工程审评（IERICS）报告，标志着中国首个具有完全自主知识产权的核级 DCS 通用平台"和睦系统"顺利完成国际原子能机构审评，对中国核能"走出去"具有重要意义。[②] 中国广核集团、中国核工业集团和国家电力投资集团等企业是推动核电技术革新的主力军。在参与全球核能合作过程中，中国广核集团、中国核工业集团还分别自主形成了 ACRP1000+ 和 ACP1000 三代技术，中国国家能源局在二者基础上发布了中国核电三代统一品牌"华龙一号"，并将其作为中国与潜在核电输入国双边政治、经济交往的重要议题。[③] 中国核电机组预计到 2030 年将达到 200 台，而"华龙一号"有望占到 20%—30% 的市场份额，贸易类型将由以前的设备相关零部件与

① 冯哲：《海外核电市场开发问题探索》，载《产业与科技论坛》，2018 年第 14 期，第 22 页。

② 刘馨蔚：《"核能外交"显成效，频频收获海外订单》，载《中国对外贸易》，2017 年第 2 期，第 71 页。

③ 刘兵、李玉琼、刘赟：《我国核电"走出去"的机会窗口及时机抉择——基于 Bass 模型》，载《科研管理》，2019 年第 11 期，第 95 页。

材料贸易转向核电站的建造权输出。① 因此，核能不仅是普通的能源，而且是战略技术和战略资源，是军民融合与战略力量的基石，是中国开展国际战略合作、参与全球核治理的重要手段。② 中国核电技术成为中国开展国际合作的"名片"，增强了中国企业科技竞争力。

包括中东国家在内的共建"一带一路"国家是中国国际核能合作的重点地区。2018 年，这些国家 PM2.5 浓度均高于世界卫生组织准则值，且绝大多数国家高于世界卫生组织警戒线-1 值，面临着十分严峻的环境治理压力。核电作为全球最为重要的高效清洁能源之一，有望解决环境治理与能源消费增长的双重困境。③ 根据中国广核集团统计，共建"一带一路"国家中，有 28 个国家计划发展核电，规划机组 126 台，总规模约 1.5 亿千瓦。以三代机组平均造价 1.6 万元每千瓦预估，市场总量约 2.4 万亿元。④

核能的开发带动了全球能源治理体系的变革。21 世纪以来，全球核能治理形成了全球、区域、国家与核能企业等立体多维的治理体系。全球层面的治理主体包括国际原子能机构、世界核协会、世界核电运营者协会、世界核大学、核能机构、国际能源署；地区层面的治理主体包括欧洲原子能共同体、阿拉伯原子能机构等；国家层面的治理主体包括运行核电站的国家；企业层面的治理主体包括核材料生产与运输公司、核电建筑公司、核医学

---

① 刘兵、于娜：《我国核电"走出去"技术外溢及风险研究———基于系统安全工程能力成熟度模型》，载《南华大学学报》(社会科学版)，2017 年第 2 期，第 6 页。

② Mark Hibbs，"The Future of Nuclear Power in China"，*Carnegie Endowment for International Peace*，2018，p. 8.

③ 丁宝根、马智胜：《中国对"一带一路"相关国家核电投资的动力、障碍及策略》，载《对外经贸实务》，2019 年第 9 期，第 69 页。

④ 《中国核电行业发展现状和前景》，载《电器工业》，2019 年第 10 期，第 59—63 页。

与放射性物质回收公司等。① 多方利益攸关者彼此互动，发达国家和发展中国家参与其中，形成多元主体和多元议题，推动了全球核能治理体系的转型。

百年大变局下，大国围绕清洁能源的科技竞争和话语权之争日益激烈，核能的国际竞争也日趋激烈。2022 年，美国总统拜登、英国首相苏纳克等西方国家领导人出席在埃及举办的《联合国气候变化框架公约》第 27 次缔约方大会，试图引领在全球气候变化和清洁能源领域的议题设置权，阻碍中国、俄罗斯和其他非西方大国企业同发展中国家开展核电合作。中国与中东国家开展能源合作恪守以下原则：其一，中国严格遵守《不扩散核武器条约》和其他政府间文件，在中东坚持核不扩散政策；其二，中国积极与中东国家开展核能合作，帮助其弥补电力缺口，减少碳排放；其三，中国积极与中东国家分享民用核技术，促进核技术转移与核技术人员培训，从"授人以鱼"到"授人以渔"。核能项目的跨国联动与国际合作丰富了中东国际关系的内涵，促进了中东核电发展的多极化。

二、中国与中东国家核能合作的现状与进展

中东是国际核能合作的新市场。中国与中东国家的核能合作内涵丰富、领域广泛，包括围绕核燃料开采与运输、人力资源培训、核电机组出口、核反应堆研究、核专业人才交流等领域开展的双边和多边合作。

二战结束后，中东与核问题结下了不解之缘，从冷战时期的军用核武竞争到冷战结束后核能技术竞争，中东多国把拥有核武

① 陈小沁：《核能外交的理论与实践——兼评俄罗斯的国际核能合作》，载《欧亚经济》，2020 年第 6 期，第 34—35 页。

器、掌握核技术或增强核能力视为国家硬实力的重要组成部分。早在 1991 年马德里中东和会期间,以色列国防部长摩西·阿伦斯(Moshe Arens)就指出:"中东已进入核时代。"[1]

在和平、发展与合作的后冷战时期,中东是全球化石能源的"洼地"。根据《英国石油公司国际能源展望 2030》,全球探明原油储量为 1.5 万亿桶,其中 73% 在石油输出国组织(OPEC)成员国,52% 在海湾地区,到 2030 年,中东石油生产将增加 19%,天然气产量将增加 68%。[2] 中东国家普遍坚持"两条腿走路"政策,一方面依靠传统油气能源出口,另一方面积极开发包括核能在内的清洁能源。

中东地区核电产业方兴未艾。早在 20 世纪 50 年代,以色列就启动了核计划;伊朗的布什尔核电站自 20 世纪 70 年代开始修建,2013 年并网发电,总装机量 1 吉瓦。中东在建的核电站还包括土耳其阿克库尤核电站,该核电站由俄罗斯原子能公司承建,2018 年 4 月动工,计划建造 4 座反应堆,总装机量 4.8 吉瓦,耗资将超过 200 亿美元。

2006 年 3 月,时任阿盟秘书长穆萨(Amr Moussa)呼吁阿拉伯国家加入全球核俱乐部,阿盟外长会议呼吁阿拉伯国家采取联合行动,加大核技术与和平利用核能开发;2006 年,海合会 27 届首脑会议决定启动和平利用核能计划。[3] 埃及、约旦、阿尔及利亚、叙利亚、利比亚、摩洛哥、突尼斯、也门、苏丹、阿联酋、阿曼、巴林、卡塔尔、科威特、沙特等十几个阿拉伯国家相

---

[1] Yezid Sayigh, "Reversing the Middle East Nuclear Race", *Middle East Report*, No. 177, 1992, p. 14.

[2] Sara Vakhshouri, "The Middle East Energy Outlook", http://www. jstor. com/stable/resrep03202.

[3] 唐志超:《中东国家核竞赛加剧及其影响》,载《现代国际关系》,2007 年第 1 期,第 45 页。

继提出本国的核计划。[1] 2007 年 3 月，阿盟理事会在利雅得举行首脑会议，一致宣布阿拉伯国家将联合开发核能。受阿盟理事会的委托，阿拉伯国家原子能机构宣告成立，总部设在突尼斯，旨在落实阿拉伯国家核能计划。[2]

中东国家对核能技术和设备有强烈需求。中东国家人口自然增长率高，除海湾阿拉伯产油国外，其他中东国家缺电、缺淡水，而核能几乎做到了零排放，是公认的清洁能源，可以广泛用于中东国家科学研究、发电、海水淡化、新能源城建设等方面。中国与中东国家开展核能合作，可以帮助中东国家降低对石油的依赖，减少国内污染，并为日益增长的人口提供更多能源。

在中国核电"走出去"过程中，"巴基斯坦模式"是中国第一次实现核能"走出去"，是南南合作的典范；"英国模式"是中国与发达经济体加强核能合作的典范。通过帮助巴基斯坦、阿根廷和英国修建核电站，中国实现了国际核能合作的第一步和第二步，接下来，与中东和其他发展中国家开展核能合作将成为中国核能与核技术出口的第三步，合作国家包括阿尔及利亚、伊朗、约旦、肯尼亚、罗马尼亚、沙特、南非、土耳其和阿联酋等。[3]

中东是中国与发展中国家开展核能合作的重点地区。2014年，习近平主席在中阿合作论坛第六届部长级会议上提出了新时代中阿"1+2+3"合作框架，其中"3"包括核能，成为中阿高新技术合作的重点领域。中国的核电公司积极响应政府的号召，在中阿核能合作方面发挥排头兵作用。中国核工业集团在沙特、

---

① 岳杨:《阿拉伯国家"核热潮"现象探析》,载《当代阿拉伯研究》,2007 年第 3 期,第 100—101 页。

② Mohamed Ibrahim Shaker, "Regionalizing Nuclear Energy in the Middle East: Making Progress on the Nuclear-and WMD-Free Zone", *Global Governance*, Vol. 20, No. 4, 2014, p. 518.

③ Mark Hibbs, *The Future of Nuclear Power in China*, Washington, DC: Carnegie Endowment for International Peace, 2018, p. 90.

埃及和阿尔及利亚建立了办事处，专门从事核能合作。① 在高科技专业化人才培养方面，为落实"1+2+3"，习近平主席提出了"三个中心"的合作设想。② 其中，中阿技术转移中心、阿拉伯和平利用核能培训中心有助于中阿核能项目的落地；人才培养则成为中阿核能合作的出发点。

为推动"1+2+3"合作框架下的核能合作，中国国家原子能机构与阿拉伯原子能机构于 2017 年 5 月签署关于建立阿拉伯和平利用核能培训中心的谅解备忘录。备忘录强调，双方同意在友好和平等互利的基础上共建阿拉伯和平利用核能培训中心，利用并发挥阿拉伯和平利用核能培训中心、中国核安保示范中心及其他设施和平台的作用，促进管理和技术方面的培训合作。③ 中国发挥自身核能技术优势，与阿拉伯国家分享和平利用核能经验，受到阿盟和阿拉伯国家的普遍欢迎。

核能合作投资大、成本高、见效慢，但核电是战略工程，对于国家能源转型意义重大。2018 年 7 月，习近平主席在出席中阿合作论坛第八届部长级会议开幕式上发言指出："要顺应全球能源革命、绿色低碳产业蓬勃发展，加强和平利用核能、太阳能、风能、水电等领域合作，共同构建油气牵引、核能跟进、清洁能源提速的中阿能源合作格局，打造互惠互利、长期友好的中阿能源战略合作关系。"④ 核能合作成为中阿能源合作"新边疆"，与太阳能、风能和水电等一起成为中阿清洁能源合作的有机组成

① Samuel Hickey, "China's Nuclear Diplomacy in the Middle East", https://thediplomat. com/2018/10/chinas-nuclear-diplomacy-in-the-middle-east/.

② 《习近平在阿拉伯国家联盟总部的演讲（全文）》，新华社开罗 2016 年 1 月 21 日电；吴思科：《亲历中国中东外交的调整》，载《当代世界》，2015 年第 10 期，第 65 页。

③ 《中国-阿拉伯国家合作论坛 2018 年至 2020 年行动执行计划》，http://www.chinaarabcf. org/chn/lthyjwx/bzjhy/dbjbzjhy/t1577010.htm。

④ 习近平：《携手推进新时代中阿战略伙伴关系——在中阿合作论坛第八届部长级会议开幕式上的讲话》，载《人民日报》，2018 年 7 月 11 日，第 1 版。

部分。

2018 年 7 月，中阿合作论坛第八届部长级会议北京宣言第 29 条指出："在互利基础上加强和平利用核能领域合作，交流在核能与核技术方面的经验，推动核能发电、海水淡化、资源勘探、科学研究、人员培训以及其他核技术应用领域的合作。"[①] 双方一致同意，将在中阿合作论坛框架下举办中国与阿拉伯国家核工业论坛，进一步加强中阿和平利用核能领域的交流合作。

中国与中东国家积极探索核能合作的新模式。2021 年 8 月 19 日，中阿能源合作高峰论坛在宁夏银川召开。双方致力于"积极推进油气合作、低碳能源合作'双轮'转动"的合作格局，重点围绕清洁能源应用技术、低碳经济、能源转型，探讨中阿能源合作的前景，对双方在传统能源以及可再生能源、太阳能、核能、氢能、储能、智能电网等领域的合作充满期待。国际可再生能源署、中国核工业集团、国家电网、国家电力投资集团、沙特阿拉伯国家石油公司、沙特电力和水务公司、阿联酋国民银行等企业代表出席会议。[②]

百年大变局下，核能合作体现出更大潜力。2022 年 12 月，习近平主席访问沙特，出席首届中阿、中国与海合会峰会，核能合作再上新台阶。习近平主席在首届中国与海合会峰会上讲话提议，中阿双方设立中海和平利用核技术论坛，共建中海核安保示范中心，中国为海合会国家培养 300 名和平利用核能与核技术人才。[③] 中国国家能源局指出："能源合作是我国和阿拉伯国家合作的重要领域。从传统能源到清洁能源、低碳经济、能源转型，中

① 《中国-阿拉伯国家合作论坛第八届部长级会议北京宣言》，http://www.chinaarabcf.org/chn/lthyjwx/bzjhy/dbjbzjhy/t1577002.htm。

② 《中阿能源合作高峰论坛召开》，http://www.nea.gov.cn/2021-08/20/c_1310138987.htm。

③ 《习近平出席首届中国-海湾阿拉伯国家合作委员会峰会并发表主旨讲话》，载《人民日报》，2022 年 12 月 10 日，第 1 版。

国与中东能源合作具有巨大潜力。当前，中阿能源企业合作的重点已从传统能源转向低碳能源领域，不断拓展太阳能、风能、水电、核电、氢能等领域合作，持续提升中阿能源合作水平。"① 从传统能源到新能源，从高碳能源到清洁能源，中国与中东正建立立体多维的能源合作体系。

经过近十年的努力，中国与中东国家的核能合作进展顺利，在中阿合作论坛等多边框架下推动双边合作，从而形成了"多边谈合作、双边谈落实"的范式。中国从中东核综合治理的视角审视核能合作。一是核安全治理，与联合国、国际原子能机构及国际社会一道，坚决反对、积极预防阿拉伯世界纵向与横向核扩散；二是核经济治理，帮助中东国家通过民用核能开发促进核电、海水淡化及其在医学领域的应用，减少中东国家碳排放，助力绿色中东建设；三是核科技治理，即通过与中东国家核能合作，与广大中东国家分享民用核技术，打破西方对中东国家的核技术垄断。

中国与中东国家核能合作的深度，受多个因素的共同影响，包括对象国经济实力、发展核能的条件和意愿、与中国的战略合作水平、来自第三国的竞争等。归纳起来，中国在中东推动核能合作受三个关键因素的影响。一是对象国发展核能的条件，包括资金条件、市场需求、铀矿储量三个指标；二是双边核能合作的基础，如是否签订合作备忘录、是否开展实质性合作、主管部门是否进行对接；三是来自第三方的竞争程度，如第三方是否已建立核电项目、是否与对象国签订核能合作协议、是否与对象国进行了接触。按照核能合作的程度，中国与中东国家双边合作分为深度合作型、积极探索型和初步接触型三种形态。

---

① 《能源安全保障有力》，http://www.nea.gov.cn/2022-12/26/c_1310686245.htm。

三、深度合作型：中国与沙特的核能合作

深度合作型下的中东对象国一般具有发展核能条件好且态度坚决、与中国核能合作基础牢、第三方干扰因素少等特点。中国与之围绕核能合作签订了合作备忘录，已开展实质性合作并已取得初步成效，第三方尚未与之进行实质性核能合作。中国与沙特的核能合作属于这一类型。[①]

沙特是中东－伊斯兰世界的大国，也是石油输出国组织和二十国集团的重要成员。沙特原油储量、生产量和出口量均居世界首位，但随着人口的快速增长，沙特电力需求年均增长率为8%，电力供应压力大。沙特是全球降水量最少的国家之一，淡水资源贫乏，主要靠地下水开采与海水淡化，不仅消耗大量可供出口的石油和天然气，而且加大了二氧化碳排放。核能是其重要的替代能源。

早在20世纪90年代，沙特就希望推动民用核计划，最早与美国开展和平利用核能的合作。2008年，沙特与美国签订和平利用核能谅解备忘录，包括核能在医学、工业和发电等应用领域的合作，但美国拒绝沙特铀浓缩和掌握核技术的请求。此后，沙特又与法国和韩国签订核能合作协议。[②]

2009年，沙特与国际原子能机构签订《不扩散核武器条约》，但一直未签订《附加议定书》。沙特还宣布建立阿卜杜拉国王原子能与可再生能源城（King Abdullah City for Atomic and Renewable Energy），与中国、俄罗斯、日本、阿根廷、法国和韩国等加强核

[①] Degang Sun, Haiyang Xu and Yichao Tu, "In with the New: China's Nuclear-Energy Diplomacy in the Middle East", *Middle East Policy*, Vol. 29, No. 1, 2022, p. 47.

[②] Gawdat Bahgat, "The Changing Saudi Energy Outlook: Strategic Implications", *Middle East Journal*, Vol. 67, No. 4, 2013, pp. 566-571.

能合作，包括依靠法国电力公司培养核技术人才。[1]

2010 年 4 月，沙特阿卜杜拉国王原子能与可再生能源城正式宣告成立。根据沙特"2030 愿景"设立的"关于增加清洁能源比例"的目标，沙特计划到 2032 年建造 16 座核反应堆，总花费超过 800 亿美元，届时，沙特将拥有 17 吉瓦核电装机容量，核能占沙特能源消费量的 15%。其一方面是为了增加国内电力供应，另一方面是为了推动海水淡化（目前，沙特 70%的饮用水来自海水淡化）。[2] 世界银行的数据显示，沙特拥有全球最大的海水淡化工厂，石油和天然气消费量巨大，人均碳排放量居中东乃至全球之首。2021 年，沙特王储穆罕默德·本-萨勒曼（Mohammed bin Salman Al Saud）提出"绿色沙特""绿色中东"倡议，宣布将植树 100 亿棵，到 2030 年使可再生能源占沙特能源消费总量的50%。[3] 发展核能，不仅有助于沙特和本地区生态环境建设，而且有助于树立沙特改革创新的国家形象。

中沙新能源合作是传统石油与天然气合作的延伸。两国核能合作虽起步较晚，但进步很快，成为中沙全面战略伙伴关系的基石。中国把沙特作为拓展核能合作的重点国家。2012 年 1 月，时任国务院总理温家宝访问沙特，两国签署了一份谅解备忘录，为民用核技术合作奠定了法律基础。中国核工业集团在利雅得开设分公司，两国在核能领域的关系逐渐密切。2016 年 1 月，国家主席习近平访问沙特期间，在双方元首见证下，中国核工业建设集团与沙特阿卜杜拉国王原子能与可再生能源城签订了沙特高温气

---

[1] Robert Mason and Gawdat Bahgat, "Civil Nuclear Energy in the Middle East: Demand, Parity, and Risk", The Arab Gulf States Institute in Washington, April 11, 2019, p. 11.

[2] Or Rabinowitz, "Nuclear Energy and Desalination in Israel", *Bulletin of the Atomic Scientists*, Vol. 72, No. 1, 2016, p. 323.

[3] Kim Noach and Yoel Guzansky, "The Saudi Drive to Lead the Green Revolution in the Middle East", https://www.jstor.org/stable/resrep33867.

冷堆项目合作谅解备忘录。① 这份备忘录的签订标志着中国核能企业将在这座新城建设中发挥积极作用。2017 年，阿卜杜拉国王原子能与可再生能源城代表团访华，学习和培训高温气体反应堆技术。2017 年 3 月，中国核工业集团与沙特地调局签署了中沙铀钍资源合作谅解备忘录。根据协议约定，中国核工业集团将在两年内对沙特九片潜力地区开展放射性资源勘查工作。② 2018 年 4 月，应沙特阿卜杜拉国王原子能与可再生能源城邀请，国家能源局相关部门负责人率团访问沙特。沙特是中东地区经济实力最强的国家，希望在和平利用核能方面充当领头羊，这为中沙核能合作提供了动力，同时也为中国与中东核能合作奠定了融资基础。

中国积极帮助沙特开发铀矿资源。如前所述，沙特拥有丰富的铀矿资源，但尚未开展全面勘探，中国成为重要合作方。③ 在各方的共同帮助下，位于利雅得市郊的一座核反应堆完工，国际原子能机构证实这是一座小型核研究堆，无军事用途。随着沙特核技术的进步与铀资源的开采，中沙核能合作已掀开新的一页。2022 年，沙特核能公司宣告成立，并宣布在 2027 年前建造至少两座反应堆，为中沙核能合作带来了机遇。中国在建核电装机容量居全球前列，形成了具有自主知识产权的三代压水堆"华龙一号""国和一号"等国产化品牌，并拥有四代特征的高温气冷堆、快堆以及小型模块化反应堆等先进核电技术，与沙特在核能开发方面的需求形成高度互补性。④

作为地区大国，沙特希望建立铀矿开采、浓缩、核电站发

① 《习近平与沙特国王见证中沙四代核电合作谅解备忘录签约》，http://news. bjx. com. cn/html/20160121/703318. shtml。

② 《中沙核能合作又迈出一步 中企极力向沙特推销四代核电》，https://www. yicai. com/news/5317911. html。

③ 同②。

④ 《中海核能合作有哪些特殊意义》，https://www. cnnpn. cn/article/34184. html。

电、海水淡化等一条龙产业链和科技链。中国核工业集团与沙特保持合作关系，牵头沙特核能市场开发工作，先后与沙特能矿部、科技城、阿卜杜拉国王原子能与可再生能源城等相关政府机构，建立了高层协调机制及工作组，推进在铀资源、核电、核燃料循环、人力资源开发、核能海水淡化、核技术应用等领域合作。沙特铀钍资源开采是中沙核能合作的开端项目，目前已取得阶段性成果，为中国核工业集团在沙特市场推进全产业链合作打下基础。在中国公司的帮助下，2020 年 8 月，沙特从铀矿石中提取了黄饼，而黄饼是铀生产的第一步。① 2021 年 11 月，沙特工业与矿产资源部对中国核工业北京地质研究院为沙特铀钍资源调查评价工作所作的杰出贡献进行了嘉奖。

根据沙特"2030 愿景"的战略部署，沙特将形成"中国+沙特+第三方"合作模式。② 目前，沙特政府计划先建两座大型核反应堆，并建造一座小型核反应堆用于海水淡化，中国、法国、俄罗斯、韩国和美国都在积极争取。与美国拒绝同沙特分享高科技不同，中国理解并支持沙特掌握核电技术。核电技术高温气冷堆是目前世界上固有安全性比较高的一种堆形，属于第四代核电技术。中国是世界上为数不多掌握了高温气冷堆技术并走在前列的国家。高温气冷堆尤其适合共建"一带一路"国家，对沙特也具有重要意义。③ 2018 年 2 月，沙特阿卜杜拉国王原子能与可再生能源城代表团访问福建福清核电站，考察"华龙一号"核电技术与工程建设。沙特官员表示，核电建设是推动沙特能源战略转型、实现"2030 愿景"的重要内容；未来沙特将与中国核工业

① Warren P. Strobel, Michael R. Gordon and Felicia Schwartz, "Saudi Arabia, with China's Help, Expands its Nuclear Program", *Wall Street Journal*, August 4, 2020.

② Robert Mason and Gawdat Bahgat, "Civil Nuclear Energy in the Middle East: Demand, Parity, and Risk", The Arab Gulf States Institute in Washington, April 11, 2019, p. 11.

③ 《中沙核能合作又迈出一步 中企极力向沙特推销四代核电》, https://www.yicai.com/news/5317911.html。

集团在核电产业链、人才培养等领域进一步加强合作。[①] 2022 年 12 月，习近平主席访问沙特，就中沙在务实领域的合作签订了 34 项协议。中国广核集团与 Al Jomaih 集团在利雅得签署框架合作协议，将携手沙特、老挝、孟加拉国、阿塞拜疆等国打造超 1000 万千瓦能源项目，涵盖太阳能、风力、燃气和热力发电项目。这是中国广核集团助力共建"一带一路"、推动国际能源合作的重要实践。[②] 未来，在沙特阿卜杜拉国王原子能与可再生能源城建设、铀钍矿勘探与开采、核能技术培训、核电机组建设等方面，中沙将进一步开展深度合作。

四、积极探索型：中国与土耳其、阿联酋和约旦的核能合作

积极探索型的对象国发展核能的条件好，双边核能合作的基础扎实，第三方参与竞争程度高。中国与土耳其、阿联酋和约旦的核能合作处于第二层级——积极探索型。一方面，这些国家发展核能的积极性相对较高，拥有重要的基础条件；另一方面，中国与这些国家的核能合作面临第三方的竞争。其结果是，中国与对象国核能有望取得突破，但面临不确定性。

（一）中国与土耳其的核能合作

21 世纪以来，土耳其积极发展民用核能。土耳其的能源消费高度依赖进口，尤其是俄罗斯和伊朗，分别是土耳其第一号和第二号天然气供应国。同时，土耳其从维护国家能源安全和能源结构多元化的角度出发，一直寻求发展核能，减少对石油和天然气

---

① 《核电领域中国与沙特合作日趋紧密》，https://www.sohu.com/a/223763984_100063272。

② 《中广核能源国际与 Aljomaih 集团在沙特签署框架合作协议》，http://www.chinapower.com.cn/xw/gnxw/20221209/178889.html。

进口的依赖度。

早在 20 世纪 60 年代，土耳其就提出了和平利用核能的计划，并与瑞典、加拿大、美国、德国、阿根廷等洽谈修建核反应堆计划，但因 1998—1999 年土耳其地震、土耳其要求 100% 外方出资、土耳其政府不负责贷款担保等原因，几度搁浅。当时，土耳其正处于经济困难期，并且，来自土耳其国内、希腊和塞浦路斯的环保主义者反对在阿库尤（Akkuyu）建设核电站，认为其存在安全隐患，因为该厂址距地震断裂带仅有 25 千米。

冷战结束后，土耳其与俄罗斯、加拿大、法国、美国、德国和中国积极探讨核能开发；土耳其与突尼斯和巴基斯坦签订了核能合作协议；1997 年，土耳其建立了突厥语国家核能合作、研究与培训中心，与阿塞拜疆、哈萨克斯坦、吉尔吉斯斯坦、乌兹别克斯坦和塔吉克斯坦形成了多边合作关系；土耳其积极与国际原子能机构合作，提议该机构在土耳其设立中心，监视中东国家和平利用核能情况，因为土耳其位于中亚、里海、中东、巴尔干的走廊。①

俄罗斯对土耳其民用核能项目一直抱有浓厚的兴趣，且具有地缘上的优势，并计划在阿库尤帮助土耳其建造核电站。2006 年 4 月，土耳其宣布将在黑海城市斯诺普（Sinop）建造另一座核电站。② 2007 年，土耳其议会通过一项法案，为建设核电站确定了法律框架并授权能源部最终确定三个核电站的招标规范并评标。③ 2010 年，土耳其能源部部长耶尔德兹（Taner Yıldız）宣布土耳其将重启核计划，并于 2010 年 1 月同俄罗斯签订了核能合作协议。当年 5 月，俄罗斯总统普京访问土耳其，两国签订协议，

---

① Thomas Lorenz and Joanna Kidd, "Turkey and Multilateral Nuclear Approaches in the Middle East", *Nonproliferation Review*, Vol. 17, No. 3, 2010, p. 520.

② 唐志超：《中东：核竞赛已开始?》，载《世界知识》，2007 年第 6 期，第 40 页。

③ 常冰：《土耳其招标建设第一座核电厂》，载《国外核新闻》，2008 年第 4 期，第 2 页。

俄罗斯帮助土耳其修建四座核电站，每座核电站装机量为 12 亿千瓦。2018 年 4 月，土耳其在俄罗斯的帮助下开始动工建设第一个核反应堆，并于 2019 年 3 月完成混凝土工程。[1]

2010 年，土耳其还与韩国签订核能合作协议，韩国愿意帮助土耳其在斯诺普修建第二座核电站（后由法国和日本承建）。[2] 土耳其能源部官员透露，考虑到地质缺陷和冷却水等问题，土耳其总理办公室和能源部已经决定在斯诺普建造一座核电站。土耳其地跨地震带，发生地震的可能性很大，而斯诺普位于土耳其狭长的黑海沿岸地区的中央延伸带，[3] 安全隐患相对较小。

中国也积极与土耳其进行核能开发合作。2014 年，中国核电工程有限公司、美国西屋公司和土耳其国有发电公司 EUAS 签署合作备忘录，启动在土耳其开发建设四台核电机组（采用先进非能动压水堆 CAP1400 技术和 AP1000 技术）的排他性协商。[4] 中国核电工程有限公司董事长王炳华表示，这是国家核电与西屋公司面向全球市场合作走出的重要一步，也是中国最新核电技术和产业体系服务全球客户的积极实践，中国核电工程有限公司将与西屋公司一起，向土耳其客户提供非能动第三代核电技术优势和建设经验。[5]

---

① World Nuclear Association, "World Nuclear Performance Report 2019".

② Thomas Lorenz and Joanna Kidd, "Turkey and Multilateral Nuclear Approaches in the Middle East", *Nonproliferation Review*, Vol. 17, No. 3, 2010, p. 519.

③ 常冰:《土耳其将在黑海边建造第一座核电厂》,载《国外核新闻》,2006 年第 3 期,第 9 页。

④ 《中美联手签署土耳其核电合作备忘录》,载《电站辅机》,2014 年第 4 期,第 30 页。

⑤ 《国家核电与土耳其签署合作备忘录》,载《中国军转民》,2015 年第 1 期,第 6 页。

表 2 土耳其和平利用核能的历史进程

日期	国外投标公司	国外合作方	反应堆类型	结果及原因
1977—1980 年	ASEA-Atom STAL-LAVAL	瑞典	600 兆瓦沸水反应堆	搁浅, 融资、瑞典反核全民公决
1983—1986 年	AECL KWU GE	加拿大 德国 美国	600 兆瓦重水反应堆 990 兆瓦压水反应堆 1185 兆瓦沸水反应堆	搁浅, 融资、切尔诺贝利核泄漏事故的影响
1988—1991 年	ENACE	阿根廷	380 兆瓦压水反应堆、25 兆瓦压水反应堆	搁浅, 核扩散顾虑
1996—2000 年	AECL ASEA-Brown-Boveri NPI Westinghouse	加拿大 瑞典 德国 美国	700 兆瓦重水反应堆 1300 兆瓦沸水反应堆 1400 兆瓦压水反应堆 600 兆瓦轻水反应堆	搁浅, 土耳其政局动荡、地震
2007—2009 年	AtomStroyExport	俄罗斯	1200 兆瓦压水反应堆	搁浅, 报价与生态环境
2010 年	AtomStroyExport	俄罗斯	1200 兆瓦压水反应堆	成功

资料来源: Thomas Lorenz and Joanna Kidd, "Turkey and Multilateral Nuclear Approaches in the Middle East", *Nonproliferation Review*, Vol. 17, No. 3, 2010, p. 520。

土耳其的第一座核电站是由俄罗斯原子能公司承建的阿库尤核电站，第二座拟由法国阿海珐公司（AREVH）和日本三菱重工的合资企业 ATMEA 承建的斯诺普核电站，土耳其在 2017 年启动第三座核电站的建设招标。第三座核电站的位置已最终选定，该站将建设四台核电机组，总装机量约为 5000 兆瓦。① 阿库尤核电站于 2008 年 4 月破土动工，共包含四座反应堆，总装机量 4800 兆瓦，总投资 200 亿美元。据俄罗斯原子能公司介绍，该核电站计划于 2024 年完成全部基建工作，并于 2025 年开始稳定供电。② 2023 年，土耳其发生严重的 7.8 级地震，各方均担心核电站安全问题。在主客观条件的限制下，中国参与土耳其核能项目仍有很长的路要走。

（二）中国与阿联酋的核能合作

阿联酋是中东国家中民众对发展核能积极性最高的国家之一。2003 年，阿联酋与国际原子能机构签订保证协定；2008 年，阿联酋向国际原子能机构派出代表，公布核能开发白皮书，分析和评估和平利用核能的可行性；2009 年，成立阿联酋核能监管局（Nuclear Regulatory Authority）和阿联酋核能公司（Emirates Nuclear Energy Corporation）；此外，为推动核能的开发，阿联酋还成立了核能国际顾问委员会。③ 2012 年 12 月的民意测验显示，82% 的民众支持发展核能，89% 的民众支持国家建设核电站。④ 阿联酋核能开发走在了中东国家的前列。

阿联酋是中东国家科技进步与能源转型的佼佼者。2009 年，

---

① 伍浩松：《土耳其将于 2017 年启动第三座核电厂建设招标》，载《国外核新闻》，2016 年第 4 期，第 26 页。

② 《土耳其首座核电站举行首批核燃料交付仪式》，https://www.workercn.cn/c/2023-04-28/7820231.shtml。

③ Robert Mason and Gawdat Bahgat, *Civil Nuclear Energy in the Middle East: Demand, Parity, and Risk*, Washington D.C.: The Arab Gulf States Institute in Washington, 2019, p. 8.

④ Yoel Guzanksy, "Below-the-Threshold Nuclear Development: The Nuclear Program in the UAE", *Strategic Assessment*, Vol. 18, No. 3, 2015, p. 73.

韩国电力公司以 200 亿美元的报价中标阿联酋巴拉卡（Barakah）核电项目，并分别于 2012 年、2013 年、2014 年和 2015 年建设四台机组。2020 年 8 月，巴拉卡 1 号机组首次并网发电成功，阿联酋成为首个拥有核电的中东国家。2021 年 4 月和 2022 年 3 月，巴拉卡 1 号、2 号机组分别投入商业运营，预计到 2024 年所有 4 座反应堆满负荷投入运行后，巴拉卡核电站每年将发电 5.6 吉瓦，约满足阿联酋电力需求的 25%，每年可减少 2100 万吨有害碳排放，成为阿联酋绿色发展的重要里程碑。[1] 2023 年 11 月 30 日至 12 月 12 日，《联合国气候变化框架公约》第 28 次缔约方大会即将在阿联酋迪拜召开，核能成为阿联酋能源转型和生态环境保护的标杆。

与沙特坚持核电技术自主不同，阿联酋与美国签署协议，承诺不在本国从事铀浓缩和核废料的加工处理，而是从可靠的国际供应商那里获取所需的核燃料。阿联酋自愿接受国际社会监督，主动放弃铀浓缩和核燃料再处理技术，这一开放政策受到国际原子能机构、域外大国和国际社会的普遍欢迎，[2]也有助于避免中东核竞赛。2010—2015 年，阿联酋与英国、澳大利亚、芬兰、加拿大、阿根廷、日本、俄罗斯和法国等签订核技术转让、人才培养、核材料与核设施协议。2012 年，根据阿联酋与澳大利亚签订的协议，世界上铀储量最丰富的澳大利亚将为阿联酋核反应堆提供核燃料；阿联酋和美国在阿布扎比联合建立海湾核能基础设施研究所，为核研究培训人才。[3]

---

① 刘畅：《海湾阿拉伯国家绿色发展战略述评》，载《阿拉伯世界研究》，2022 年第 6 期，第 139 页；伍浩松、张焰：《阿联酋成为首个使用核电的阿拉伯国家》，载《国外核新闻》，2020 年第 9 期，第 10 页。

② Ian Jackson，"Nuclear Energy and Proliferation Risks：Myths and Realities in the Persian Gulf"，*International Affairs*，Vol. 85，No. 6，2009，p. 1157.

③ Yoel Guzanksy，"Below-the-Threshold Nuclear Development：The Nuclear Program in the UAE"，*Strategic Assessment*，Vol. 18，No. 3，2015，p. 72.

阿联酋推动国际核能合作，有助于应对国内能源转型的需要。过去 30 年，迪拜率先从能源经济转向金融、转口贸易和新兴产业，成为中东自贸区和经济腾飞的佼佼者。尽管阿联酋石油储量大，但是经济和环境成本高。在开发石油和天然气的同时，阿联酋对核能、太阳能等清洁能源开发一直怀有浓厚兴趣，是第一个制定净零排放计划的国家，希望在未来全球能源转型过程中占得先机，在新能源研究与开发领域成为技术引领者，阿布扎比还成为国际可再生能源署的永久总部。发展核电不仅可以满足阿联酋国内经济发展需要，而且可以增强其对阿曼、卡塔尔、巴林和科威特的吸引力，使之对阿联酋在核能与核技术开发方面形成依赖，避免上述国家对沙特和域外核能大国"一边倒"。阿联酋希望做海湾地区核能开发的先行者，愿意向其他海合会国家提供技术与核反应堆。

2019 年 7 月，阿联酋阿布扎比王储穆罕默德·本·扎耶德·阿勒纳哈扬（Mohammed bin Zayed Al Nahyan）访华。在两国领导人的共同见证下，中国核工业集团与阿联酋核能公司签署谅解备忘录。这是两国企业深化共建"一带一路"倡议和中阿全面战略合作的具体举措，也是双方探索建立产融合作可持续发展模式的创新实践，为中国核工业优势产能"走出去"、为世界共享中国核能发展成果提供可靠保障。按照协议内容，中国核工业集团将和阿联酋企业在核能领域开展相关合作，并筹备成立中国核工业集团设立在海外、辐射全球的全产业链运营和投融资平台，共同探索建立共建"一带一路"倡议下中国核工业"产业+金融+海外市场"的发展模式。① 2020 年 11 月，中国核工业集团负责人出席在北京举办的"2020 中国-阿联酋创新投资大会"，承诺将

---

① 《中阿签署和平利用核能合作的谅解备忘录》，http://www.nea.gov.cn/2019-07/26/c_138260426.htm。

在中国核工业集团与阿联酋核能公司签署的合作文件基础上，积极探索深化核领域产融合作的新途径。[1] 2023 年 5 月，阿联酋核能公司代表团访华，其间，与中国主要核能机构签署了谅解备忘录，内容涵盖核能运营、高温气冷反应堆以及核燃料供应和投资方面的合作。中国与阿联酋良好的政治关系、频繁的领导人互访促进了双方在核能领域的合作。阿联酋与美国、欧洲国家、俄罗斯、中国、韩国、日本、印度等域外国家均保持友好合作关系，有助于开展多边核能合作。

当然，中国与阿联酋核能合作也面临一定的不确定性。一是阿联酋一直存在核材料地下非法交易。巴基斯坦核科学家汗（A. Q. Khan）曾经以迪拜为中心建立了地下核材料走私网络，阿联酋各个酋长国有不同的海关法律法规，可能会留下漏洞。二是不排除恐怖袭击的风险。三是阿联酋水温高、沙尘暴频繁、夏天气温高等情况会对核电站安全造成潜在威胁。[2] 四是韩国已经占得先机，获得阿联酋四个核电机组的承建合同，美国、俄罗斯、法国等都在争夺阿联酋核能合作的"蛋糕"，中国如何错位竞争，避免零和博弈，考验中国开展"第三方市场合作模式"的智慧。

（三）中国与约旦的核能合作

约旦是贫油国，90%以上能源依靠进口。2008 年，约旦发现储量丰富的铀矿，约占世界总量的 2%。约旦宣布，将考虑自行生产核燃料而不是从国外进口核燃料，引起核能大国的高度重视。

中国和约旦是战略伙伴关系，双方核能合作具有潜力。中国高度重视与约旦在铀矿开采、核电机组、人才培养、技术转移等

---

[1] 《中核集团出席中国——阿联酋创新投资大会》，https://www.cnnc.com.cn/cnnc/xwzx65/zhyw0/1005461/index.html。

[2] Yoel Guzanksy, "Below-the-Threshold Nuclear Development: The Nuclear Program in the UAE", *Strategic Assessment*, Vol. 18, No. 3, 2015, p. 74.

领域的合作。2008 年 11 月，中国核工业集团和约旦原子能委员会在约旦哈希姆王国首相府签署了《中国核工业集团公司和约旦原子能委员会关于核能合作项目的执行协议》。同时，中国原子能科学院与约旦科技大学签署了合作建造次临界装置的商务合同。

约旦在与中国开展核能合作的同时，积极与其他大国探索合作渠道，实现核能开发的多元化。2008 年 8 月，约旦与法国阿海珐公司签订协议，联合勘探和开采铀矿。[1] 约旦核能开发的最大障碍是核技术落后。2009 年 5 月，约旦与俄罗斯签订和平利用核能合作协议。[2] 2010 年 3 月，约旦与韩国签订合作协议，韩国根据协议帮助约旦建立小型（5 兆瓦）研究型核反应堆。该反应堆位于约旦科技大学，为今后约旦在亚喀巴湾（Gulf of Aqaba）附近建立第三代核反应堆、民用核电站作科研准备。[3] 2015 年 3 月，约旦与俄罗斯签订协议，俄方将帮助约旦建造首座核电站。[4]

2018 年 6 月，中国核工业集团负责人在约旦拜会约旦首相奥马尔·拉扎兹（Omar Razzaz），双方就中约核能与新能源合作进行交流。中国核工业集团与约旦原子能委员会签署合作框架协议，共同推动核电项目合作。同年，约旦原子能委员会下属的铀业公司、实验室代表团应邀对中国铀业及其所属部分单位进行了考察访问，并签署了铀资源开发合作谅解备忘录。2019 年 11 月，中国核工业集团负责人会见了约旦原子能委员会副主席卡迈尔·阿拉吉（Kamal Araj）一行，双方就约旦高温气冷堆项目合作相

---

[1] Ephraim Asculai, "Nuclear Power in the Middle East", *The Nonproliferation Review*, Vol. 19, No. 3, 2012, p. 397.

[2] Richard L. Russell, "Off and Running: The Middle East Nuclear Arms Race", *Joint Forces Quarterly*, Issue 58, No. 3, 2010, pp. 94-99.

[3] Thomas Lorenz and Joanna Kidd, "Turkey and Multilateral Nuclear Approaches in the Middle East", *Nonproliferation Review*, Vol. 17, No. 3, 2010, p. 515.

[4] 《俄助约旦建首座核电站 象征两国战略伙伴关系》，http://www. xinhuanet. com/world/2015-03/26/c_1276co627. htm。

关事宜进行了探讨。①

五、初步接触型：中国与埃及、阿尔及利亚和苏丹的核能合作

初步接触型下的对象国发展核能的条件一般、双边核能合作刚刚打下基础、来自第三方的竞争程度高。中国与埃及、阿尔及利亚和苏丹的核能合作属于初步接触型。一方面，这三个阿拉伯国家与中国政治关系友好，政治互信程度高；另一方面，这三个国家经济发展压力大，发展核能缺乏必要的资金支持。

（一）中国与埃及的核能合作

自 20 世纪 90 年代末开始，随着埃及人口激增和碳排放量增加，埃及提出要积极发展新能源。埃及 90% 的发电量都是来自传统能源，政府计划将传统能源的发电比例缩减到 60%，将太阳能和风能的发电比例从当前的 1% 提高到 20%，并逐步启动核电项目。政府决定在靠近北部沿海的沙漠地区发展太阳能和天然气发电站。埃及北部沙漠地区被认为是世界上日照时间最长的地区之一，每年平均日照时间达 320 天，此外，该地区还有丰富的天然气资源。② 2006 年 9 月，埃及总统穆巴拉克（Hosni Mubarak）提出，埃及将重新启动和平利用核能计划，并加大民用核项目的科研力度。同年 10 月，埃及外长宣布，将在十年内建成第一个核电站，装机容量 1000 兆瓦，计划投资约 15—20 亿美元。③

全方位能源合作是中埃全面战略伙伴关系的重要内容。2014年，埃及总统塞西（Abdel Fattah al Sisi）访华期间，埃及电力控

① 《李清堂会见约旦原子能委员会一行》，https://www.cnnc.com.cn/cnnc/xwzx65/zhyw0/737139/index.html。
② 《埃及冻结核电发展计划》，载《农电管理》，1999 年第 7 期，第 42 页。
③ 唐志超：《中东：核竞赛已开始?》，载《世界知识》，2007 年第 6 期，第 40 页。

股公司与中国民营企业签署了七份有关燃煤电厂运营协议，埃及政府与中国企业签订了改造国家电网、发展输电网和创建智能电网三份协议和一份可再生能源开发的谅解备忘录，所有这些协议有望大幅优化能源效率。[①]

中埃在核能领域互有需求，并就该领域的相关合作进行了有益探索。2015 年 5 月，中国核工业集团代表团访问埃及，在埃及电力及可再生能源部第一副部长哈桑（Hassan）的见证下，中国核工业集团与埃及核电管理委员会签署核能合作谅解备忘录。备忘录的签署标志着中国核工业集团关于埃及核电项目的推进工作进入了全新阶段，中国核工业集团成为埃方核电项目的正式合作伙伴，双方就"华龙一号"（ACP1000）走进埃及的相关事宜进行了沟通和交流。[②] 2016 年 1 月习近平主席访问埃及和阿盟总部时，由中国商务部主办的中国高科技展在开罗举行，中国核工业集团携"华龙一号"、先进中型反应堆、多用途模块化小型反应堆、核燃料等参展。习近平主席在时任埃及总理谢里夫·伊斯梅尔（Sherif Ismail）的陪同下走进展台，指出："'华龙一号'机组单台功率 100 万千瓦，中国核电建造规模世界第一。"[③]

除中国外，俄罗斯在埃及核能开发中也处于重要位置。2013 年 4 月，埃及与俄罗斯签订核能合作协议，计划在埃及达巴（Dabaa）建设四台 VVER-1200 机组，同时，两国联合开发埃及的铀矿。[④] 2014 年 11 月，埃及总统塞西在达巴划出 2300 英亩土

---

① 刘水明、王云松、韩晓明：《埃及，向世界亮出发展雄心》，载《人民日报》，2015 年 4 月 27 日，第 23 版。

② Yoel Guzansky and Gallia Lindenstrauss, *From Oil to Nuclear Energy? Report Title*: *Arms Control and Strategic Stability in the Middle East and Europe*, Institute for National Security Studies, 2016, p. 35;《中核集团与埃及核电管委会签署核能合作谅解备忘录》，http://www.sasac.gov.cn/n2588025/n2588124/c3797595/content.html。

③ 《习主席参观埃及中核展台向埃总理介绍华龙》，https://www.cnnc.com.cn/cnnc/xwzx65/ttyw01/746736/index.html。

④ 《韩国与埃及签署核电合作谅解备忘录》，载《国外核新闻》，2013 年第 5 期，第 4 页。

地，为工作人员和当地居民提供住所，为核电站建设作好了准备。2015 年，俄罗斯原子能集团子公司——俄罗斯原子能海外公司与埃及核电厂管理局签署建设一座带有海水淡化设施的核电站意向书。① 同年 11 月，两国签订合作协议，俄罗斯帮助埃及在达巴修建一座总造价为 300 亿美元的核电站。俄罗斯国家原子能公司计划于 2026 年建成第一座核反应堆，并为四个核反应堆提供燃料（每个发电量为 1200 兆瓦），共 4.8 吉瓦。2017 年 12 月，普京总统访问埃及，与塞西总统签订了关于达巴核电站项目建设的最终合同。② 2018 年 10 月，普京总统在黑海滨海城市索契与来访的塞西总统讨论了达巴核项目建设。2019 年 4 月，埃及政府正式批准了这一协议。

俄罗斯财政部部长安东·西卢奥洛夫（Anton Siluanov）表示，俄罗斯国家财富基金为埃及达巴核电站的建设提供 250 亿美元、偿还期为 35 年的长期贷款，年利率为 3%。③ 达巴核电站首台机组于 2022 年 7 月启动建设，计划于 2026 年投入商运，其他三台机组也将于 2028 年投运。④

中埃核能合作仍有待新的突破，尤其是如何解决融资问题。在核电技术领域，中国核电面临俄罗斯原子能公司、美国西屋、日本三菱、法国阿海珐公司等世界顶级核电企业的激烈竞争；在核电相关设备制造领域，斗山重工、三菱、东芝、日立、恩萨、

---

① 伍浩松：《俄罗斯将帮助埃及建设首座核电厂》，载《国外核新闻》，2015 年第 12 期，第 13 页；Robin Mills, "The Evolution of Energy Fluxes and Cooperation Models in the Middle East", http://www. jstor. com/stable/resrep19686。

② Robert Mason and Gawdat Bahgat, *Civil Nuclear Energy in the Middle East: Demand, Parity, and Risk*, The Arab Gulf States Institute in Washington, 2019, pp. 14-15.

③ Ali Ahmad and Ryan Snyder, "Iran and Multinational Enrichment in the Middle East", *Bulletin of the Atomic Scientists*, Vol. 72, No. 1, 2016, p. 52; Nicu Popescu and Stanislav Secrieru, "Russia's Return to the Middle East: Building Sandcastles?", *Chaillot Papers*, No. 146, 2018, p. 34.

④ 戴定伍、浩松：《埃及埃尔达巴核电项目取得积极进展》，载《国外核新闻》，2018 年第 11 期，第 7 页。

阿海珐、安萨尔多等全球知名核电设备制造商将成为中国核电企业的强力竞争对手。① 鉴于埃及是中东人口最多的国家、电力缺口较大、对核电的需求旺盛，因此，俄罗斯建设的四台机组远远不能满足埃及的电力需求。在塞西政府中长期核电发展战略中，中国企业可成为其重要合作伙伴，但合作形式可能是多家企业共同融资、共同开发。

（二）中国与阿尔及利亚的核能合作

中国与阿尔及利亚早在 2014 年就建立了全面战略伙伴关系。良好的政治关系增强了两国在核能领域的合作。两国核能合作领域主要是比林和平堆。比林和平堆是阿尔及利亚唯一多用途重水反应堆，其主要用途是进行基础科学研究、核能应用、医用同位素生产，由中国核工业集团独立设计。② 2008 年 3 月，中国与阿尔及利亚签订和平开发核能协议，中国国家原子能机构与阿尔及利亚能源与矿产部还签订了一份核能培训协定。③ 在此后十年里，由于阿尔及利亚经济增长乏力，加上决策层思想保守、缺乏改革力度，核能项目进展不大。

除与中国合作外，阿尔及利亚还加强与俄罗斯的核能合作。2017 年，俄罗斯与阿尔及利亚签订协议，俄罗斯原子能公司承诺帮助阿尔及利亚在 2025 年前建造一座核电站。④ 俄罗斯的参与，加快了中国核能企业与阿尔及利亚核能合作的步伐。2019 年 3 月，由中国核工业集团承建的阿尔及利亚比林和平堆升级改造项目，顺利通过阿尔及利亚原子能署组织的现场临时验收。比林和

---

① 丁宝根、马智胜、钟阳阳：《中国对"一带一路"相关国家核电投资的动力、障碍及策略》，载《对外经贸实务》，2019 年第 9 期，第 70 页。

② Degang Sun, Haiyang Xu and Yichao Tu, "In with the New: China's Nuclear-Energy Diplomacy in the Middle East", *Middle East Policy*, Vol. 29, No. 1, 2022, p. 52.

③ 常冰：《中东国家纷纷签署核能合作协议》，载《国外核新闻》，2008 年第 5 期，第 6 页。

④ Ali Ahmad and Ryan Snyder, "Iran and Multinational Enrichment in the Middle East", *Bulletin of the Atomic Scientists*, Vol. 72, No. 1, 2016, p. 52; Nicu Popescu and Stanislav Secrieru, eds. "Russia's Return to the Middle East: Building Sandcastles?", *Chaillot Papers*, No. 146, 2018, p. 34.

平堆是中阿两国和平利用核能及传统友谊的历史见证，升级改造项目的圆满完成，是中国核工业集团践行共建"一带一路"倡议的又一成果，展现了中国雄厚的核科技实力以及负责任的大国形象，为中阿后续核能合作奠定了坚实基础。2019 年 7 月，中国核工业集团总经理顾军在集团总部会见了阿尔及利亚原子能署署长莱姆基·迈赫扎克，双方围绕阿同位素生产单元建设、核能规划与发展等内容进行了洽谈。①

2022 年 11 月，两国签订《中阿全面战略合作五年规划（2022—2026 年）》，为两国务实合作指明了方向。展望未来，中国与阿尔及利亚的核能合作面临资金来源不足、阿尔及利亚发展核能的政策模糊等问题。与沙特、阿联酋和土耳其等相比，阿尔及利亚缺乏中长期发展规划和执行能力，限制了两国的核能合作。

（三）中国与苏丹的核能合作

除埃及、阿尔及利亚外，中国积极探索与苏丹的核能合作。2016 年，中国核工业集团与苏丹签订协议，帮助苏丹建造该国首座核电站。当年 6 月 29 日，苏丹财政与经济规划部部长巴德尔丁（Badr Al-Din Mahmoud Abbas）、苏丹水资源与电力部副部长穆萨（Motazz Moussa）等访问中国核工业集团。② 由于近年来苏丹经济增长乏力，加上 2019 年发生政权更迭，核能项目暂时处于停滞状态，中苏核能合作仍处于探索期。2022 年 12 月，习近平主席在利雅得会见苏丹主权委员会主席布尔汉，强调，中国政府鼓励有实力的中国企业参与苏丹建设项目，助力苏丹经济社会发

---

① 《中阿核能合作再谱新篇——中核集团圆满完成阿尔及利亚比林和平堆升级改造项目》，http://www.china-nea.cn/site/content/35757.html；《顾军会见阿尔及利亚原子能署署长推进中阿核能合作》，https://www.cnnc.com.cn/cnnc/xwzx65/ttyw01/748743/index.html。

② 《李晓明会见苏丹财政与经济规划部部长一行》，https://www.cnnc.com.cn/cnnc/xwzx65/zhyw0/732157/index.html。

展。① 两国元首的会晤，为中苏重启核能合作带来了新机遇。

六、结论

中国是国际核能合作的后起之秀，拥有后发优势。中国在核能问题上坚持国内建设与国外推广的并行策略。2005年，中国政府制定了核能研发"三步走"战略目标；《国家中长期科学和技术发展规划纲要（2006—2020）》对核能发展提出了重要目标，为中国与中东国家开展核能合作奠定了基础。② 2013年，共建"一带一路"倡议提出以来，中国与东南亚、南亚、中亚、欧亚和西亚地区的政治、经贸和人文交流日益频繁，区域经济一体化不断发展，共建"一带一路"国家成为中国促进区域经济一体化、加强对外投资的重点地区。③ 核能作为重点项目，助力全球能源转型、低碳经济发展与气候治理。

首先，中国与中东核能合作已取得阶段性成果。2016年，《中国对阿拉伯国家政策文件》专门列出了中阿投资贸易领域十大合作重点领域。关于核能合作，该文件指出："加强双方在核电站设计建造、核电技术培训等领域合作。积极开展中阿核工业全产业链合作，推动双方在核基础科研、核燃料、研究堆、核技术应用、核安保、放射性废物处理处置、核应急、核安全等领域合作，加快共建阿拉伯和平利用核能培训中心，提升双方核领域合作水平。"④ 中国核工业集团等核电公司与沙特、阿联酋、约

---

① 《习近平会见苏丹主权委员会主席布尔汉》，新华社利雅得2022年12月8日电。

② Mark Hibbs, *The Future of Nuclear Power in China*, Washington D. C. : Carnegie Endowment for International Peace, 2018, p. 29.

③ Hannes Thees and Greta Erschbamer, "Building Scenarios on the Regional Integration in Eurasia Along the New Silk Road", *Journal of Economic Integration*, Vol. 37, No. 3, 2022, p. 424.

④ 《中国对阿拉伯国家政策文件》，载《人民日报》，2016年1月14日，第14版。

旦、埃及、阿尔及利亚、苏丹等中东国家签署了和平利用核能协定，并在铀矿勘探、核燃料供应、核电站运维等领域达成合作意向，成为中阿核能合作的排头兵。① 摩洛哥、伊拉克、科威特、阿曼、卡塔尔等国也在酝酿与中国在中阿合作论坛框架下，加强双边核能合作。

其次，在高质量共建"一带一路"，落实中阿峰会、中国与海合会峰会精神过程中，中国与中东国家核能合作将迎来战略机遇期，需要整体推进。中国与中东各国核能合作表现为不同形式，如培训核能人才、修建核电站、开采核物质、提供核材料、供应重水与轻水、提供技术援助等。中国以核能合作为形式，丰富了构建人类命运共同体的内涵。中国在《不扩散核武器条约》框架下出口天然铀、浓缩铀及装配式燃料组件，重水研究反应堆及部件，供应反应堆、金属合金，提供核废料服务、后处理技术援助，以及核物理、工程和操作、工程建设等方面的支持。② 中国与中东核能合作不仅包括获得对象国的订单、帮助中东国家建设核电站，而且包括为对象国核电项目提供贷款、建设与核电项目相关的基础设施。③ 核能合作是全产业链的系统工程。2022 年首届中阿峰会、中国与海合会峰会成功举办后，核能合作迎来更多机遇。

最后，中国与中东核能合作面临若干挑战。核能合作是中国与中东国家战略伙伴关系的重点领域，涉及发展理念对接、产业对接、项目对接等多个方面。核电项目是涉及国计民生的大项目，投资于当下，造福于未来。中东国家既对核电项目充满期

---

① 于瑶:《中阿能源合作转入"低碳"模式》,载《经济参考报》,2021 年 8 月 25 日,第 8 版。

② Weixing Hu,"China's Nuclear Export Controls:Policy and Regulations", *The Nonproliferation Review*,Vol. 1,No. 2,1994,p. 4.

③ M. V. Ramana and Zia Mian,"Scrambling to Sell a Nuclear Middle East",*Bulletin of the Atomic Scientists*,Vol. 72,No. 1,2016,p. 40.

待，也在建设过程中面临诸多挑战，如当地居民及邻国对核辐射与核安全的担忧，会影响中阿核能项目的落地等。此外，域外大国的干扰、核电融资、对象国核能人才匮乏等问题，也是制约中国与中东核能合作的因素。

面对大国战略竞争的挑战，中国与中东核能合作需要超越零和博弈。大国战略竞争背景下，美国积极拉拢沙特，在国际核能合作上执行更加灵活的政策。2018 年，美国与沙特举行核对话，特朗普政府考虑向沙特提供核技术，以阻止非西方大国与沙特进行核能合作，使域外大国在沙特的核能竞争更加激烈。在法国政府的大力推销下，法国阿海珐公司与中东国家签订了建立 13 座核反应堆的备忘录;[1] 俄罗斯与土耳其、伊朗、埃及、约旦、阿尔及利亚等多国开展核能合作，获得中东核能最大的份额;韩国与阿联酋、日本与土耳其也加强了国际核能合作。面对大国在核能领域的战略竞争，中国倡导构建人类命运共同体，在中国与中东核能合作方面持开放态度，积极探索第三方合作模式。

域外核能大国超越零和博弈、在中东地区开展核能合作有助于多边核安全治理，增强广大发展中国家在国际原子能机构、《不扩散核武器条约》、核供应国集团、第四代核能系统国际论坛等多边机制中的话语权。卡内基研究报告认为，中国利用自己的核电能力，在核设备、建设、管理等方面建立自己的标准，打破了美国和其他国家在全球核治理领域的规范垄断。[2] 在中国看来，建立多极化的国际核能治理体系，符合中国与中东国家的共同利益。作为国际原子能机构和核供应国集团成员和《不扩散核武器条约》的签署国，中国坚定支持并参与国际防止核扩散体系建

① José Goldemberg, "Nuclear Energy in Developing Countries", *Daedalus*, Vol. 138, No. 4, 2009, p. 72.

② Mark Hibbs, *The Future of Nuclear Power in China*, Washington D. L. : Carnegie Endowment for International Peace, 2018, p. 110.

设。同时，中国强调，应全面考虑各方因素，在坚持核不扩散机制的前提下，平衡各方和平利用核能的愿望和要求，从而实现防扩散及和平利用核能的双重目标。①

总之，中国与中东核能合作坚持国际化和市场化原则，反对国际核能合作的垄断性、"安全化"和"政治化"。域外核能大国只有超越零和博弈思维，才能实现互利共赢。中国与中东国家核能合作超越了大国战略竞争的叙事，是促进国际核能多边合作、造福当地人民、共同应对全球气候变化的重要举措，以核能项目为平台为"绿色中东"建设贡献中国力量。

---

① 陈佳骏:《法国核能外交:历史、特点与启示》,载《法国研究》,2016 年第 3 期,第 10 页。

北非新伊斯兰主义兴起的原因与特点*

刘　云　浙江师范大学非洲研究院教授

内容摘要：新伊斯兰主义是 21 世纪以来特别是"阿拉伯之春"以来北非政治伊斯兰演进的新阶段。埃及的自由与正义党、突尼斯的复兴党、摩洛哥的正义与发展党通过选举上台执政，阿尔及利亚的争取和平社会运动、利比亚的正义与建设党也在"阿拉伯之春"后的选举中取得了重大成果，说明新伊斯兰主义力量在北非甚至中东政治舞台上的兴起。其原因包括这些政党长期的政治影响力、其符合北非国家现实的政治主张，以及"阿拉伯之春"以来宽松的政治环境等。当前，北非的新伊斯兰主义政党虽然遭遇了挫折，但它们仍然是政治舞台上的重要力量。与传统的伊斯兰主义相比，新伊斯兰主义更加世俗化、实用化，更具有宽容性，代表了北非政治伊斯兰的未来发展方向。

关键词：新伊斯兰主义　政党　北非

---

　* 本文系国家社会科学基金项目"非洲伊斯兰主义思潮的历史渊源和发展演变研究"（20BSS028）研究成果。

许多北非阿拉伯国家的温和伊斯兰主义者在"阿拉伯之春"后发生了向新伊斯兰主义的转变,并通过选举上台执政。虽然埃及穆斯林兄弟会的自由与正义党(Freedom and Justice Party)被军方废黜,突尼斯复兴党(Ennahda)和摩洛哥的正义与发展党(Justice and Development Party)也在选举中失去执政地位,但新伊斯兰主义势力至今仍然是北非国家的主要政治力量,在各国的政治舞台上发挥着重要作用。本文试图对"阿拉伯之春"后新伊斯兰主义兴起的现象及其原因、特点进行分析,从而使人们对这一政治现象有一个更为深入的认识。

一、当代伊斯兰主义与新伊斯兰主义

伊斯兰主义是北非国家独立以来该地区最重要的思潮之一,它深刻地影响和改变了当代北非国家的社会和政治生活,甚至重新定义了北非地区的国际关系。21 世纪以来特别是"阿拉伯之春"以来兴起的新伊斯兰主义,则是从传统伊斯兰主义脱胎出来的新的政治思潮和运动。为了更好理解本文的内容,我们首先厘清伊斯兰主义与新伊斯兰主义等概念。

(一)伊斯兰主义

伊斯兰主义又称政治伊斯兰,是伊斯兰世界自 20 世纪以来特别是 20 世纪 70 年代以来,在伊斯兰教复兴背景下兴起的一种重要的宗教政治思潮和运动,它主张恢复伊斯兰教历史上的自信和荣耀,净化伊斯兰教中的外来因素,重申伊斯兰教在"社会和政治以及个人生活"中的作用,尤其是主张"根据伊斯兰教规定的法律重新安排政府和社会"。① 伊斯兰主义者强调伊斯兰教法的实施、泛伊斯兰的政治统一、建立伊斯兰国家，以及拒绝非穆斯林的影响，特别是西方的经济、军事、政治、社会或文化影响。伊斯兰主义者并不是铁板一块，不同的伊斯兰主义者的动机和目标千差万别，他们对伊斯兰传统和实践的解释也千差万别。在当代伊斯兰教信仰复兴的背景下，形形色色的伊斯兰主义组织和政党兴起，有些政党和组织在体制内以合法形式开展活动，有些则以极端主义和恐怖主义的形式谋取政治权力。伊斯兰主义这一术语经常用来描述具有伊斯兰倾向的改革运动、政党和组织，其中包括穆斯林兄弟会等改革主义组织，也包括"基地"组织和"伊斯兰国"等跨国恐怖组织。有时也指代起源于伊斯兰革命的伊朗神权政府、奉行瓦哈比派的沙特王国，以及阿富汗的塔利班政府等官方伊斯兰主义者。所有这些方面，我们通称为伊斯兰主义或政治伊斯兰。

伊斯兰主义运动本质上是一种政治现象，而不是宗教现象。一个埃及穆斯林兄弟会的成员会说："我们既不是社会主义者也不是资本主义者，我们只是穆斯林。"② 早在1989年苏联解体前，伊朗伊斯兰革命领导人阿亚图拉霍梅尼写信给戈尔巴乔夫总统，建议苏联接受伊斯兰主义意识形态。③ 他认为伊斯兰教是最好的意识形态，完全反映出伊斯兰主义者的政治特征，也说明伊斯兰主义是一种政治思想和运动。

（二）伊斯兰主义的类型

根据坚持实施伊斯兰教法的程度、组织形式、活动方式等维

---

① Sheri Berman,"Islamism,Revolution,and Civil Society",*Perspectives on Politics*,Vol. 1,No. 2,2003,p. 258.

② Daniel Pipes,*Militant Islam Reaches America*,New York and London:W. W. Norton ,2003,p. 8.

③ 同②,p. 9。

度，可以将伊斯兰主义分为激进派、极端派和温和派。激进派主张严格遵循伊斯兰教的教义，重建以伊斯兰教法为基础、以历史上麦地那哈里发国家为楷模的理想伊斯兰社会。伊斯兰世界存在着大量的激进派。20 世纪 70 年代以前的穆斯林兄弟会、沙特阿拉伯的瓦哈比派、北非和萨赫勒地区的各种合法的萨拉菲主义组织、巴勒斯坦伊斯兰抵抗运动（哈马斯）等都属于激进派。这些激进主义组织主张以伊斯兰教法取代当前伊斯兰国家的世俗法律，反对西方化和现代化，反对西方国家和以色列；主张通过武装暴力、群众运动、合法斗争等各种手段实现建立真正的伊斯兰国家的目标。

伊斯兰极端主义或极端派，就是那些试图以暴力或恐怖主义活动推行伊斯兰教法、建立伊斯兰国家的组织和个人。他们通常从事暗杀、扣押人质、劫持飞机，或其他颠覆破坏活动。埃及的"伊斯兰圣战"组织是典型的极端主义组织。最著名的恐怖分子和组织是本·拉登和他的"基地"组织。其他恐怖组织有北非的"伊斯兰马格里布基地"组织、西非的博科圣地、东非的伊斯兰青年党，以及"阿拉伯之春"后兴起的"伊斯兰国"恐怖组织等。

温和派最主要的特征是试图将伊斯兰教法与现代政治原则相结合。[①] 他们不主张使用暴力，也不从事颠覆、推翻现政权的阴谋破坏活动，而是在现政权的体制内，通过合法的议会道路谋取议席，进而组织伊斯兰政府。大多数温和伊斯兰主义政党和组织在 20 世纪 70 年代开始出现，并在八九十年代活跃起来。土耳其的救国党、繁荣党、道德党都是温和的伊斯兰主义政党，20 世纪八九十年代的埃及穆斯林兄弟会、突尼斯复兴党、摩洛哥的正义

---

① 卢云：《审思政治伊斯兰：类型、特征与影响》，载《文化纵横》，2018 年第 2 期，第 96 页。

与慈善党、正义与发展党都是在法律允许的范围内活动。温和派与激进派最大的区别在于，它不主张推翻现政权与体制，而是通过议会选举等方式参与所在国的政治进程。

（三）新伊斯兰主义

新伊斯兰主义是利用伊斯兰符号、传统并从伊斯兰信仰中汲取营养，以实现某种社会政治目标的一种宽泛的政治意识形态，是伊斯兰主义温和派在21世纪尤其是"阿拉伯之春"后出现的一种新趋势。新伊斯兰主义者对政治伊斯兰的许多理念、优先事项和议程进行了调整和改变，以回应伊斯兰世界出现的重大时代问题。与"阿拉伯之春"前的伊斯兰主义温和派相比，新伊斯兰主义者更加世俗化、温和化和实用主义，他们将现代性和发展置于伊斯兰教的认同之上，并不主张立即实现沙里亚的统治，而主张以渐进的方式实现公平、正义等伊斯兰的最终目标。在新伊斯兰主义者那里，宗教信仰的虔诚与否不再是判断是否是正确的伊斯兰的主要标准。[1] 用罗宾·赖特（Robin Wright）的话来说，新伊斯兰主义者的"政治观点更加灵活、明智和成熟。他们并不追求建立沙里亚国家，对他们来说，伊斯兰教法是一种价值观、文明和政治文化"[2]。新伊斯兰主义者寻求的是伊斯兰教法的最终目标，没有将某种形势与特定的宗教文本联系起来。他们认为，伊斯兰教是动态的，不是一套固定的规则和信条，而是一个能够适应或与时俱进的有机信仰体系。[3]

新伊斯兰主义一词在学术界还没有一个统一的定义，因为"阿拉伯之春"后政治伊斯兰发生的变化不是统一的，不同的地

---

[1] Amel Boubekeur and Olivier Roy, *Whatever Happened to the Islamists? Salafis, Heavy Metal Muslims and the Lure of Consumerist Islam*, New York: Columbia University Press, 2012, p. 206.

[2] Robin Wright, Olivier Roy, Khalil Al-Anani and et al., *The Islamists are Coming: Who They Really are*, Washington, DC: U. S. Institute of Peace and the Woodrow Wilson International Center for Scholars, 2012, p. 9.

[3] 同[2]。

方这种变化是不一样的。有些西方学者用后伊斯兰主义概括"阿拉伯之春"后伊斯兰主义的新变化,认为伊斯兰主义要么已经失败,要么已经背离了以前典型的伊斯兰主义。① 西方学者这种关于伊斯兰主义实践中的世俗化趋势是一个失败迹象的断言为时过早,当前中东北非国家的政治伊斯兰进入了新伊斯兰主义时期,而非后伊斯兰主义时期。事实上,新伊斯兰主义的世俗化过程是伊斯兰主义实用性、渐进主义和适应性的战略转变,新伊斯兰主义淡化了伊斯兰教因素,这是一种适应当前阿拉伯国家政治现实的改变,其根本目标依然是伊斯兰价值观的实现。

二、北非新伊斯兰主义组织的兴起与发展

21 世纪初创建的土耳其正义与发展党（Adalet ve Kalkınma Partisi, AKP），是伊斯兰世界最早的新伊斯兰主义组织。② 但新伊斯兰主义作为一种具有普遍意义的政治现象兴起则发生于"阿拉伯之春"以来的北非地区,其主要的代表性组织有埃及的自由与正义党、突尼斯的伊斯兰复兴党、摩洛哥的正义与发展党、阿尔及利亚的争取和平社会运动（Movement of Society for Peace），以及利比亚的正义与建设党（Justice & Construction Party）。

（一）"阿拉伯之春"期间的伊斯兰主义组织

不论是新伊斯兰主义者还是其他政治伊斯兰力量在整个"阿拉伯之春"过程中发挥的作用非常有限。突尼斯、埃及、利比

① Olivier Roy, "The Paradoxes of the Re-Islamisation of Muslim Societies", https://tif.ssrc.org/2011/09/08/the-paradoxes-of-the-re-islamization-of-muslim-societies/; Asef Bayat, "The Post-Islamist Revolutions", https://www.foreignaffairs.com/articles/north-africa/2011-04-26/post-islamist-revolutions.

② Ahamat Kuru, "Muslim Politics Without an 'Islamic State': Can Turkey's Justice and Development Party be a Model for Arab Islamists?", https://www.brookings.edu/wp-content/uploads/2016/06/BDC_AKP-Model_Kuru.pdf.

亚、摩洛哥等国的最初抗议活动，以及后来有组织的集会都是由世俗组织发起和实施的。"阿拉伯之春"的宗教诉求或宗教意识色彩非常淡薄，新伊斯兰主义或其他政治伊斯兰组织并没有发挥组织和领导作用。与各种伊斯兰主义政党相比，学生团体、工会和世俗政党在组织抗议活动方面发挥了更大的作用，但许多伊斯兰主义者以个人身份参加"阿拉伯之春"抗议活动。

"阿拉伯之春"最初是一场无领导和无计划的群众运动，没有任何明显的伊斯兰主义因素，包括埃及的穆斯林兄弟会、突尼斯复兴党在内的主要新伊斯兰主义组织在推翻本国强人政权期间的活动相当有限。"阿拉伯之春"发生时，突尼斯复兴党的大部分领导人侨居在国外，留在国内的新伊斯兰主义者在政治上处于边缘地位，较难发挥影响力。埃及的穆斯林兄弟会与突尼斯的伊斯兰主义者一样，并没有站在抗议活动的最前沿，也没有直接参与推翻胡斯尼·穆巴拉克（Hosni Mubarak）的抗议活动。穆斯林兄弟会的一些高层领导在穆巴拉克下台之前并不想惹恼政府，他们甚至"放弃了要求穆巴拉克先生立即下台并作出其他让步的要求"。① 穆斯林兄弟会甚至没有参加在抗议活动中遇害的穆斯塔法·萨维（Mustafa Sawi）的葬礼。这样做是为了避免直接挑战穆巴拉克。后来，穆斯林兄弟会公开支持抗议者，但一直没有承担反政府运动的领导角色，他们乐见世俗主义者成为抗议活动的领导者。② 2011 年 2 月 20 日，摩洛哥人走上街头抗议国王穆罕默德六世的政策。摩洛哥正义与发展党自成立以来就一直与国王保持着密切关系，所以在抗议活动中几乎没有发挥作用，正义与发

---

① Dan Murphy, "Egypt's Protests: Muslim Brotherhood's Concessions Prompt Anger", http://www.csmonitor.com/World/Middle−East/2011/0207/Egypt−protests−Muslim−Brotherhood−s−concessions−prompt−anger.

② Shadi Hamid and Steven Brooke, "The Muslim Brotherhood's Role in the Egyptian Revolution", http://www.ctc.usma.edu/posts/the−muslim−brotherhood's−role−in−the−egyptian−revolution.

展党并没有正式宣布支持"2·20 运动"。

但是，由于伊斯兰教在阿拉伯国家的悠久历史，加上政治伊斯兰势力几十年的政治影响力，北非的新伊斯兰主义力量不会永久处于无关紧要的地位。复兴党成员很快和工会、律师协会、反对党等组织一起参与迅速蔓延到突尼斯所有地区的示威和抗议活动。① 针对本·阿里（Ben Ali）倒台后组成的突尼斯临时政府对伊斯兰主义者的排斥，复兴党领导人萨多克·舒茹（Sadok Chour-ou）于 2011 年 1 月 18 日在突尼斯市中心组织了一次大规模示威活动，结果被安全部队暴力驱散。埃及穆斯林兄弟会有大量成员以个人身份参与了抗议运动，有组织地为抗议者提供后勤支持，在抗议运动的发展中发挥了重要作用。他们为抗议者提供茶水、食物、麦克风、扬声器，在抗议期间多次设立安全检查站，以保障所有进入抗议广场的人的安全，为受伤的抗议者设立护理中心，他们还在网站上发布有关抗议活动的信息。② 值得注意的是，穆斯林兄弟会坚称，"它只不过是反抗胡斯尼·穆巴拉克政权活动的一个参与者"③。

摩洛哥的情况与突尼斯、埃及不同，正义与发展党并没有禁止其成员参加抗议活动，许多党员从"2·20 运动"开始就以个人身份参加了一些示威活动，而且非常活跃，其中包括党的前总书记萨阿德·奥斯曼尼（Saad Eddine Al Othmani）、党的青年委员会成员穆斯塔法·拉米德（Mustafa Ramid），许多成员直到议会

---

① Ramazan Yildirim,"Transformation of the Ennahda Movement from Islamic Jama'ah to Po-litical Party",*Insight Turkey*, Vol. 19, No. 2, 2017, p. 199.

② "A Backgrounder on the Muslim Brotherhood",https://carnegieendowment. org/2011/10/11/muslim-brotherhood-pub-54924.

③ Will Englund,"Muslim Brotherhood Says It is Only a Minor Player in Egyptian Protests",https://www.washingtonpost. com/world/muslim-brotherhood-says-it-is-only-a-minor-player-in-egyptian-protests/2011/01/30/AB9405Q_story. html.

选举之前都一直在参与抗议。① 相比之下，摩洛哥的另一个伊斯兰主义政党正义与慈善党（Justice and Charity Party，JC）不但以组织的名义参加了"2·20运动"，而且于2011年3月20日组织了一场有4000多人参加的抗议游行，呼吁结束君主专制，进行"深度民主改革"。正义与慈善党批评宪法改革是"虚假的承诺"，批评正义与发展党不应与国王妥协，并拒绝参加选举。②

新伊斯兰主义政党与组织没有在"阿拉伯之春"中发挥领导与组织作用的原因主要是，这些新伊斯兰主义政党在政治上处于边缘地位。再加上"阿拉伯之春"的主题是反对腐败和独裁、关注民众的就业和生计等问题，伊斯兰主义的诉求并不占主导。

长期以来，突尼斯、埃及等阿拉伯国家的伊斯兰组织在政治活动方面受到严格的限制，历届政府都企图将伊斯兰主义者从公共生活中清除。在突尼斯，哈比卜·布尔吉巴（Habib Bourguiba）和本·阿里统治时期，政府对复兴党实行高压政策，许多党的领导人被判处终身监禁或流放，数百名成员受到审判，也有一部分领导人被迫流亡国外。③ 在埃及，自纳赛尔时期开始，穆斯林兄弟会由于追求将埃及建成伊斯兰国家，一直遭到政府的压制，极大地削弱了伊斯兰主义者在国家政治中的作用，并减少了伊斯兰主义者的存在。④ 考虑到相关政治成本，新伊斯兰主义政党与组织没有积极参加抗议活动。在"阿拉伯之春"期间表现得小心翼翼，避免有明显的反政府活动。埃及穆斯林兄弟会的元老穆罕默

① Abdessamad Ait dada and Richard van Schaik，"Political Islam and the Moroccan Arab Spring"，https://www.academia.edu/2766258/Political_Islam_and_the_Moroccan_Arab_Spring.

② Abdeslam Maghraoui，"Morocco：The King's Islamists"，https://www.wilsoncenter.org/article/morocco-the-kings-islamists.

③ Michael Koplow，"Why Tunisia's Revolution is Islamist-Free"，http://www.foreignpolicy.com/articles/2011/01/14/why_tunisias_revolution_is_islamist_free.

④ Kenneth Perkins，*A History of Modern Tunisia*，Cambridge：Cambridge University Press，2004，pp.157-184.

德·阿克夫（Mohammed Mahdi Akef）说，"如果我们领导'阿拉伯之春'，他们就会屠杀我们"。① 摩洛哥的情况与埃及和突尼斯不同，正义与发展党在其建立初期就选择了温和的道路，长期与国王合作。国王允许它作为反对党存在和发展，并允许它参加议会选举，主要是因为国王把它看成是平衡伊斯兰反对派政党正义与慈善党以及世俗反对派的力量。因此，自成立之日起，正义与发展党在"阿拉伯之春"中不发挥领导与组织作用也在情理之中。

（二）选举胜利：新伊斯兰主义的兴起

2011年年底至2014年上半年，是"阿拉伯之春"后新伊斯兰主义发展的重要时期。这一时期，新伊斯兰主义力量在阿拉伯多国的政治舞台上崛起，埃及自由与正义党、突尼斯复兴党、摩洛哥正义与发展党在"阿拉伯之春"后的选举中纷纷获胜，上台执政。

在2011年10月23日举行的制宪会议选举中，突尼斯复兴党成为议会第一大党，组织了以哈马迪·杰巴利（Hamadi Jebali）为总理的联合政府。复兴党是"阿拉伯之春"后第一个赢得自由选举的新伊斯兰主义政党。执政期间，该党延续了前政府的新自由主义经济政策，优先发展经济，推进民主建设，打击恐怖主义。② 突尼斯复兴党的温和形象和务实态度赢得了国内民众和国际社会的肯定，但突尼斯复兴党的执政过程不断遭遇挑战。2013年2月和7月，两位反对党领袖遇刺，外界普遍认为，复兴党内的伊斯兰极端主义者是罪魁祸首。在制宪会议的压力之下，复兴

---

① Will Englund, "Muslim Brotherhood Says it is only a Minor Player in Egyptian Protests", https://www.washingtonpost.com/world/muslim-brotherhood-says-it-is-only-a-minor-player-in-egyptian-protests/2011/01/30/AB9405Q_story.html.

② Maszlee Malik, "From Political Islam to Democrat Muslim: A Case Study of Rashid Ghannouchi's Influence on Abim, Ikram, Amanah and Dap", *Intellectual Discourse*, Vol. 25, No. 1, 2017, pp. 27-28.

党被迫放弃权力。

2011 年 4 月 30 日，埃及穆斯林兄弟会下属的自由与正义党正式成立，提出要保护埃及人民的民主权利、促进埃及的民主进程，该党能够容纳非穆斯林成员，说明它已经具有了新伊斯兰主义特征。[1] 2012 年 1 月 21 日举行的埃及人民议会选举中，自由与正义党赢得人民议会 503 个议席中的 235 席，成为人民议会第一大党，党的总书记穆罕默德·卡塔特尼（Mohamed Katatny）出任议长。[2] 在 2012 年 2 月的协商议会选举中，自由与正义党赢得了 180 个席位中的 105 席。[3] 2012 年 6 月，自由与正义党候选人穆罕默德·穆尔西（Mohamed Morsy）赢得 51.7% 的选票而当选总统。[4] 但是，穆尔西执政的策略是通过行政命令、攫取权力和公投等手段控制国家，而不是通过协商和逐步改革来施政。穆尔西政府的不恰当措施，加上处理失业问题和其他社会经济问题的低效率，最终导致开罗爆发新的抗议运动。2013 年 7 月 3 日，埃及军方宣布撤销穆尔西的总统职务，关押穆尔西及其追随者。随后，穆斯林兄弟会被宣布为恐怖主义组织而予以取缔。

摩洛哥举行新宪法公投之后，于 2011 年 11 月 25 日举行了议会选举。正义与发展党获得议会 395 个席位中的 107 个席位，成为议会第一大党。党的总书记阿卜德里拉·本基兰（Abdelilah Benkirane）被国王任命为政府首相。本基兰领导成立的联合政府努力解决经济问题、恢复宏观经济平衡，使摩洛哥的经济增长率高于地区经济增长率，且呈不断上升之势，出口额也逐步增长。

---

① Samer Shehata, "Egypt: The Founders", http://theislamistsarecoming. wilsoncenter. org/islamists/node/23181/#the_founders.

② "Interactive: Full Egypt Electoral Results", http://www. aljazeera. com/indepth/interactive/2012/01/20121248225832718. html.

③ "Results of Shura Council Elections: Guide to Egypt's Transition", http://egyptelections. carnegieendowment. org/2012/02/29/results-of-shura-council-elections.

④ Maggie Michael, "Egypt Sets May Presidential Election", https://www. sandiegouniontribune. com/sdut-egypt-sets-may-presidential-election-2012feb29-story. html.

卡扎菲被推翻后，利比亚的穆斯林兄弟会于 2012 年组建了正义与建设党并参与大国民议会选举，结果赢得 21.3% 的政党得票率，获得 17 个政党席位，成为仅次于全国力量联盟的第二大党。如果加上利比亚穆斯林兄弟会成员以独立候选人身份获得的 17 个席位，则穆斯林兄弟会席位多达 34 个。① 该党表示将"致力于安全和稳定"，将在伊斯兰原则的基础上开展工作，但并不意味着认可'禁止女性离家'等对宗教的肤浅理解"。该党还呼吁建立全国统一的政府，通过对话来结束宗派主义和进一步的冲突。② 利比亚正义与建设党通过与独立人士的战略联盟来增强其影响力，最终成为国会中最强大的集团。2013 年 5 月，在萨拉菲派的支持下，穆斯林兄弟会推动通过备受争议的政治孤立法，禁止卡扎菲时代的官员在未来十年参政。该法的通过激化了伊斯兰主义者与世俗力量的矛盾。

（三）曲折中发展的新伊斯兰主义

从 2013 年后半年开始，北非新伊斯兰主义的发展遭到重大挫折，新伊斯兰主义进入了曲折发展的进程。但迄今为止，新伊斯兰主义政党仍然是北非乃至中东政治舞台上的重要政治角色。

2013 年 7 月 3 日，埃及军方宣布撤销穆尔西的总统职务，关押了穆尔西及其追随者，7 月 10 日，又对 300 名穆斯林兄弟会成员发出了逮捕令并禁止他们出境。12 月 25 日，塞西控制下的过渡政府宣布穆斯林兄弟会为恐怖主义组织而予以取缔。2014 年 4 月 28 日，开罗地方刑事法院判处共计 683 名穆斯林兄弟会成员和支持者死刑，引发全球关注。③ 于 2014 年 6 月上台的塞西政府，

---

① Cameron Glenn, "Libya's Islamists: Who They are and What They Want", https://www. wilsoncenter. org/article/libyas-islamists-who-they-are-and-what-they-want.

② "Libya's Justice & Construction Party Announces its Support for National Unity Government", https://www. ikhwanweb. com/article. php? id = 32490.

③《埃及紧张局势缘何难以缓解》, https://www. 163. com/news/article/9RKEQOSU00014AED. html。

在镇压穆斯林兄弟会方面采取了两种主要方式。一是破坏穆斯林兄弟会领导层对该组织的控制，二是构建穆斯林兄弟会是暴力恐怖主义组织的叙事。然而，经过多年的打压，塞西政府并没有摧毁穆斯林兄弟会的组织结构。相反，穆斯林兄弟会已经完全复活，并出现了内部复兴的迹象。穆斯林兄弟会得以幸存的主要结构性原因是其金字塔式组织结构。穆斯林兄弟会在埃及国内的公开机构被捣毁后，大量高层干部流亡国外，在土耳其、卡塔尔和伦敦的指挥中心通过网络和移动电话等现代通信工具和埃及国内的基层组织保持联系，流亡的领导层不受埃及当局的控制。[①] 穆斯林兄弟会仍然是塞西政权一支强大的反对力量。穆斯林兄弟会在塞西政府的严厉镇压下重生，仍然坚持非暴力的意识形态道路，强调渐进主义的策略。政府与伊斯兰主义者的斗争仍然是影响埃及政治发展的重要因素。

在 2014 年 10 月的人民议会选举中，突尼斯复兴党获得了 217 个席位中的 69 席，低于突尼斯呼声党（Nidaa Tounes）的 86 席，失去了议会第一大党的地位。2015 年 11 月 26 日，32 位呼声党议会成员不满总统埃塞卜西（Essebsi）之子擅自干政而集体辞职，从而将议会第一大党的地位拱手送给了复兴党。[②] 2019 年 10 月的议会选举中，由于持续的经济危机和民众对腐败的担忧日增，复兴党只赢得 52 个席位，但它依然是议会第一大党。

2016 年 10 月 7 日，摩洛哥举行了"阿拉伯之春"举行以来的第二次议会选举，正义与发展党获得 395 个席位中的 125 个席位。正义与发展党虽然没有获得一半以上的选票和席位，但它仍

① Barbara Zollner, "Surviving Repression: How Egypt's Muslim Brotherhood has Carried on", https://Carnegie-Mec. Org/2019/03/11/Surviving-Repression-How-Egypt-s-Muslim-Brotherhood-Has-Carried-On-Pub-78552.

② Rami Galal, "Will Nidaa Tunis' Troubles Boost Muslim Brotherhood in Egypt?", http://www. al-monitor. com/pulse/originals/2015/11/tunisia-nidaa-tunis-resignation-egypt-muslim-brotherhood. html#ixzz3sTw0EIxI.

然是议会第一大党，再次获得组阁权力。2021 年 9 月选举中，正义与发展党失利，但其组织网络与影响力依然存在。

自 2013 年以来，利比亚正义与建设党的民众支持率急剧下降。世俗政客指责利比亚穆斯林兄弟会及其附属机构与极端组织有联系，而萨拉菲主义者则声称穆斯林兄弟会损害了伊斯兰原则。2014 年 6 月 25 日的利比亚议会选举中，由于大国民议会取消了政党席位，所有参选者都以独立候选人身份参选。选举结果是民族主义和自由派赢得了多数席位，而伊斯兰主义者则减少到只有大约 30 个席位。①整个伊斯兰主义阵营在议会选举中遭受重创，世俗力量成为新议会的主导力量。正义与建设党退出以阿里·扎伊丹（Ali Zeidan）为首的利比亚政府，该党五位部长全部辞职。② 伊斯兰力量与世俗派的矛盾最终导致利比亚议会和政府的分裂，并开始了双方长达数年的内战。这种情况下，新伊斯兰主义力量难以在利比亚重建中发挥应有的作用。

阿尔及利亚的新伊斯兰主义力量在政治上呈现不断上升之势。成立于 1990 年的争取和平社会运动是阿尔及利亚最主要的新伊斯兰主义政党。在 2012 年和 2017 年议会选举中，争取和平社会运动联合其他伊斯兰政党积极参加议会选举，分别只获得 49 席和 33 席。2021 年选举中，争取和平社会运动单独获得 65 个议席，成为议会第二大党，说明新伊斯兰主义力量在阿尔及利亚的政治影响力日益上升。

---

① 《利比亚公布国民代表大会选举最终结果》，http://www.xinhuanet.com/world/2014-07/22/c_1111726867。

② "Islamist Party Quits Libya's Government"，https://www.bbc.com/news/world-africa-25832818.

三、北非新伊斯兰主义兴起的原因

新伊斯兰主义力量之所以在"阿拉伯之春"以来的北非政治舞台上崛起，其原因是多方面的，其中既有政治环境变迁带来的机遇，也有这些政党自身的影响力和政治转型等内在的因素。

（一）"阿拉伯之春"前的统治

"阿拉伯之春"前，北非国家在经济发展和社会治理方面的失败，使人民渴望国家政治、经济发展和社会治理方面发生重大转变，使国家走出发展困境、人民摆脱失业和贫困。

"阿拉伯之春"以前，北非各国领导人的终身制长期存在，政府换届处于无序状态，没有形成固定机制和制度。政治制度的僵化及其相伴而生的腐败问题，弱化了"阿拉伯之春"前国家政权的民意基础。① 在突尼斯，本·阿里靠着贪腐和裙带关系维持统治，总统家族掌控着酒店、媒体、房地产、金融、旅游等行业，并将赚得的利润转移到海外。在埃及，穆巴拉克在当政的30年里，其个人及其家人，以及围绕他们形成的利益集团通过埃及的大公司赚得盆满钵满。埃及军政各部门腐败成风，导致民怨不断增长。在利比亚，卡扎菲实行家族统治。丰富的石油财富汇集到卡扎菲家族手中。根据透明国际的报告，北非国家政府廉洁指数较低，其中，2010年摩洛哥廉洁指数为3.4，埃及为3.1，阿尔及利亚为2.9，利比亚为2.2，突尼斯为4.3，②都位于全球腐败最严重的国家之列。

政治腐败激化了社会矛盾，又难以有效地解决社会经济发展

---

① "Revolution and the Muslim World", https://www.stratfor.com/weekly/20110221-revolution-and-muslim-world.

② "Corruption Perceptions Index 2010", http://www.transparency.org/publications/publications/other/corruption_perceptions_index_2011.

中出现的问题，引起了民众的强烈不满，政府靠高压政策维持统治，民众与政府的对立日益严重。"阿拉伯之春"推翻了这些国家原有的政府，原先的执政党被禁止或被解散，新伊斯兰主义成为有影响力的政治力量，通过选举走上执政地位。

（二）新伊斯兰主义政党的政治影响力与组织能力

当前，北非国家的新伊斯兰主义政党均脱胎于具有数十年历史的伊斯兰主义温和派，具有丰富的历史经验、成熟的组织结构以及广泛的社会影响力。

摩洛哥正义与发展党的创始人本基兰于 1992 年成立了改革与更新组织（Reform and Renewal），1996 年更名为改革与统一运动（Movement of Unity and Reform），为后来正义与发展党的建立提供了基本框架与力量。从 1996 年全国大会开始，该党积极参与摩洛哥的各级地方与全国议会选举，影响力迅速扩大。1998 年，改革与统一运动正式改组为正义与发展党，建立了全国委员会、政治委员会、功能委员会等中央机构，地方委员会和相应的组织机构也建立起来。在"阿拉伯之春"前的几次议会选举中，正义与发展党均获得 40 多个席位。正义与发展党在议会工作中表现出色，对政府工作提出了具有建设意义的监督建议，扩大了自己的影响力。

突尼斯复兴党拥有几十年政治经验，"享有其他政党无法比拟的知名度、全国性的基层组织、金钱和信誉"。① 1981 年 6 月，格努希（Rashid Ghanouchi）、穆鲁（Abdelfattah Mourou）等伊斯兰主义者宣布成立伊斯兰倾向运动，之后组织过多次抗议政府的游行示威活动，通过这些活动提高了影响力和民众支持率。1988 年 5 月，格努希将党的名称改为复兴运动党（复兴党），并获准

---

① Christopher Alexander, "Tunisia: The Best Bet", https://www.wilsoncenter.org/article/tunisia-the-best-bet.

参加 1989 年的议会选举。本·阿里政权大规模镇压复兴党时，少部分没有被捕的成员转入地下，部分地恢复了复兴党的组织网络。① 复兴党在 2011 年 1 月重组且被官方承认为合法政党之后，就展示出了其发动群众、组织会议和公众集会的能力。它的组织和财政资源使它成为突尼斯颇具效力的政党。一位复兴党领导人表示："因为我们是一个老党派，所以我们能够在 2011 年 1 月革命之后立即恢复我们的组织。一些积极成员曾在监狱度过漫长岁月，也有一直从事地下工作的成员，他们现在又再次为党而战了。"②

埃及穆斯林兄弟会在穆巴拉克时期就积极地以合法方式参与埃及政治。它或以独立候选人的身份或与其他政党合作，多次参加议会选举，获得了数量不等的议会席位。穆斯林兄弟会进入议会，很大程度上促进了其意识形态和理念在埃及政治系统和社会中的传播，也吸引了大量的年轻人加入穆斯林兄弟会。穆斯林兄弟会议员不断督促政府进行自由化改革，呼吁解除国家紧急状态、放宽政党限制、取消新闻监管、给予公民个人自由和权利等等。穆斯林兄弟会在议会中的活动扩大了自身影响力。穆巴拉克时代，穆斯林兄弟会开始渗透到埃及各大行业协会和大学的教职工俱乐部中，拥有广泛、深厚的群众基础，极大地提升了其社会和政治影响力。另外，穆斯林兄弟会还具有比较完备的、行之有效的组织系统、财政系统等。而其他新旧政党，尤其是世俗组织和政党，在组织的有效性和社会动员能力方面都难以与之相比。

20 世纪 90 年代初，在阿尔及利亚引入多党制时，阿尔及利

---

① Christopher Alexander, "Tunisia: The Best Bet", https://www. wilsoncenter. org/article/tunisia-the-best-bet.

② Tarek Chamkhi, "Neo-Islamism After the Arab Spring: Case Study of the Tunisian Ennahda Party", Western Australia, Thesis of The Master Degree of Philosophy at Murdoch University, 2015, p. 138.

亚穆斯林兄弟会在马哈福兹·纳赫纳赫（Mahfoud Nahnah）领导下成立了伊斯兰社会运动（Movement for the Islamic Society），后由于法律禁止成立宗教政党，该党改名为争取和平社会运动。该党积极参加选举，支持泽鲁阿勒（Liamine Zerouall）政府和布特弗利卡（Abdelaziz Bouteflika）政府，并参与政府事务。1997 年，争取和平社会运动与阿尔及利亚民族民主联盟、阿尔及利亚民族解放阵线一起组成执政联盟。争取和平社会运动主张保守价值观和社会伊斯兰化，它利用在议会和政府中的地位，推动和倡导自身的伊斯兰主义主张，例如反对阿尔及利亚家庭法的世俗化变化等。争取和平社会运动，谴责暴力，支持政府的反恐立场与措施。在 2002 年的议会选举中，争取和平社会运动获得了 7% 的选票，在议会中获得了 38 个席位。在 2007 年的议会选举中，争取和平社会运动获得 9.64% 的普选票，成为议会第三大党，拥有 52 名议员。① 前期的政治经历与经验为争取和平社会运动在"阿拉伯之春"后的崛起准备了条件。

（三）"阿拉伯之春"后的政治环境

"阿拉伯之春"前，北非各国的伊斯兰主义政党和组织遭到压制和打击，其干部和成员大多被捕或流亡海外，几乎没有政治活动空间。在突尼斯，布尔吉巴把伊斯兰政治组织看成是对其政权的最大挑战，甚至动用武装部队对伊斯兰组织进行镇压。本·阿里上台后，政府开始允许复兴党合法存在，后来又大规模逮捕了复兴党的骨干，格努希逃往海外。摩洛哥的正义与发展党成立之后虽然一直与王室保持着良好关系，但"9·11"事件之后，摩洛哥大力打击国内的恐怖势力，正义与发展党、正义与慈善党等为代表的伊斯兰力量遭到压制。在埃及，穆斯林兄弟会自 1954

---

① "Elections Législatives du 17 Mai 2007", http://www. rnd – dz. com/OneAdminSuite/_files/File/Repartition%20par%20Wilaya. pdf.

年被纳赛尔政权取缔以来，一直没有恢复其合法地位。穆巴拉克统治时期，穆斯林兄弟会受到打击，尤其是议会选举和总统选举前后，穆斯林兄弟会的积极成员时常面临逮捕、审判和监禁。[①] 总之，"阿拉伯之春"之前，北非各国非执政党的政治空间被严重挤压，其活动受到政府的严密控制。

"阿拉伯之春"后，突尼斯、埃及、利比亚解除了政党和政治团体方面的限制，允许各政党在宪法允许的范围内自由组建；受"阿拉伯之春"的推动，摩洛哥的政党活动条件也更为宽松，国王允许议会选举中获得选票最多的政党领袖担任首相。新伊斯兰主义政党或组织在多党制条件下获得自由发展权利和迅猛发展的良机，趁势将民众高涨的宗教热情转化为自身的参政基础，在此基础上提出了符合国情的政治主张，从而受到广大民众的欢迎。

四、新伊斯兰主义的主要特征

除了传统伊斯兰主义者所有的一般特征外，新伊斯兰主义政党具有一些新特征，其中包括追求民主、放弃伊斯兰教法包容性、重新定义民族主义，以及改善与西方的关系等。

（一）致力于建设民主的公民国家而不是"神权国家"

传统的伊斯兰主义者渴望立即建立伊斯兰国家和虔诚的伊斯兰社会。而新伊斯兰主义者重新审视了对民主和世俗主义的立场，接受了西方关于民主、自由、人权的政治价值观。2003 年 6 月，突尼斯复兴党与劳工自由民主论坛（Ettakatol）等反对派政党签署联合声明，宣布，未来的任何民选政府都必须"建立在人

---

① 毕健康：《穆巴拉克时代的埃及穆斯林兄弟会》，载《西亚非洲》，2004 年第 2 期，第 50 页。

民主权作为唯一合法性来源的基础上";国家在"尊重人民身份及其阿拉伯穆斯林价值观"的同时,将"保障所有人的信仰自由,并对宗教场所保持政治中立".① "阿拉伯之春"后,复兴党接受了民主治理体制,放弃了传统伊斯兰主义的两个基本目标:建立伊斯兰国家和彻底实施伊斯兰教法.② 尽管突尼斯复兴党的政治纲领仍植根于伊斯兰价值观,但它宣布将促进突尼斯的稳定和民主,而不是伊斯兰化。埃及自由与正义党成立后发表了许多声明,宣布其目标是建立一个强有力的民主政治制度,主张保护公民权利,支持埃及民主化,不主张建立神权政府.③ 穆斯林兄弟会的领导人说,自由与正义党并不是宗教性的。穆斯林兄弟会前议会党团主席穆罕默德・卡塔特尼(Mohammed Katatny)说:"我们反对宗教政府."④ 摩洛哥正义与发展党自成立以来也不断淡化自身的伊斯兰色彩,妥善处理宗教和政治问题,不主张改变摩洛哥现行的政治体制,而是要求在国王体制下进行改革以解决摩洛哥社会的各种问题。正义与发展党的这种态度赢得了国王的支持。

新伊斯兰主义者完全重新阐述了国家的发展道路。通过这种阐述,人们可以通过接受关于民主、自由主义和市场经济的主流话语而接受新伊斯兰主义政党,从而使新伊斯兰主义政党在国家政治生活中找到足够的生存与发展空间。

---

① Alfred Stepan, "Tunisia's Transition and the Twin Tolerations", *Journal of Democracy*, Vol. 23, No. 2, 2012, p. 96.

② Michele Penner Angrist, "Understanding the Success of Mass Civic Protest in Tunisia.", *The Middle East Journal*, Vol. 67, No. 4, 2013, p. 562.

③ 同①。

④ "Clinton: U. S. 'Would Welcome' Dialogue with Muslim Brotherhood", http://articles. cnn.com/2011-06-30/world/egypt. muslim. brotherhood. us_1_muslim-brotherhood-freedom-and-justice-party-egypt? _s=PM;WORLD.

（二）关注民众的生计问题而非伊斯兰教法的实施

新伊斯兰主义者不主张在阿拉伯国家实施伊斯兰教法。突尼斯复兴党认为不应该将伊斯兰教法作为突尼斯革命后国家所有法律的主要来源。格努希在突尼斯选举胜利后宣布，他不会考虑禁止饮酒，也不会考虑将实施伊斯兰惩罚作为首要任务。复兴党认为，宪法文本没有必要说明伊斯兰教法是法律的来源，应该实现伊斯兰教法的目标，考虑群众根本利益的实现，因为公众利益本身就是"沙里亚"（伊斯兰教法）。[1]复兴党领导人"使突尼斯公民放心，不会干涉他们的个人生活，并且……将尊重其基本人权"。[2]旅居西方的伊斯兰主义学者塔里克·拉马丹（Tariq Ramadan）宣称："对世界有益的事就是对伊斯兰教有利，对世界及其人民不利的事不能再认为对伊斯兰教有利。"[3]埃及自由与正义党宣布，他们不会在宣言中宣布损害资本主义市场经济的政策。摩洛哥正义与发展党在议会选举中提出的改革方案，着眼于解决摩洛哥面临的贫困和失业问题，得到了民众的广泛支持。

（三）日益具有政治包容性

新伊斯兰主义政党的包容性主要表现在两个方面：一是积极吸纳世俗主义者甚至非穆斯林加入自己的政党，从而扩大组织基础；二是当选后积极组织与其他政党的联合政府。新伊斯兰主义政党更看重其成员的数量多少而不是宗教信仰的虔诚与否，它聚集了广泛的基础，超越了宗教选民，吸引了社会保守主义者、人

[1] Mahboob Thaha, "Neo-Islamism in the Post-Arab Spring: The Way Ahead for the Islamists?", https://www.academia.edu/14706847/Neo_Islamism_in_the_Post_Arab_Spring_The_way_ahead_for_the_Islamists? auto=download.

[2] George Crowder et al., "Islam, Islamism, and Post-Islamism: Rediscovering Politics After the War on Terror", *Australian Journal of Politics and History*, Vol.60, No.1, 2014, p.123.

[3] Amel Boubekeur and Olivier Roy, *Whatever Happened to the Islamists? Salafifis, Heavy Metal Muslims and the Lure of Consumerist Islam*, New York: Columbia University Press, 2012, p.206.

权活动家。① 突尼斯复兴党、埃及自由与正义党、摩洛哥正义与发展党为公民敞开了大门，有任何宗教信仰或宗教行为的人都可以加入。根据这些新规定，犹太人和基督徒可以自由加入这些政党。

新伊斯兰主义政党在选举获胜后，积极地与其他政党合作。在突尼斯，格努希明确宣布，即使复兴党获得多数，该党也更倾向于组织联合政府。复兴党有 42 名女性进入国民议会，超过了所有世俗政党女性议员的总和。新伊斯兰主义者转向实用主义，这是技术专家和专业人士带来的整个一代人的转变。新伊斯兰主义者是工程师、牙医、医生、律师和教师，他们思想开放，主张改革，对宗教教义、宗教身份和文化战争不那么执着，更乐于与意识形态方面的自由主义者或世俗主义者建立执政联盟。突尼斯复兴党在政治上与自由主义者和左翼主义者结盟，而不是与极端保守的萨拉菲派结盟。②

突尼斯复兴党的案例表明新伊斯兰主义政党在"阿拉伯之春"后的政治生活中具有灵活性。"这种灵活性使复兴党把因多数票而获得的一些内阁职位让给其他政党，也促使复兴党就路线图与其他政党进行积极互动，从而阻止了政治对话通道的关闭。"③ 政治进程中的让步是突尼斯的新伊斯兰主义者超越了整个阿拉伯地区其他伊斯兰主义者的地方。

（四）民族主义的内涵

所有激进或极端的伊斯兰主义者都寻求瓦解民族国家，寻求

---

① Christopher Alexander, "Tunisia: The Best Bet", https://www.wilsoncenter.org/article/tunisia-the-best-bet.

② Fawaz A. Gerges, "The Islamist Movement: From Islamic State to Civil Islam?", *Political Science Quarterly*, Vol. 128, No. 3, 2013, p. 392.

③ Fahmi Huweidi, "There is no Fear over the Arab Spring in Tunisia", https://www.middleeastmonitor.com/20140127-there-is-no-fear-over-the-arab-spring-in-tunisia/.

为整个乌玛（Ummah）重新建立全球统一的哈里发国家。埃及穆斯林兄弟会创始人哈桑·班纳（Hasan Al-Banna）致力于建立伊斯兰联盟和伊斯兰国家，其一生都在鼓励叙利亚、利比亚、黎巴嫩和苏丹等阿拉伯国家穆斯林兄弟会分支机构的发展。追随他的思想学家，例如赛义德·库特布（Seyyed Kuttb）和阿布·阿拉·毛杜迪（Abu Aala Mawdudi），都曾公开支持建立全球伊斯兰乌玛和跨越种族与民族界限的伊斯兰国家。

新伊斯兰主义承认并维护在《赛克斯-皮科斯协定》基础上建立的阿拉伯现代国家体系，拒绝将乌玛建设成跨民族的伊斯兰国家，而是将自己的政治追求放在现有的国家边界之内。组织上，新伊斯兰主义的政党不接受来自其他国家的成员，他们的政治和经济目标仅针对他们所在的民族国家。

（五）与西方的务实关系

新伊斯兰主义者渴望与美国和欧洲建立良好的关系。"阿拉伯之春"后上台的突尼斯复兴党和埃及穆斯林兄弟会领导人会见了美国和欧洲官员，讨论了未来的双方关系。突尼斯复兴党领导人于 2011 年年初前往华盛顿，与美国政要就突尼斯的未来治理进行对话。突尼斯复兴党执政期间，突尼斯与美国、欧盟保持了良好关系，尤其是与欧盟在经济、安全、社会领域保持了密切合作。[①] 同样，本基兰担任首相期间，摩洛哥积极发展与美国和欧盟的关系，并且实现了与以色列关系的正常化。建立自由与正义党之后，埃及穆斯林兄弟会改变了对美国与西方的态度，向更加务实的方向制定其对外政策。穆斯林兄弟会承诺遵守既定的国际条约，包括与以色列签订的条约，表示，"埃及是一个有着悠久光荣历史的大国，在阿拉伯问题、伊斯兰问题和国际事务中起着

---

① 刘云、钱磊:《北非变局对环地中海国际关系的影响研究》，北京：社会科学文献出版社，2019 年版，第 90—96 页。

重要的作用，埃及当然会尊重过去签订的协议和条约"。① 穆斯林兄弟会的领导人经常公开表示埃及与美国建立平等合作关系的愿望。

五、结语

阿尔及利亚争取社会和平运动和突尼斯复兴党今天仍然是这两个国家政治舞台上最主要的政治力量，有力地证明了政治伊斯兰已经失败、后伊斯兰主义已经取代伊斯兰主义的论点是错误的。伊斯兰主义并没有退出当前阿拉伯国家的政治舞台，而是正在进入一个新的发展阶段，我们称之为新伊斯兰主义。突尼斯复兴党虽然一度失去执政地位，但仍然是联合政府中的主要政党，而且至今保持着议会第一大党的地位。"阿拉伯之春"以来，阿尔及利亚争取社会和平运动政治地位不断上升，已经成为阿议会第二大党。摩洛哥正义与发展党自 2011 年到 2021 年 9 月一直保持着执政党的地位，虽然在 2021 年 9 月选举中失利，但其组织网络与影响力依然存在。多年来，北非各国的新伊斯兰主义政党积极地将他们的政治身份与宗教身份分开，作为一种有意识的策略，以适应当前的政治和社会环境现实。

突尼斯复兴党、阿尔及利亚争取社会和平运动，甚至摩洛哥正义与发展党的政治经历在"阿拉伯之春"后的伊斯兰国家具有重要的典型性，代表了伊斯兰主义的未来发展方向。此外，就整个伊斯兰世界来说，正在土耳其执政的正义与发展党也是典型的新伊斯兰主义政党。由于条件不成熟，埃及自由与正义党只短暂执政就被军事政变推翻，而利比亚的正义与建设党由于内战与冲

① David Kirkpatrick and Steven Myers, "Overtures to Egypt's Islamists Reverse Longtime U. S. Policy", *New York Times*, January 4, 2012, p. A1.

突也不能在国家政治重建中发挥其应有的作用，说明成熟的多党民主制是北非新伊斯兰主义得以发展的必要条件。由于伊斯兰国家的历史与传统文化背景，伊斯兰主义思潮和运动会成为这些国家的长期政治现象。除上述国家之外，中东地区其他国家还没有看到新伊斯兰主义者掌握政治权力的情况。在政治实践方面，突尼斯复兴党、摩洛哥正义与发展党、阿尔及利亚争取社会和平运动甚至埃及自由与正义党，实际奉行准世俗主义，不注重宗教事务本身而将目光聚焦于宗教的最终社会目标，在内政与外交上本着务实的精神处理当下的问题，这种实践重塑了伊斯兰主义，代表着新伊斯兰主义在当前中东政治舞台上的兴起。这些政党通过新伊斯兰主义的理念和实践、经过精心设计的符合各自国情的纲领，赢得了选票，走上执政地位或进入了政府。

新伊斯兰主义政党在突尼斯、摩洛哥和阿尔及利亚兴起的政治背景不同，但在社会影响方面相似。突尼斯新生的多党制民主为伊斯兰主义者提供了一个公平的竞争环境，可以按规则有意义地参与政治竞争，取得了巨大的成功，也遇到了世俗力量的巨大挑战。但当前突尼斯复兴党仍然是最有组织的政治运动和实现高度动员的政党。到目前为止，摩洛哥仍然是一个君主制国家，国王专权的体制短时间内很难改变。正义与发展党之所以能够在摩洛哥长期执政，主要是因为该党与王室政权进行了浮士德式的交易：接受王室政权在宗教和政治上至高无上的地位，无论政治话语还是行为都采取温和主义的立场，以换取一定的政治权力。然而，我们必须意识到，允许通过选举执政的新伊斯兰主义政党只是庞大的王室政权手中的棋子，王室需要它，同时也可以控制它。正义与发展党多次选举胜利和影响扩大引起了王室的不安，王室政权在 2021 年 9 月议会选举前修改了选举法，使形势变得对正义与发展党不利，正义与发展党因此遭遇选举失败，失去了执政地位。① 对于突尼斯复兴党而言，不存在类似摩洛哥的半专制结构，它面临的挑战在于它要在突尼斯开放的多党制背景下发挥共识政治，同时保持其伊斯兰特性。由于长期的内战，阿尔及利亚人民对激进的伊斯兰主义者心存恐惧，而争取社会和平运动在"阿拉伯之春"之前一直参加世俗政党的执政联盟，虽然"阿拉伯之春"后争取社会和平运动退出了执政联盟，且通过历届选举提升了自己作为新伊斯兰主义者的政治地位，但其目前面临的最大挑战在于如何更加明确地界定自己的政治身份，提出符合阿尔及利亚国情的治国方略。

---

① Motasem Dalloul, "Why has Morocco's Justice and Development Party Lost So Badly?", https://www.middleeastmonitor.com/20210910-why-has-moroccos-justice-and-development-party-lost-so-badly/.

伊拉克战争与中东地缘战略格局的走向观察

丁　工　中国社会科学院亚太与全球战略研究院助理研究员

内容摘要：2003 年 3 月，美国发动伊拉克战争推翻萨达姆政权，并试图以本国政治体制为蓝本，依照三权分立原则对伊拉克进行议会民主制改造，完成什叶派主导行政机构、库尔德人占据国家元首、逊尼派控制议会的顶层制度设计。美国还一度计划将伊拉克树立为阿拉伯民主的模板，进而向整个阿拉伯世界推广兜售。但如今 20 年过去了，伊拉克依然笼罩在政治混乱、经济衰落、社会分裂和族群敌对、国家面临解体的巨大阴影之下。随着美国在伊拉克的影响力下降，伊朗、沙特、土耳其等地区势力对伊拉克局势的影响日益增强。同时，美国战略收缩使其对地区干预控制作用减弱，推动中东地区力量战略自主程度提高，为伊拉克和相关地区国家寻求以发展为导向的国家政策提供了有利环境。特别是，中国开始在中东地区和世界更积极主动发挥建设性和进取性作用，为伊拉克实现"由乱变治"提供了新机遇。

关键词： 中东剧变　地缘战略格局　安全秩序　库尔德族　地区大国　伊拉克战争

2003 年 3 月，美国入侵伊拉克后，伊拉克成为首个"弱主权"国家，中央政府虚弱，库尔德人、逊尼派、什叶派、"基地"组织纷纷建立自己的武装，伊朗、土耳其、沙特、阿联酋和卡塔尔等国借机相继介入，甚至成为各种形式和名目的恐怖主义组织持续冒起之所。20 年间，伊拉克始终处于军事冲突和暴力事件交织并发的状态中，甚至轮番发生教俗政争和党阀派别的"武装械斗"，特别是"伊斯兰国"冒现，引发美国自 2003 年发动伊拉克战争以来最剧烈的动荡，推动内部冲突的规模等级从特种作战升级成为局部战争。事实上，美国最初曾打算将伊拉克培育成阿拉伯民主的模板，进而向阿拉伯世界推销传授。但现在，作为美国"大中东民主改造计划"关键环节的伊拉克却成为该地区国家解构、政局动荡、部族冲突、宗派对立的另类范本，形成什叶派推崇伊斯兰原生教义、逊尼派坚持阿拉伯民族主义、库尔德人则倾向族际自决原则分治的局面。种种迹象表明，伊拉克安全环境仍将呈现多元势力交错缠斗、共同支撑的格局，继续身陷变乱交织、冲突不断的状况中。[1]

一、伊拉克战争的直接后果：乱中生战、战又添乱

当前，伊拉克国内不但深陷分裂之忧，还饱受国际恐怖主义侵扰之苦，形成一种乱中生战、战又添乱的恶性循环。客观上，

---

[1] 丁工：《西亚北非"地区剧变"十周年的回眸与前瞻》，载《国别和区域研究》，2021 年第 2 期，第 156—175、186 页。

这些问题的存在既有伊拉克自身发展演变的原因与规律，或多或少也具有大国博弈的色彩。但归根结底是由于美国打着推翻军事独裁的旗号发动战争，不仅引来地区豪强的觊觎和外部势力的干预，还严重破坏、阻碍伊拉克正常的国家发展进程和相对稳定的社会秩序。[①]

第一，激化伊拉克库尔德人的独立建国诉求，引发伊拉克库尔德自治区与中央政府的尖锐矛盾。库尔德族大多数是逊尼派穆斯林，总人口约 2000—2500 万，主要分布在扎格罗斯和托罗斯山脉地区，东起伊朗的克尔曼沙阿，西抵土耳其的幼发拉底河，北至亚美尼亚的埃里温，南达伊拉克的基尔库克，远及叙利亚的阿勒颇，另有 100 多万人流散欧洲、高加索、北非等世界多地，是数量仅次于阿拉伯、突厥、波斯的第四大实体民族。尽管库尔德人是中东第四大主体民族，但库尔德人始终没有构建起以本民族为主干的"母国"。[②] 近代奥斯曼土耳其帝国崩溃后，库尔德人又错失以本族为主体实现民族独立、国家解放的良机。库尔德人基本集中在西亚北部土耳其、两伊以及叙利亚的交界地带，四国境内库尔德人都有从所居国独立出来的愿望，在一定程度上成为所有涉事国和利益方的"负资产"。其中，伊拉克的库尔德人数虽然只有850万，但由于其占到伊拉克国内人口比例的近四分之一，再加上纷乱的种族结构、错综复杂的宗教纷争与遭受多方觊觎的石油财富，使得伊拉克的库尔德问题更为棘手。20 世纪 90年代后，库尔德民主党（亲土耳其）和库尔德爱国联盟（亲伊朗）平分秋色，共同维持伊拉克北部"两党共治"局面，而彼时的伊拉克中央政府除辞令上强烈谴责外，基本已经失去对库尔德自治区的实际控制权。

---

① 黄民兴、史永强：《试析后萨达姆时代伊拉克民族国家构建的主要特点》，载《西亚非洲》，2023 年第 5 期，第 74—102、158—159 页。

② 王京烈：《困扰多国的库尔德问题》，载《西亚非洲》，1994 年第 5 期，第 54—61 页。

2003 年伊拉克战争之后，长期仰仗"华盛顿"安全庇护的库尔德人命运发生重大转折，不仅获得高度自治地位，还主张建立合众制的联邦国家，即享有除外交、国防外的自裁自决权。随着伊拉克中央政府实施相对温和政策，库尔德人在伊拉克国家机关中的地位持续上升，导致中央政府与自治区有关集权和分权的矛盾更加尖锐。[①] 与此同时，由于库尔德自治区的石油资源极为丰富，自治区政府绕过巴格达独立出口石油，带动当地经济大幅增长，也有效降低其在财政领域对中央政权的依赖。伊拉克中央政府和库尔德自治区政府的紧张关系持续升级，双方在经济利润和政治权益分配领域的矛盾分歧进一步被激化。叙利亚内战爆发后，伊拉克库尔德自治区和什叶派领导的伊拉克分属两大不同教派，致使双方看待巴沙尔政权的立场态度差异较大。2012 年 10 月，库尔德自治区政府拒绝中央政府要求移交被通缉的逊尼派副总统哈希米的命令，并积极协助其逃往土耳其以获取人身安全庇护。2013 年 3 月，当伊拉克库尔德自治区出现逊尼派民众举行集会抗议什叶派主导的中央政府时，伊拉克中央政府立即表态指证逊尼派势力对什叶派阿拉维分支的巴沙尔政权不公正打压是诱发民变的主因。[②] 由于叙利亚战争逐渐超越自由民主对抗极权专政的单一范式，战争性质也日益演化为什叶派巴沙尔政府同逊尼派反政府武装的矛盾冲突，叙利亚危机随之不断挥发扩散成中东地区两个宗教派别的博弈斗争。[③] 伊拉克中央政府尽管没有通过军事方式直接助阵叙利亚政府，但巴沙尔能够取得清剿"叛军"的胜利自然也离不开什叶派盟友的广泛参战和勤务支援。而同样以

① 王伟、张伦阳：《伊拉克库尔德人的民族认同：根源、发展路径及原因探析》，载《西南民族大学学报》（人文社会科学版），2019 年第 5 期，第 18—27 页。

② 董漫远：《库尔德问题与中东局势》，载《国际问题研究》，2017 年第 4 期，第 36—48 页。

③ 丁工：《叙利亚总统秘访索契透露出什么信号》，载《军事文摘》，2018 年第 8 期，第 31—33 页。

逊尼派为主流的伊拉克库尔德自治区，自然更倾向于倒向反巴沙尔阵营，形成伊拉克中央政府坚定支持叙利亚现政权，而伊拉克库尔德自治区政府则大力援助叙反对派中库尔德武装的两极对位局面，从而使双方因族际差别引发的本已十分尖锐的分离和统一矛盾，又掺杂进教派冲突的元素。因此，叙利亚危机衍生的部族仇杀、教派对立，再裹挟着暴恐袭击、叛乱冲突的叠合产物波及多国，致使库尔德因素对土耳其、伊拉克两国互动关系的影响更为凸显。

2017 年 9 月 22 日，伊拉克库尔德自治区举行独立公投，最终的计票数据显示，92.7% 的选民支持独立。但是此次公投结果短期内难以掀起大浪，联合国、欧盟、阿盟等多个重要的全球和地区组织纷纷表达坚决反对的政策主张，美、英、法、俄等国家也对公投持保留态度。即使公投的主角和推手——库尔德自治区领导人巴尔扎尼也明确表示，本次公投结果仅是为将来"独立"提供民意导向和参考依据，向国际社会和地区国家阐明库尔德人的态度和看法，而不是操办"建国大业"的实际举措。但在叙利亚库尔德武装控制区处于"无政府"漂移状态、土耳其政府与库尔德工人党武装的前方战事异常激烈之时，伊拉克族际分离主义和国家统合观念的对峙争斗却存在再起波澜的风险，甚至未来局势一旦失控，完全存在引发地区全面战争的可能。总之，主张区域自治或谋求独立建国的库尔德族社群组织已经形成较强的政治实体，致使伊拉克主权和领土完整面临复杂严峻的挑战。未来库尔德问题将对该地区多股力量的利益组合和地缘格局产生深重久远的影响，成为折射伊拉克政局走向的晴雨表和风向标。①

第二，加剧区域地缘政治势力之间的紧张局势和意见分歧。

---

① 冯燚：《国家建构视域下的伊拉克国家认同困境》，载《世界民族》，2018 年第 3 期，第 29—38 页。

伊拉克战争后，随着伊朗坐大加上核问题的浮现，由美国和以色列同盟为基轴，以埃及、沙特为两翼，应对伊朗核问题的"一轴两翼"布局开始形成。两大集团加强地缘政治竞争，纷纷在地区国家中培植、扶持各自的代理人，以致地区国家不得不面对"选边站"的难题。并且，中东穆斯林群体中什叶派和逊尼派两大主流教派的斗争，是长期贯穿地区的核心矛盾之一。① 伊朗作为中东什叶派穆斯林的宗主和唯一可以依靠的对象，同以沙特为首的海湾阿拉伯国家明争暗斗的背后，则是什叶派和逊尼派力量此消彼长、动态博弈的集中反映。伊拉克战争后，占统治地位的逊尼派势力伴随萨达姆政权倒台而失势，伊拉克国内长期被压制的什叶派群体重新得势。受益于此，伊朗获得对伊拉克内政外交空前的影响力，而以沙特为代表的逊尼派的地区领导力却遭遇重挫。再加上美国采取逼迫区内各派在"反对伊朗"和"支持伊朗"之间"选边站"的做法，进一步强化了对立态势、加剧了冲突风险。

事实上，极端组织"伊斯兰国"的孕育、成立和壮大，很大程度上源于伊拉克国内逊尼派和什叶派矛盾的激化。"伊斯兰国"涌现以来，伊拉克政府曾多次指认部分逊尼派政府是"伊斯兰国"的源头，是造成伊拉克大量平民遇害的"罪魁祸首"和"始作俑者"。而"伊斯兰国"则明确宣称，在伊拉克境内发动的袭击正是为报复什叶派中央政府实施的所谓惩罚行为。该组织的"圣战"分子还表示，"阿拉维派是伊斯兰异端教义的怪胎，根本算不上穆斯林，叙利亚逊尼派人民的革命是虔诚信众抗击异教徒和收复失地的圣战运动"。可以说，美国发动的伊拉克战争再度激化了逊尼派和什叶派之间的固有矛盾，加剧伊朗与沙特等区域地缘政治势力之间的紧张局势和意见分歧。而这恰是"伊斯兰

---

① 殷罡：《纷乱中东理头绪》，载《领导干部之友》，2009 年第 3 期，第 47—49 页。

国"在逊尼派聚集区拥有较高"人气",以及其能够"借尸还魂"、屡剿不灭的关键原因之一。

第三,引发中东权力结构的嬗变。遵照自然地理和地缘政治布局对大中东地区的空间结构进行模块化分割,自东向西基本可以切分成四大次区域片区:一是东部以海湾为中心区域,包括两伊、阿拉伯半岛国家,该次区域的主要矛盾围绕逊尼派与什叶派的教派纷争、波斯人与阿拉伯人的区域主导权角力,以及伊朗与海合会围绕油气资源供应和地区安全秩序等问题展开。二是中部沿幼发拉底河和底格里斯河的冲积平原,向西经黎凡特地区(Levant)至尼罗河三角洲谷地的"肥沃新月地带",包括以色列、叙利亚、巴勒斯坦、约旦、埃及、黎巴嫩。其中,埃及虽地处北非,但从历史渊源和现实影响看,埃及更应该属于"肥沃新月地带"的东地中海文化圈。[①]并且,埃及自 1994 年就申请阿拉伯-马格里布联盟成员,但直到目前也未获批准。可见,埃及马格里布阿拉伯的身份并不被其他北非国家接纳。"肥沃新月地带"主要矛盾围绕阿(巴)以之间的战争与和平展开,该区域堪称牵动各方注目的"中枢经络",而阿以问题则是贯穿地区格局变迁和政治势力影响走向的经脉主线。三是埃及以西的北非阿拉伯国家,属于阿拉伯群落里的大马格里布(Maghrib)群体,相比马什里克(Mashriq)方舆的海湾国家,以及埃及、叙利亚等国,无论生活习性、文化习俗,还是亲缘谱系、部族背景,都同正统阿拉伯体系维持着"羁縻"或"宗藩"关系,故而该次区域基本被排斥于中东主体事务之外,在中东地缘战略图景中处于相对边缘化的弱势从属地位。四是北部托罗斯-扎格罗斯山脉区间的南北狭长地带,以及整个小亚细亚半岛和安纳托利亚山地,土耳其人、

---

① 高祖贵:《中东大变局与海湾合作委员会的崛起》,载《外交评论》,2012 年第 2期,第 55—63 页。

波斯人、阿拉伯人同盘踞于"三方四国"之间的库尔德人，以民族权利分配和国家主权统合的结构性矛盾为主线，该矛盾最直观的反映就是土耳其中央政府同库尔德工人党的武装战斗和政治较量。

伊拉克东部毗邻伊朗，西部接壤约旦、沙特、叙利亚等阿拉伯国家，北部搭界土耳其，处于连接海湾和黎凡特次区域的结构中枢。如果说阿拉伯半岛的麦加和麦地那是阿拉伯世界的精神中心，从美索不达米亚到尼罗河三角洲的"肥沃新月地带"就是阿拉伯世界的政治中心。历史上，阿拉伯帝国具有代表性的三个王朝首都，即倭马亚王朝时期大马士革、阿拔斯王朝时期巴格达和法蒂玛王朝时期开罗，分别处于该地带东、中、西端。① 二战后，埃及、叙利亚和伊拉克成为阿拉伯世界中的三大强国，影响地区格局嬗变的历次中东战争、两伊战争、海湾战争，以及伊拉克战争都有这三个国家的身影。1979 年伊朗伊斯兰革命后，中东地区矛盾从黎凡特地区的巴以冲突转移到海湾地区，波斯人与阿拉伯人的民族矛盾、什叶派与逊尼派的教派纷争开始成为区域斗争新焦点。同时，由于埃以媾和后，埃及被开除出阿盟，萨达姆领导的伊拉克一度得以扮演起阿拉伯世界"领头羊"的角色，成为代表阿拉伯世界对抗伊朗的主力军。也是从 1979 年起，阿拉伯世界权力中心开始从"肥沃新月地带"的东端转移到西端。然而，2003 年爆发的伊拉克战争致使伊拉克这个阿拉伯世界传统地区强国彻底被削弱，伊拉克开始逐渐成为各方势力角逐的舞台，导致海湾和黎凡特两个之前相对独立的次区域联为一体，形成东起波

---

① 10 世纪初，什叶派宗教领袖阿布·阿卜杜拉利用居住在小卡比利亚地区的库马塔部落对阿拉伯统治者的不满情绪，扩充什叶派势力，组织军队，不断进攻并击败阿格拉布王朝的军队，并迎立阿里后裔、来自叙利亚的领袖奥贝德拉为"马赫迪"。在这一武力扩张的活动中，先后灭掉了罗斯图姆王朝与阿格拉布王朝。在此基础上，公元 909 年建立了以马赫迪奥贝德拉为首领的法蒂玛王朝（909—1171 年）。法蒂玛王朝是阿拉伯历史上唯一的什叶派帝国，1171 年被萨拉丁建立的阿尤布王朝取代。

斯湾、西到地中海的"什叶派新月带"与"反新月"两大阵营对抗的格局。

二、中东地区战略格局的趋势观察：霸主衰微、诸侯逐鹿

一段时间以来，美国对西亚北非地区实施"战略收缩"，从伊拉克、叙利亚移走作战部队，在阿富汗仅留下文职人员协助安保工作，以便把更多的战略资源集中于亚太地区。美国从叙利亚、阿富汗仓促撤出战斗人员，对中东地区秩序的颠覆力和统治力减弱，给地区国家自主解决矛盾和分歧提供了新机会，而域内国家似乎也开始探索摆脱美国因素、构建地区新秩序。此时，美欧俄等既成力量收缩防守，域外新兴势力尚未完全递补传统豪强留下的部分权力真空，给域内大国填充"代际交接"出现的领导权空位提供了有利时机。因此，考虑到美、欧等西方域外大国的中东政策和国情变化等原因，伊拉克极有可能会出现霸主衰微、诸侯逐鹿的局面。与此同时，伊朗、土耳其和以沙特为首的海湾阿拉伯国家等将会对伊拉克局势的发展倾注较大注意力和关注度，开始成为伊拉克局势走向的博弈主体。随着美国在伊拉克的影响力下降，伊朗、沙特、土耳其三国表现尤其突出，伊拉克地缘政治结构从美国主导向沙特、伊朗和土耳其三足鼎立转变，伊、土、沙三国之间合纵连横、折冲樽俎将是未来决定伊拉克政局的新不确定力量。[①]

第一，伊朗是伊拉克战争的主要获益方，也是未来最具影响的力量之一。伊拉克战争后，随着萨达姆政权垮台，伊朗获益匪浅，不仅让中东首现一个西起黎巴嫩、中跨伊拉克和叙利亚、东

---

① 邹志强：《土耳其的中东地缘三角战略：内涵、动力及影响》，载《国际论坛》，2018 年第 6 期，第 16—21 页。

至波斯湾的"什叶派新月带"，还成功实现将外交战略空间延伸到东地中海。虽然伊拉克新政府成为美国的中东盟国，但伊朗也获得对伊拉克内政外交空前的影响力，甚至在局部博弈中还显现略胜一筹的能力。2008 年 3 月，伊朗总统内贾德访问伊拉克，其间会见了伊拉克总统塔拉巴尼、总理马利基，还拜见了什叶派宗教领袖西斯塔尼。由于这是 1979 年伊朗伊斯兰革命以来，伊朗总统首次出访伊拉克，因而被塔拉巴尼称为一次"历史性"的访问。马利基表示，两伊关系紧张的时代已经结束。内贾德则称他的访问翻开了两国关系的新篇章。由此可见，此次内贾德巴格达之行不仅使曾经严重交恶的两伊关系得到大幅度修补，还推动逐步构筑起来的战略伙伴关系再度获得恢复和确认，标志着两国关系迎来新的转折点。

特别是随着 2011 年年底美军从伊拉克撤军后，美国越来越难以向伊拉克施加影响力。在一系列重大的国际和地区问题上，作为美国盟友的伊拉克中央政府反而与伊朗越走越近。2019 年 3 月，伊朗总统鲁哈尼首次对伊拉克展开为期三天的正式访问。此次访问成果颇丰，既有意义重大的战略共识，也有分量十足的政治文件，还有数额巨大的经贸协议。尽管伊朗官方宣称，鲁哈尼出访是对年初伊拉克总理到访德黑兰的礼节性回访，但由于此次出访展现出不同于以往的讯息，国际评论依然认为鲁哈尼到访巴格达的政治意图远大于经济意义，既是两国关系升温的延续，也是伊朗围绕中东局势变化展开魅力外交的一部分。此外，伊朗革命卫队中执行特种作战任务的武装组织"圣城旅"，还对伊拉克的情治谍报机构进行全面渗透，并帮助伊拉克什叶派武装开展多项实战化科目训练。伊朗参与组建和扩编的伊拉克什叶派民兵武装"人民动员部队"，作为新型作战力量投入现役，立即形成初始作战能力，不仅成为左右伊拉克政局的一支重要力量，也是伊朗构建"什叶派新月带"的关键抓手。不难看出,伊朗是中东地区四派力量中获益最大的一方,充分利用战后伊拉克什叶派在国内的崛起提升其在伊拉克的影响力,未来也必然要依托伊拉克什叶派增强同美国和地区其他势力博弈的筹码和手段。

第二,土耳其以伊拉克库尔德势力为抓手深度介入伊拉克局势。近年来,随着正义与发展党的执政以及经济的快速发展,土耳其积极实施以西方为主轴,以周边为基础,以中亚、巴尔干、高加索等历史传统势力范围为依托,以成为具有世界性影响力的地区大国为目标,形成了学界所说的"新奥斯曼主义"。在此背景下,作为中东地区的穆斯林大国,土耳其大力推动同周边尤其是中东、中亚伊斯兰国家的团结合作。① 土耳其认为,美国发动的伊拉克战争改变了中东的地缘政治环境,区域战略格局面临新一轮的重组,给土耳其扩大活动空间提供了绝佳的载体。并且,土耳其石油、天然气资源极其匮乏,毗邻土耳其国境的伊拉克库尔德自治区则蕴藏丰厚的油气储备。土耳其借助库尔德势力深度介入伊拉克局势,既是加强地区存在的重要手段,又是推进能源进口多元化战略的有利抓手。同时,伊拉克库尔德自治区与中央政府的矛盾导致库尔德南下运送石油的国家管道系统经常被关停,北上经由土耳其管网实现油气外销,就成为伊拉克库尔德自治区政府摆脱巴格达在石油出口领域束缚的重要通道。

目前,伊拉克库尔德自治区政府正计划建设两条新管道,绕过伊拉克中央政府直接将石油和天然气出口到土耳其,以极力避免被中央"卡掐"能源收入的经济命脉。尽管土耳其与伊拉克库尔德自治区开展石油合作是互惠互利的双赢项目,有力地巩固了双方的利益联盟关系,但这种不断热络的能源合作已引起伊拉克

① 苏闻宇:《土耳其周边外交的特征与演进逻辑》,华东师范大学博士学位论文,2019年6月。

中央政府极大不满。因此，石油因素连带土、伊、库三方经济收益和政治权益的分歧显著扩大，不仅严重危及两国正常的外交关系，还使土、伊、库三方之间盘根错节、复杂难解的旧牌局，又被人为加入石油输出国与管道流向国能源博弈的新难题。不过也应该看到，土耳其涉入伊、库能源纷争，叙利亚危机的外溢效应加剧土、伊、库的分化对立，穆斯林教派冲突卷入库尔德因素，都在一定程度上影响了土耳其和伊拉克的相互交往。但库尔德问题其实是柄双刃剑，不仅是恶化土伊双边关系的离心力，也是促进彼此合作的黏合剂。因为两国在利用对方库尔德人作为牵制手段上总是有限度的，而在共同对付库尔德问题扩散、预防本国内库尔德民众独立骚动、制止邻国出现"库尔德斯坦"以致激活自身分离势力方面，存在着的利益汇合点。

第三，以沙特为首的海湾阿拉伯国家伺机而动，试图以伊拉克为切入口腰斩"什叶派新月带"。1979 年伊朗伊斯兰革命后，伊朗与海湾阿拉伯国家的明争暗斗，逐步上升为区域主要矛盾之一。在叙利亚和也门内战、伊拉克战争等一系列地区热点问题上，伊朗和沙特构成棋逢对手的劲敌。[①] 一方面，叙利亚和伊拉克是伊朗输不起的牌局，伊朗作为坚定保卫叙利亚巴沙尔政权和伊拉克什叶派底色政府的主力军，必然要全力联手各方"友军"鼎力相助。随着巴沙尔政权与阿拉伯国家关系的回暖，伊朗和以沙特为首的海湾阿拉伯国家对叙利亚争夺的烈度自然会有所下降。而且，叙利亚战争已经宣告进入尾声，意味着海合会之前所设想的借推翻巴沙尔腰斩"什叶派新月带"的计划落空，海合会需要调整战略方向，寻找新切入点来遏制伊朗坐大。在此形势下，伊拉克则极有可能取代叙利亚成为伊朗和沙特的新角力点。

---

① 丁工：《中东局势的新动向与地区格局的新变化》，载《战略决策研究》，2016 年第 4 期，第 53—67、106—107 页。

另一方面，自二战结束以来，埃及凭借雄厚的经济基础和强悍的军事力量，成为阿拉伯世界众望所归的"带头大哥"。在近代的历次中东战争中，埃及都是代表阿拉伯国家对抗以色列的核心主力，埃及对外战略成为阿拉伯国家的风向标。中东剧变后，埃及政局持续内乱导致经济竞争力严重退化，沙特借机取代埃及成为阿拉伯世界的新霸主。以沙特为首的海合会的崛起，不仅引发阿拉伯世界权力分布从"肥沃新月地带"转移到海湾地区，还引发中东战略格局的嬗变和座次排列的变更，导致地区权势结构由黎凡特地区的阿以矛盾转向波斯湾板块汇聚的"南升北降"趋势。自 2015 年 1 月，萨勒曼继任沙特王位后，沙特政坛一度频繁变动，萨勒曼国王先后罢免了自己弟弟和侄儿的王储地位，同时将自己儿子小萨勒曼扶上王储的宝座，使其成为未来顺位接任国家最高权力的头号人物和掌控时下沙特政局走势的实权人物。2020 年 2 月，萨勒曼国王对内阁进行改组，更换多个部门主要官员，萨勒曼王储的多位党羽旧部和僚属亲信虽然也有被解职，但对内阁的大幅改组并未触发政坛势力版图的重新洗牌，小萨勒曼依然是操控沙特国事政务的实际"掌门人"。新生代掌权后，沙特经济实力的增强、综合国力的提升，促使外交雄心再度勃发。因此，沙特绝不会坐视存在利害关系的战略区域，最终都变成伊朗的"后花园"和"自留地"，必将投入更多资源同伊朗展开伊拉克主导权的争夺。

三、中东战略格局的未来走向与伊拉克发展面临的现实机遇

上述事例表明，美国为维护霸权秩序，始终高度重视建立于己有利的中东秩序，对中东事务采取不负责任干涉和错误政策，是引发中东多国时局震荡、对抗加剧的关键要因。换句话说，美

国参与和主导中东秩序并没有给地区带来和平稳定，反而成为诱发或者激化矛盾的"策源地"和"催化剂"。当前，由于美国中东霸主地位显露动摇迹象，越来越多的中东国家在处理大国关系上会选择对冲战略，不会把自身利益完全寄托在某一个大国上。同时，随着中国综合实力的迅猛增长和国际地位的大幅提高，中国与中东国家之间的相互依存程度和彼此占据的分量权重快速提升，中东在中国对外战略中的重要性持续上扬。同时，中东地区在遭受多年剧变冲击后，域内势力和域外大国正在经历"攻守易位""强弱易势"的格局沉淀，客观形势的变化需要中国适时、适度地加大对中东外交的投入力度和关注强度，中国与中东国家的关系将日益呈现相互需求加大的局面。近年来，作为以促进地区和平和解为宗旨的力量，中国在中东地区事务中的作用和影响不断增大，有利于改变美国在中东以伊朗划线的阵营对抗格局。事实上，无论是包括伊拉克在内的域内国家，还是国际社会，都认为中东各国能从中国地区角色和努力中受益。因此，美国和中国在中东影响力的"一降一升"，将给伊拉克结束战乱交织、动荡不定的局面带来巨大机遇。

第一，美国影响力下降、对伊拉克控制减弱，为伊拉克推动以发展合作为目标的自主外交提供了更大空间。自二战之后取代英国成为世界第一大国，美国便将触角伸入中东地区，成为左右中东局势走向、影响地区秩序演变的重量级"玩家"。冷战时期，美国借助欧陆诸强衰落之机，迅速挤占英、法撤离后残留的"地缘遗产"，与苏联形成"两极分治"格局。两极体系崩溃后，中东地区基本上维持着美国"一超独霸"的单极秩序。二战结束后，"海陆兼顾、两洋共存"始终是美国全球战略布局的主题，从东、中、西三面（远东、东欧、中东三条战线）对欧亚大陆展开包围，则是美国实施全球战略的重点。当前，在东欧和亚太方向，美国需要抑制俄罗斯和中国，开始大幅削减对中东地区投射的战略资源和精力。美国战略收缩对中东地区干预控制作用减弱，推动中东地区力量战略自主程度提高，战略导向由偏重地缘政治向寻求发展合作转变，为伊拉克寻求以发展为导向的国家政策提供了有利环境。

第二，中国更加积极地参与地区事务，为伊拉克实现"由乱变治"提供了新机遇。随着中国综合实力的大幅提升，中国开始在中东和世界上更积极主动发挥建设性和进取性作用，在斡旋地区冲突、化解传统矛盾上的角色更加突出。在中国支持下，2023年3月10日，伊朗和沙特达成北京协议，中沙伊三方签署并发表联合声明，宣布沙伊双方同意恢复外交关系，开展各领域合作。中国在中东问题上以"劝和促谈"为主旨精神、兼重事实与道义的公正做法，赢得域内国家对中国的敬意和好感。中国在中东地区促和作用的加强给伊拉克创造了更为有利的安全环境，共建"一带一路"倡议的提出则给伊拉克提供了更为有利的发展平台。

伊拉克所在中东区域地处"一带一路"交汇地带，是历史上丝路文明的重要参与者，也是共建"一带一路"的天然合作伙伴。古代中国与阿拉伯作为亚洲两大文明载体，依托陆上丝绸之路和海上香料之路两条大动脉，通过贸易上的互通有无、器物文明层面的彼此借鉴、宗教文化方面的交流融通，发掘和吸纳彼此有益养分，满足各自所需，推动社会发展和进步，同时对世界文明交流互鉴作出了巨大贡献。共建"一带一路"通过科技创新、成果转化推动新技术业态与传统制造业加快融合，对推动阿拉伯国家经济社会发展、工业化进程和产业升级，深化双边经贸合作发挥了积极作用，显著增强了阿拉伯国家的自主和可持续发展能力。新冠肺炎疫情期间，"一带一路"合作为维持国际和地区产业链、供应链完整，保障阿拉伯国家的抗疫物资运输畅通，最大限度降低疫情对阿拉伯国家经济社会发展的负面影响，发挥了十分重要的作用。2015 年，伊拉克同中国签署"一带一路"合作文件，为双方合作找到了新的契合点和对接点。目前，伊拉克是共建"一带一路"倡议在中东和阿拉伯国家中主要的合作伙伴之一、是中国的第二大石油供应方，中国是伊拉克最大贸易伙伴。当前，伊拉克正处在工业化、城镇化的重建加速期，正处于改造传统产业、培育新兴产业的新阶段。因而，伊拉克期待能够从中国发展成就中看到希望、得到启示、发现机遇，也更期待可以借助共建"一带一路"实现合作共赢、共同发展。共建"一带一路"既拉动中国新一轮对外开放合作，又促进国内区域联动协调发展，更能对接匹配中国与共建国家的供给能力和发展需求，因而能够给包括伊拉克在内的阿拉伯国家提供发展新机遇。

第三，中东"和解潮"的出现使得伊拉克存在从博弈争斗"竞技场"变成劝和促谈"大舞台"的可能。中东地区一些"冰冻"多年的国家关系显露转暖、和解迹象。阿拉伯国家与伊朗互动增多，在中国斡旋下，已经断交七年的沙特和伊朗恢复外交关系；阿拉伯国家内部矛盾开始趋向缓和，部分敌视巴沙尔政权的阿拉伯国家开始改变态度，叙利亚和沙特重新开放两国大使馆；土耳其与埃及将恢复外交关系。尤其是伊朗和沙特和解，对于伊拉克的稳定无疑有着极大促进作用，一定程度上会减轻伊朗和沙特以伊拉克为竞技场博弈的力度。

四、结论与启示

综上可知，伊拉克犬牙排布、利益交错地缘政治格局的形成，既是域外势力和域内大国对冲突国家局势的深度介入和直接干预的结果，也有着深刻的历史根源和复杂的现实动因。事实上，伊拉克以民族国家的面貌出现是人为制造的结果，是在外力作用下进行区际整合的产物。虽然横亘在伊拉克各个地缘政治单元之间的显性矛盾和隐性隔阂，是导致伊拉克政局走势复杂多变的重要原因之一，但美国发动伊拉克战争打破该国原有的社会传统和政治结构，诱发诸多党团派系的权力斗争促使伊拉克政治地图加速破碎，才是引发时局震荡的决定性因素。[1]

如今，距离美国发动伊拉克战争已经过去 20 年，但伊拉克依旧处于战乱动荡之中，究竟何时能够彻底实现稳定仍然是一道难解的谜题。[2] 可以肯定，未来伊拉克仍将充斥动荡与冲突，其所衍生出的各类区域性传统安全和非传统安全问题会持续威胁中东的战略稳定。但随着美国对地区事务干预力和控制力下降，中国关于发展、安全和文明的三大全球性倡议给中东国家带来更大发展机遇，加之沙特与伊朗关系缓和、域内国家自主倾向增强，以及发展议题在各国国家战略中地位上升等有利因素的出现，决定伊拉克再度发生全国性大规模战争的可能性不大。

---

① 王卓：《美国占领当局与战后初期伊拉克安全问题》，载《西北大学学报（哲学社会科学版）》，2016 年第 3 期，第 24—28 页。

② 唐恬波：《美国"角色转变"后，伊拉克困境会有所改变吗》，载《世界知识》，2022 年第 5 期，第 17—20 页。

"因时制宜"：古埃及神谕兴起的多维因素探析[*]

李　雷　东北师范大学世界古典文明史研究所博士研究生、德国慕尼黑大学联合培养博士研究生

内容摘要：神谕是一种普遍存在于早期人类文明的宗教活动。古埃及的神谕兴起于文明诞生 1500 多年后的新王国时期，并产生了深远影响。然而，学术界对其兴起的原委却鲜有深入讨论。事实上，古埃及神谕的兴起并非一蹴而就。它涉及古埃及王权与神权相互关系的变迁、宗教仪式时空单元的建构、阿蒙神崇拜的崛起，以及哈特舍普苏特与图特摩斯三世之间的权力斗争。这些因素为神谕的兴起提供了必要的背景和前提条件。

关键词：古埃及　新王国　阿蒙　神谕

　　神谕是古代社会一种较为常见的占卜活动，几乎与人类文明同时诞生。一般概念上的神谕是指请示者向神祇请询并得到启示的人神双向

---

* 本文得到国家留学基金管理委员会基金资助（CSC202006620063）。

交流行为，借此以解决当下问题或预知未来。其本质是以神职人员操纵为基础，以维护统治阶级利益为最终目的的一种政治手段。神谕并非古埃及独有，在不同的文明中都有其独特的表达形式和历史传承。两河流域的苏美尔王朝（Sumer）时期，国家重大事项的决策会以神谕的形式传达给全体民众;① 在古希腊，奥林匹斯诸神及被视为半神的英雄人物均拥有属于自己的神谕所，其中最著名的当属德尔斐（Delphi）的阿波罗神谕所（Temple of Apollo）;② 殷商一朝的卜辞亦属于神谕的范畴。纵观人类文明史的长河，神谕都是一种较为普遍的宗教现象。神谕不仅是巩固政权统治和维护社会秩序的门径，亦生动反映了早期人类社会对于神秘力量的朴素探索。希罗多德（Herodotus）曾经在《历史》（*Histories*）中评价道，埃及人"比任何民族都远为相信宗教"。③ 古埃及的政治、经济、科技、文化以及艺术等各个领域无不与宗教相互依存。因此，无论从何种视角作为切入点探寻古埃及文明，都不可避免地需要考虑宗教对于古埃及人的意义和价值。而神谕作为人与神双向交流的媒介，在古埃及社会生活中产生了深远的影响。

基于这一论题的重要性，古今学者对于古埃及神谕的探索从未止步。早期的研究主要集中在新王国时期的神谕。学者们不仅对原始文献进行翻译、注释和评述，还探讨了神谕的基本特征、

---

① 杨建华：《两河流域地区早期城市的功能》，载《光明日报》，2021 年 1 月 4 日，第 14 版。

② 徐媛媛：《德尔斐神谕研究》，南开大学博士学位论文，2010 年 5 月，第 1 页。

③ 希罗多德著，王以铸译：《历史》，北京：商务印书馆，1959 年版，第 125 页。

运行机制和发展历程等问题。① 后期的研究逐渐扩展到新王国之后的神谕实践，并开始关注跨学科研究对于古埃及神谕研究的重要意义。② 虽然我国埃及学研究起步相对较晚，但在神谕审判等关键议题上亦有一定贡献。③ 近年来，关于古埃及神谕的研究性著述不断丰富，但仍存在很多疑问。例如，虽然神谕盛行于新王国已为学界共识，但学界对其兴起的原委却鲜有深入讨论。事实上，古埃及神谕的产生和兴起并非一蹴而就，而是一个复杂而曲折的过程。古埃及文明诞生以来漫长的社会变迁、多重经纬之间

① 这部分著述颇丰，本文不再赘述。相关研究综述参见：J. Cerny, "Egyptian Oracles", in R. Parker, ed. *A Saite Oracle Papyrus from Thebes in the Brooklyn Museum* [*Papyrus Brooklyn* 47. 218. 3], Providence: Brown University Press, 1962, pp. 35–48；J. Leclant, "Éléments pour une étude de la Divination dans l'égypte Pharaonique", in A. Caquot and M. Leibovici, eds. *La Divination*, Vol. I, Paris: Presses Universitaires de France, 1968, pp. 1–23；L. Kákosy, "Orakel", in W. Helck and W. Westendorf, eds. *Lexikon der Ägyptologie*, Vol. IV, Wiesbaden: Harrassowitz Verlag, 1982, pp. 600–606。

② 参见：J. Cerny, "Une Expression Désignant la Réponse Négative d'un Oracle", *BIFAO*, Vol. 30, 1931, pp. 491–496；G. Posener, "Aménémopé 21, 13 et bjAj. t au sens d'oracle", *ZÄS*, Vol. 90, 1963, pp. 98–102；D. Berg, *The Genre of Non-Juridical Oracles (xrtw) in Ancient Egypt*, PhD. Dissertation, University of Toronto, 1988；J.-M. Kruchten, "Un Instrument Politique Original: La 'Belle Fête de Pehnetjer' des Rois-Prêtres de la XXIe Dynastie", *BSFE*, Vol. 103, 1985, pp. 6–26；R. K. Ritner, *The Mechanics of Ancient Egyptian Magical Practice*, SAOC 54, Chicago: The Oriental Institute, University of Chicago, 1993, p. 214；M. Römer, *Gottes-und Priesterherrschaft in Ägypten am Ende des Neuen Reiches: ein religionsgeschichtliches Phänomen und seine sozialen Grundlagen*, AÄT 21, Wiesbaden: Harrassowitz, 1994, pp. 285–453；J.-M. Kruchten, "La Terminologie de la Consultation de l'oracle de l'amon thébain à la IIIème Période Intermédiaire", in J.-G. Heintz, ed. *Oracles et Prophéties dans l'Antiquité. Actes du Colloque de Strasbourg*, 15–17 juin 1995, Paris: De Boccard, 1997, pp. 55–64；J. Winand, "Les Décrets Oraculaires Pris en l'Honneur d'Hénouttaouy et de Maâtkarê (Xe et VIIe pylônes)", *Cahiers de Karnak*, Vol. 11, 2003, pp. 603–710；K. Ryholt, "A Pair of Oracle Petitions Addressed to Horus-of-the-Camp", *JEA*, Vol. 79, 1993, pp. 189–198；H.-W. Fischer-Elfert, "Two Oracle Petitions Addressed to Horus-khau with Some Notes on the Oracular Amuletic Decrees", *JEA*, Vol. 82, 1993, pp. 129–144。

③ 参见：贾妍：《古代埃及的神谕审判——代尔·艾尔-麦迪纳工匠村的个案研究》，北京大学硕士论文，2005 年 6 月；尹成浩：《古代埃及新王国时期神庙政治经济职能研究》，东北师范大学硕士论文，2011 年 6 月，第 27—29 页；王亮：《新王国时期古代埃及法律文献整理研究》，东北师范大学博士论文，2014 年 5 月，第 376—386 页；王亮、郭丹彤：《论古代埃及的神谕审判》，载《世界宗教研究》，2015 年第 6 期，第 168—177 页；郭丹彤、潘佳熙：《王权、节日与麦地那工匠村：阿蒙霍特普一世节日研究》，载《历史教学》，2022 年第 24 期，第 15—22 页。

错综交织的影响，最终促使神谕实践发展至完备形态。有鉴于此，本文拟从宗教、物质文化、政治纷争等多个维度对古埃及神谕兴起的历程进行立体的考察，以期为古埃及神谕的研究提供一个新的视角。

一、古埃及王权与神权关系的变迁

古埃及是一个政教合一的国家，自文明诞生伊始，王权与神权就产生了紧密的联系。在古埃及王权国家建立之初的叙事语境中，国王与荷鲁斯（Horus）之间常常被描绘为密切关联的角色。最早的案例可见于公元前 3000 年前后的纳尔迈调色板（Narmer Palette），其中，荷鲁斯被描绘为国王纳尔迈的助战者和保护者。第一王朝（约公元前 3000 年—前 2890 年）[①] 的国王们则通过名字与荷鲁斯构建联系，他们的王名都蕴含了与荷鲁斯相关的意义。例如，荷鲁斯–奥哈（Horus–Aha）的名字意为"战斗者荷鲁斯"，荷鲁斯–登（Horus–Den）的名字意为"开辟者荷鲁斯"，荷鲁斯–杰尔（Horus–Djer）的名字意为"捕获者荷鲁斯"等。[②] 不唯如此，古埃及早期国王的名字会被书写在一个名为"赛瑞赫"（Serekh）的方框之中，这个方框象征着王宫，而荷鲁斯则会被描绘在包含有王名的方框之上，象征着国王在王宫之中得到了荷鲁斯的庇佑。这种表现形式进一步强调了国王在荷鲁斯的神圣庇护下行使权力。总之，在这一时期，国王通过与荷鲁斯建立紧密联系以彰显其神性。国王的权力是由于其与神相一致的身份而与生俱来，并不需要通过后天获取，体现了王权与神权相

---

① 本文引述的古埃及年表依据《牛津古代埃及史》。参见：I. Shaw, ed. *The Oxford History of Ancient Egypt*, 3rd edition, Oxford：Oxford University Press, 2003, pp. 481–489。

② 金寿福：《古代埃及神权与王权之间的互动和联动》，载《北京大学学报（哲学社会科学版）》，2010 年第 6 期，第 80 页。

统一。

关于太阳神崇拜的文字证据最早可追溯至第一王朝的一处贵族墓葬，其中发现了一块刻写有太阳神首席大祭司头衔的石制容器。[1] 第二王朝（公元前 2890—前 2686 年）国王拉-内布（Raneb）首次将太阳神拉（Ra）的名字写入自己的王名，其意为"拉是我的主人"，[2] 这意味着他与太阳神已初步构建联系，将其视为自己的主宰。第三王朝（公元前 2686—前 2160 年）国王左塞尔（Djoser）在萨卡拉（Saqqara）附近建造了一座阶梯金字塔作为自己的陵寝，根据此后的记载，金字塔与后期产生的《金字塔文》（*The Pyramid Texts*），都是国王与太阳神信仰紧密联系的标志，表明太阳神崇拜已经逐渐占据主导地位。自第四王朝（公元前 2613 年—前 2494 年）开始，太阳神信仰与王权进一步相融，太阳神拉成为国家主神，国王通过"拉神之子"（Son of Ra）的身份与太阳神建立了亲密的血缘关系，被视为太阳神在人间的代表。现世国王作为太阳神的后裔，由太阳神所生，当国王去世后，他通过金字塔与升天仪式成为太阳神本身，而国王的儿子则继续以"拉神之子"的身份继承王位，循环不息。在这一时期，国王的本体不再是"神"，其神性不再是与生俱来，而是通过与神构建亲密关系来实现。因此，此时的国王兼具了人与神双重属性。[3]

在古王国（公元前 2686 年—前 2160 年）末期兴起的奥西里斯（Osiris）神话中，国王同样被描绘为神祇的后裔，并且是奥西里斯的唯一合法继承人。根据奥西里斯神话记载，奥西里斯生

---

[1] J. P. Lauer and P. Lacau, *Fouilles à Saqqarah: La Pyramide à Degré*, Vol. IV, Cairo: IFAO, 1959, pl. 23, No. 25.

[2] R. Leprohon, *The Great Name: Ancient Egyptian Royal Titulary*, Atlanta: Society of Biblical Literature, 2013, p. 23.

[3] 金寿福:《古代埃及神权与王权之间的互动和联动》,载《北京大学学报(哲学社会科学版)》,2010 年第 6 期,第 81 页。

前是一位仁慈的国王，但被其胞弟赛特（Seth）设计杀害，并惨遭肢解。奥西里斯的妻子伊西丝（Isis）通过魔法使他复活，而他们的儿子荷鲁斯在长大成人后通过战斗击败了叔父赛特，成功为父亲奥西里斯复仇。最终，荷鲁斯夺回了本应属于他的现世国王的宝座，而奥西里斯成为"来世之王"和"永恒之主"。学者金寿福指出，国王"拉神之子"的身份"意在明确国王谱系的神圣性"，而作为奥西里斯之子（Son of Osiris）的荷鲁斯不仅是奥西里斯的独子，还是遗腹子，因此"是奥西里斯王位唯一合法的继承人"。① 这种身份旨在强调埃及国王传承权力的特性是通过父系，而并非兄弟之间的继位竞争，否则将被视为篡位。总之，古埃及王权国家早期王权的神圣性直接来源于神权。古埃及文明早期的神学体系决定了王权的合法性通过与诸神建立特殊关系得到巩固，而不需要通过神谕向公众彰显。

随着时间的推移，到了古王国末期，王权逐渐式微，带来了动荡和无序的第一中间期（公元前2160—前2055年）。在这一社会背景下，人们开始质疑王权的神圣性。中王国的统治者通过文学作品将第一中间期描绘为一个缺乏信仰的黑暗时代。例如，《伊普味陈词》（Admonitions of Ipuwer）就将第一中间期描述为百姓起义、瘟疫肆虐、外族入侵、信仰崩塌的时代，并通过对比描述过去与现在、理想与现实，以说明社会动荡的后果。② 另一篇文学作品《奈菲尔提预言》（The Prophecies of Neferti）则假托圣人奈菲尔提，以预言的形式追溯了第一中间期的社会动荡，百姓生活在水深火热之中，并且预言阿蒙尼（姆赫特）（Amenemhat I）将以神所派遣的救世主身份重新统一上下埃及，结束社会的无序

① 金寿福：《古代埃及神权与王权之间的互动和联动》，载《北京大学学报（哲学社会科学版）》，2010年第6期，第81页。

② 郭丹彤：《古代埃及象形文字文献译注》（下卷），长春：东北师范大学出版社，2015年版，第784—785页。

与动荡状态。① 事实上,《伊普味陈词》和《奈菲尔提预言》等文学作品将第一中间期描绘为乱世并非简单的回忆过去,而是为了重新赋予王权合法性而创作的政治宣传品。中王国的统治者宣扬,由于第一中间期信仰的崩溃,神圣秩序被奸邪之徒破坏,所以神祇们不得不选择离开人间。②

在中王国的神学语境下,国王被视为神在人间的代理人,承担着协助诸神恢复人间和谐秩序的使命,从而突显了王权的重要性。虽然国王的神性有所淡化,但王权的合法性和绝对性仍然得到了神学支持和认可。③ 作为神在人间的代理人,国王有义务定期与神进行沟通,这不仅是国王的责任,也是维系王权神圣性的必要手段。为了实现与神的沟通,需要以神庙和神像作为媒介,并通过宗教节日和祭祀活动召唤神的降临。在一系列复杂而庄严的宗教仪式中,国王扮演着关键的角色。他必须以最高的敬意和虔诚的心态来执行祭祀仪式,以确保神的恩典和保佑能够持续降临人间。国王不仅以身作则,展示对神的敬畏和奉献,同时向民众传达了对神圣秩序的信念。此外,国王还肩负着保护和维护神圣秩序的责任。他必须与神祇密切合作,以抵御邪恶势力的侵袭,保障民众的安全和幸福。国王通过自身的领导才能和威严,确保社会秩序的稳定,并承担起对国家和民众的责任。总之,中王国时期,国王的权威和地位不仅仅源自其王室血统,更重要的是源于他作为神在人间的代理人所肩负的神圣使命。国王作为维系神圣秩序的关键人物,承担着与神沟通、保护社会秩序和维护民众福祉的重要责任。他的存在和使命成为中王国社会稳定与和

---

① 郭丹彤:《古代埃及象形文字文献译注》(下卷),长春:东北师范大学出版社,2015 年版,第 826 页。

② 金寿福:《古代埃及神权与王权之间的互动和联动》,载《北京大学学报(哲学社会科学版)》,2010 年第 6 期,第 83 页。

③ 同①,第 89 页。

谐的基石。通过与神祇建立紧密的联系和奉献精神，国王巩固了王权的合法性和绝对性。

与中王国国王作为神在人间代理人的情形有所不同，在新王国（公元前 1550—前 1069 年）时期，阿蒙（Amun）不仅仅是王权的保护神，更是世俗世界的缔造者和世俗事务的直接决策者，而国王仅仅是神的旨意的执行者。[①] 因此，阿蒙在新王国时期被尊为"众神之王"（The Lord of Gods），即使贵为国王也须尊称阿蒙为"父王"和"陛下"。[②] 新王国的王权和神权之间更加强调互利互惠关系。国王将取得的成就视为阿蒙对其的嘉奖。因此，每当国王取得丰功伟绩时，都会以回馈神庙、奉献物质财富等方式表达对阿蒙的感激之情。这种关系可以从一些文献史料中得到证实。例如，哈特舍普苏特（Hatshepsut）声称，她主持的蓬特（Punt）远征得到了阿蒙神谕庇佑。《哈特舍普苏特远征蓬特铭文》（*Hatshepsut's Punt Expedition*）写道："一道命令从伟大的宝座上传来，那是神亲自下达的神谕：'通往蓬特的道路必须被勘察出来，通往没药之国的道路必须被打通。'我将带领军队从水路和陆路（前往），为神献上来自神之国度的珍奇，因为他为她创造了美貌。一切都遵从这位尊敬的神的旨意、遵从（阿蒙）陛下的心愿完成了。"[③] 而当远征队伍归来之时，他们带回了大量来自异域的奇珍异宝，这些珍宝中的很大一部分被敬献给了供奉阿蒙的神庙。图特摩斯三世（Thutmose III）也将自己的赫赫战功归因于阿蒙的青睐。《图特摩斯三世凯旋石碑》（*Thutmose III's Year*

① S. Bickel,"Worldview and Royal Discourse in the Time of Hatshepsut", in J. M. Galán, B. M. Bryan and P. F. Dorman, eds. *Creativity and Innovation in the Reign of Hatshepsut: Papers from the Theban Workshop 2010*, Chicago: Oriental Institute of the University of Chicago, 2014, pp. 22-23.

② T. Gillen,"The Historical Inscription on Queen Hatshepsut's Chapelle Rouge: Part 2 Translation", *BACE*, Vol. 16, 2005, pp. 1-13.

③ J. H. Breasted, *Ancient Records of Egypt*, Vol. II, Chicago: The University of Chicago Press, 1906, p. 116.

23 Inscription at Wadi Haifa) 记载了图特摩斯三世在阿蒙神谕的指引下取得对利比亚与叙利亚战争胜利的过程。[①] 此外，为了报答阿蒙的恩宠，图特摩斯三世在卡纳克神庙（Karnak Temple）开展了大规模建设，并留下了著名的《纪念卡纳克神庙奠基碑文》（*Thutmose III's Commemorate on of Laying the Foundation Stone for Construction Work at Karnak*）。根据碑文的记载，图特摩斯三世扩建神庙的决定是根据阿蒙神谕的指示作出的。[②] 总之，新王国时期的神谕与王权和神权的互相奖赏有着密切联系，或者可以说，新王国时期，王权和神权之间互利互惠的关系催生了神谕这种新形式的宗教活动。国王通过神谕决策各类国家事务，以突显行动的神圣性和合法性。事情成功之后，国王又会回馈神庙，以感谢神祇的恩德。在这种互利互惠的关系中，神谕成为国王与神直接沟通的重要手段。国王通过神谕获取神的指示和指引，得以在国家事务中作出正确的决策。这种直接沟通也反映了国王与阿蒙之间的亲密关系。因此，神谕的产生更多是基于王权意识形态，而非神学。

二、仪式时空单元的构建与阿蒙神崇拜的崛起

神谕的传达需要特定的仪式和媒介，神谕仪式总是伴随着神像的展示，并且在一种典礼性的情境中进行。而上文提及，中王国的国王们为了实现与神的沟通，也需要以神庙和神像作为承载神性和神力的媒介，并通过宗教节日和祭祀活动召唤神祇降临人间，以此维系神与人之间的关系。[③]

---

① K. Sethe, *Urkunden der 18 Dynastie*, Vol. IV, Leipzig: J. C. Hinrichs, 1909, p. 807.

② 同①, p. 833。

③ 金寿福:《古代埃及神权与王权之间的互动和联动》, 载《北京大学学报（哲学社会科学版）》, 2010 年第 6 期, 第 84—85 页。

古埃及神庙体现了一种结构二元论，即由"隐秘"和"开放"两个方面构成。[①]早期的神庙注重"隐秘"的特性，其建筑规模普遍较小，既没有举行大型祭祀活动的公共仪式空间，也不对普通民众开放。普通民众只能在神庙外围朝觐，而神的圣像更是被置于神庙主殿的最深处，一般的祭司无法进入其内，只有少数高级神职人员可以接近。然而，在中王国时期，用于开展宗教节庆活动和祭祀活动的公共仪式空间开始建立。深居于神庙内部的神祇也开始通过神像巡行的方式向公众展示。神像巡行的传统最早可以追溯到第十一王朝（公元前2055—前1985年）。国王孟图霍特普二世（Mentuhotep II）建立了一条从尼罗河东岸底比斯（Thebes）至西岸巴哈里（Deir el-Bahari）的神像巡行路线，并在沿途设置了驻足点供巡行队伍休整。[②]第十二王朝的国王塞索斯特利斯一世（Senusret I）则在尼罗河东岸建立了一条南北向巡行路径，并固定于每年的重大宗教节日和祭祀活动时进行神像巡行。[③]

这些神像巡行仪式将神的形象展现在公共空间之中，使更多人有机会亲近神祇，从而极大地提高了神权和王权概念在普通民众中的影响力。普通民众也可以在这些特定的时刻和地点，以虔诚的心态向神祇祈祷、献祭和表达自己的愿望。这使得人们对于神权和王权的认可更加深入，并加强了民众与神之间的联系。更重要的是，神庙作为宗教活动的中心，不仅提供了供奉神祇的场所，也承载着国家和社会的信仰体系。神像巡行和宗教节庆活动的举办使得古埃及民众能够共同参与并见证这些重要的宗教仪

[①]　B. Kemp, *Ancient Egypt：Anatomy of a Civilization*, New York：Routledge, 1991, p. 185.

[②]　M. Ullmann, "Thebes：Origins of a Ritual Landscape", in P. F. Dorman and B. M. Bryan, eds. *Space and Sacred Function in Ancient Thebes*, Chicago：Oriental Institute of the University of Chicago, 2007, pp. 7-9.

[③]　同②。

式，从而加强了社会凝聚力和集体认同感。总之，中王国时期的神庙逐渐向公众敞开，并通过神像巡行和宗教节庆活动使更多人能够接近神祇。这种发展不仅加强了神权和王权在民众中的影响力，也深化了人们对神祇的崇拜和信仰，同时为后来人们向神祇祈求请愿，即神谕仪式，奠定了时间基础和空间基础。

古埃及宗教是一种基于自然崇拜的多神教体系，其中有确切命名的神祇超过 1500 位。在新王国时期，神谕所请示的主要神祇是阿蒙及其衍生的各种地方性神祇，其中还包括神化的国王阿蒙霍特普一世（Amenhotep I）。虽然新王国之后的神谕中也涉及托特（Thoth）、荷鲁斯等神祇，但整体而言，新王国以来的神谕活动基于阿蒙神崇拜的形式存在。阿蒙神崇拜的兴起最早可以追溯至中王国时期。起初，阿蒙只是底比斯的地方性神祇，"阿蒙"这个名称意为"隐匿者"，足见其边缘的地位。与此同时，阿蒙的崇拜中心底比斯也并不为世人所熟知，其时，底比斯还仅仅是埃及南部一座规模相对较小的城镇。第十二王朝的开国国王阿蒙尼姆赫特一世（Amenemhat I）是最早与阿蒙建立特殊关系的统治者。为了彰显其对阿蒙神的崇拜和敬意，这位国王将其名字与阿蒙之名结合，取名为"阿蒙尼姆赫特"，意为"居于前位的阿蒙神"[1]，进而可引申为"阿蒙是我的领路人"[2] 之意。阿蒙尼姆赫特一世选择与这位普通的神祇建立联系可能与其出身平民但最终登基为王的身世有关，但这与本文的主旨相去甚远，在此不宜枝蔓。他的继任者塞索斯特利斯一世更是为了阿蒙大兴土木，建造

---

[1] R. J. Leprohon, *The Great Name: Ancient Egyptian Royal Titulary*, Atlanta: Society of Biblical Literature, 2013, pp. 57-58.

[2] 金寿福：《古代埃及神权与王权之间的互动和联动》，载《北京大学学报（哲学社会科学版）》，2010 年第 6 期，第 83 页。

了卡纳克神庙。^① 在此之后，还有三位国王也采用"阿蒙尼姆赫特"作为自己的王名。换言之，阿蒙神崇拜在中王国时期开始被纳入国家宗教体系，经过不断发展，阿蒙逐渐成为国家主神，其影响力也与日俱增。

第十七王朝（约公元前 1580 年—前 1550 年）政权发迹于底比斯，因此与阿蒙神崇拜息息相关。在其首领阿赫摩斯（Ahmose）的带领下，第十七王朝成功驱逐了外族统治者希克索斯人（Hyksos），重新统一埃及，并建立了新王国第十八王朝（公元前 1550 年—前 1069 年），将埃及文明带入了一个全新的时代。然而，到了第十八王朝初期，驱逐希克索斯人统治的正义战争逐渐演变为对外扩张的侵略性战争。经过南征北战，埃及国力逐渐强大，除了对上下埃及实施有效的治理，其政治影响力往北已达到叙利亚、巴勒斯坦一带，向南直指尼罗河第四瀑布，埃及实质上成为地跨亚非的"大帝国"。与此同时，第十八王朝的国王们将征服外族所缴获的战利品奉献给了神庙，以此作为对阿蒙的回报。例如，阿赫摩斯的继任者阿蒙霍特普一世在取得战功后，旋即延续中王国修建神庙的传统，倾注大量王室资源，扩建了塞索斯特利斯一世建立的卡纳克神庙，并以浮雕和壁画的形式将自己驰骋沙场的壮丽形象呈现于神庙之中，以此向阿蒙表达敬意，作为对阿蒙庇佑的回馈。阿蒙霍特普一世在扩建神庙时强调了神庙的"开放"特性，在神庙中建立公共仪式空间。通过定期举行宗教仪式，阿蒙神崇拜在民众之间的影响力空前增强。作为阿蒙神崇拜的发源地，底比斯发展成为第十八王朝的政治和宗教中心。

综上所述，一方面，建立开放性神庙和公共仪式空间、定期

---

① M. Ullmann, "Thebes: Origins of a Ritual Landscape", in P. F. Dorman and B. M. Bryan, eds. *Space and Sacred Function in Ancient Thebes*, Chicago: Oriental Institute of the University of Chicago, 2007, p. 8.

举行宗教仪式等举措，使得更多的民众能够亲近神祇，增强了神权和王权在普通民众中的影响力，更为神谕仪式的举行提供了必要的时空框架，奠定了神谕兴起的必要物质基础。另一方面，随着阿蒙神崇拜的不断兴起，阿蒙成为国家主神，这也是基于阿蒙神崇拜的神谕得以兴起的先决条件。

三、哈特舍普苏特与图特摩斯三世的王位之争

迄今，公认最早的神谕仪式记录为第十八王朝的《哈特舍普苏特加冕铭文》(*Hatshepsut's Coronation Text at Deir el-Bahari*)。[1] 该铭文记载了女法老哈特舍普苏特的加冕仪式，并对仪式中的神谕仪式作了详细记录。作为最早的神谕记录，此文献的发现并非考古学上的偶发事件，而是由哈特舍普苏特统治期间错综复杂的政治环境引发的。哈特舍普苏特是古埃及历史上最知名的女性法老，有着"古埃及的武则天"[2] 之称，以其杰出的政治才能和统治成就闻名于世。在她治下的埃及经历了繁荣和平的时期。她致力于发展经济、促进外交和繁荣文化。她还进行了非战争的商贸远征，促进了国内外贸易的发展和文化艺术的繁荣。因此，哈特舍普苏特的统治期被认为是埃及历史上的一个黄金时代，并为后世开创更为繁荣的盛世奠定了坚实的基础，有承前启后之功。然而，尽管哈特舍普苏特的统治对埃及产生了深远影响，她的上位之路却颇具戏剧性和曲折性。

阿蒙霍特普一世过世后，他的嫡子图特摩斯一世（Thutmose I）接替王位。然而，古埃及王室一直注重纯正的血统，王室成员间近亲通婚的现象普遍存在，这导致王室后代大多身体较为羸

---

[1] P. Lacau and H. Chevrier, *Une Chapelle d' Hatshepsout à Karnak*, Vol. I, Cairo: IFAO, 1977-1979.

[2] 李晓东:《古埃及极简史》,北京:团结出版社,2023 年版,第 192 页。

弱。在这种情况下，图特摩斯一世的嫡子不幸夭折。因此，图特摩斯一世去世后，他的王位只能由其庶子继承，是为图特摩斯二世（Thutmose II）。同样，按照古埃及的传统，作为庶出子嗣的图特摩斯二世必须找一位拥有纯正王室血统的女子作为他的王后，以巩固自己的统治地位。因此，他迎娶了已故法老图特摩斯一世的嫡长女，也就是他同父异母的长姐哈特舍普苏特作为自己的王后。然而，图特摩斯二世同样自幼体弱多病，在登基后不久即驾崩。又由于他与哈特舍普苏特仅育有一女，所以也只能选择由一位庶出的年幼王子即位，这便是图特摩斯三世（Thutmose III）。图特摩斯三世出身卑微且年纪尚幼，而他的继母哈特舍普苏特作为图特摩斯一世的嫡长女，既拥有高贵的血统又在朝堂享有崇高的政治声望。因此，她实质上掌握了决策国家大小事务的实权，而国王的权力则被完全架空。此时的哈特舍普苏特距离王位仅有一步之遥。在一些壁画和浮雕中，哈特舍普苏特不仅佩戴国王举行典礼时所用的冠冕，手持象征王权的权杖，还将自己的名字写入了王名圈之中。这些现象都说明，哈特舍普苏特已经是实质上的最高统治者，只是缺少一个名正言顺的头衔。哈特舍普苏特显然并不满足于此，遂在她摄政的第七年，从幕后走向台前，自立为法老，并与图特摩斯三世共同执政，成为真正意义上的埃及最高统治者。

在古埃及这个以男权为主导的社会中，女性夺取最高权力虽不是前所未有，但也实属罕见。在哈特舍普苏特之前，有史料可考的女性法老仅有四位，她们的统治时间都只有寥寥数年，并且都是在王朝衰落时临危受命。哈特舍普苏特则不同，她登基之时正值埃及繁荣稳定的时期，并且她在位时长超过 20 年，与其他男性法老几乎无异。尽管哈特舍普苏特享有崇高的政治声望，但夺权仍然遭受了来自各方的巨大压力和挑战。为了平息政治纷

争、巩固自身的统治地位，哈特舍普苏特在统治期间，极力强调
"复兴传统"。① 一方面，她效仿古王国君主，宣称自己是"阿蒙
之女"（Daughter of Amun），强调其与阿蒙之间的亲密联系，通
过与国家主神建立象征性的血缘关系突显其王权与神权的统一。
另一方面，她追随中王国君主们，通过文学作品宣扬世界受到了
邪恶之人的破坏，而她的任务就是重建国家、恢复代表正义和秩
序的"玛阿特"（Maat），以期通过神学确立其王权的合法性。②

　　为了进一步强调自己统治地位的合法性与正统性，哈特舍普
苏特兴建和扩建了数座大型神庙，扩建了巡行路径，并恢复了自
第二中间期以来搁置已久的定期举行宗教节庆活动和祭祀活动的
传统。这一系列举措不仅扩展了仪式的空间单元，也扩展了仪式
的时间单元。哈特舍普苏特在巴哈里的孟图霍特普二世神庙旁建
造了一座规模空前的丧葬神庙，其位置正好与卡纳克神庙隔尼罗
河相望。随后，她又在两座神庙之间建立了一条东西向的巡行路
径，以卡纳克神庙中新修建的红色圣堂（Chapelle Rouge）作为巡
行路线的起点，通过卡纳克第一塔门（The First Pylon of Karnak）
由尼罗河水路最终达到巴哈里。③

　　卡纳克神庙至卢克索神庙（Luxor Temple）的节日巡行传统
也可追溯至哈特舍普苏特统治时期。她进一步完善了塞索斯特利
斯一世建立的南北向巡行路径。该路径同样以红色圣堂为起点，
经卡纳克第八塔门（The Eighth Pylon of Karnak）出神庙，并沿公

① D. Arnold,"The Temple of Hatshepsut at Deir el-Bahri", in C. H. Roehrig, ed. *Hatshepsut: From Queento Pharaoh*, New York: Metropolitan Museum of Art,2005, p. 135.

② L. Gabolde, "Hatshepsut at Karnak: A Woman Under God's Command", in J. M. Galan, B. M. Bryan and P. F. Dorman, eds. *Creativity and Innovation in the Reign of Hatshepsut: Papers from the Theban Workshop 2010*, Chicago: Oriental Institute,2014, pp. 33-48.

③ G. Haeny, "New Kingdom 'Mortuary Temple' and 'Mansions of Millions of Years'", in B. E. Shafer, ed. *Temples of Ancient Egypt*, Ithaca: Cornell University Press,1997, p. 95.

羊大道（The Avenue of Sphinxes）最终抵达卢克索神庙区域。[1] 考古学家在巡行路径的起点红色圣堂和终点巴哈里丧葬神庙中发现了同一篇记载哈特舍普苏特加冕仪式铭文的两个副本，并分别命名为《哈特舍普苏特历史铭文》（*Hatshepsut's Historical Inscription on the Chapelle Rouge*）和《哈特舍普苏特加冕铭文》。正如前文所述，这是截至目前已知的关于神谕仪式最早的记录，恰恰说明这片区域是最早举行神谕仪式的地点。

哈特舍普苏特的继任者，也就是亲政后的图特摩斯三世，曾长期处于受其继母压制的状态。因此，尽管哈特舍普苏特的统治成就卓著，但在她去世后不久，与她相关的一切痕迹便遭抹除，使她的名字和形象几乎消失在历史长河之中。随着现代考古学的发展，有关这位杰出女性统治者的故事才得以重新浮现在世人面前。尽管目前的证据尚难证明，图特摩斯三世亲自发动或参与了大规模的抹杀活动，但若没有最高统治者的默许，普通人很难接近那些神圣的建筑和纪念物。这可能意味着，有关哈特舍普苏特的信息是在高层的授意下被有意地遮掩，并最终导致她的事迹鲜为人知。

庶子出身、长期被继母剥夺统治权的图特摩斯三世同样面临着一条曲折蜿蜒的亲政之路。面对波谲云诡的政治环境，图特摩斯三世同样需要通过神权证明自己王权的合法地位。除了竭尽全力抹灭掉哈特舍普苏特的一切统治痕迹外，他还效仿哈特舍普苏特，借由神谕宣称自己的王位得到了阿蒙的授权。根据卡纳克神庙中的《图特摩斯三世青年铭文》（*Thutmose III's Youth Text*）记载，在一次阿蒙的巡行仪式中，尚为青年的图特摩斯三世即已被

---

[1] M. Ullmann, "Thebes: Origins of a Ritual Landscape", in P. F. Dorman and B. M. Bryan, eds. *Space and Sacred Function in Ancient Thebes*, Chicago: Oriental Institute of the University of Chicago, 2007, p. 11.

乘坐太阳船巡行的阿蒙选中，神谕指示他在未来将成为埃及法老。[①] 这次神谕仪式的记载表明，图特摩斯三世在阿蒙的眷顾下被选中，预示着他将成为埃及的法老。图特摩斯三世以神谕来证明自己王位的合法性，并力求摆脱前任统治者的政治阴影，这种"君权神授"的神圣认可为他的统治奠定了神权基础，使他能够进一步强化王权的合法性，巩固自己的政治地位。自此，图特摩斯三世得以平息政权交替之际的纷扰，开始安心治理朝政，为埃及带来了新的繁荣和秩序。

四、结语

古埃及神谕的兴起是古埃及早期神权和王权之间关系演变的结果。王权国家建立之初，王权与神权具有高度的一致性，王权即为神权的体现。在古王国时期，太阳神崇拜和奥西里斯神话都强调国王与神祇的亲密血缘联系，以彰显王权的神圣性与排他性。在中王国时期，国王被视为神在人间的代理人，其神性被淡化，人性被强化，但神学观念仍为维系王权合法性提供了保障。而在新王国时期，神权和王权强调互利互惠，统治者以神谕作为媒介，获得了行使国家权力的授权，并以物质财富回馈神庙。王权和神权关系的变迁，也是促成公共仪式时空单位建立的直接原因。无论是神庙还是定期的宗教节庆和祭祀典礼，都是中王国神权与王权关系演化的产物。这些传统为神谕的制度化奠定了物质文化基础。

阿蒙神崇拜的兴起也与王权和神权的互动密切相关。阿蒙成为国家主神和世俗事务的直接决策者，其地位至高无上，这是基于阿蒙神崇拜的神谕产生的意识基础，也为神谕的兴起提供了必

---

① K. Sethe, *Urkunden der 18 Dynastie*, Vol. I, Leipzig: J. C. Hinrichs, 1906, pp. 157–159.

要的宗教背景。促成神谕兴起的最后一块拼图是第十八王朝女法老哈特舍普苏特与法老图特摩斯三世的权力争斗，这为阿蒙神扮演仲裁者提供了必要的政治前提。作为一位女性法老，哈特舍普苏特为巩固统治，强调复兴传统，效仿前朝君主对于王权合法性和神圣性的构建。然而，她仍面临着变幻莫测的舆论环境。出于政治目的，哈特舍普苏特创造性地通过直接面向公众的神谕仪式，以"君权神授"的神圣话语完成加冕，进一步强化了王权与神权的紧密联系。图特摩斯三世亲政后，承袭这一传统，通过神谕为自己的统治权建立了神圣性和正统性。在此之后，请示神谕在古埃及政治生活和公共生活中所扮演的角色愈发重要，无论是世俗官员还是神职人员的任命，都需要通过神谕由阿蒙决定。至第十九王朝（公元前 1295—前 1186 年）神谕在麦地那工匠村（Deir el-Medina）成为一种司法审判手段，用以裁决刑事案件或解决民事纠纷。总而言之，神谕自新王国以来兴起并趋向成熟，需要多重因素助推，更需要漫长的发展过程，不可能一蹴而就，这是事物发展的普遍规律。神谕实践并非孤立的宗教行为，古埃及王权和神权关系的演变是其产生的根本前提。王权和神权关系演变所产生的宗教仪式时空单元的建构、阿蒙神崇拜的兴起，以及哈特舍普苏特与图特摩斯三世之间的权力斗争等多重因素交织作用，最终促成了神谕的兴起。

批判与反批判

——伊本·鲁世德驳安萨里的思维路径

李金泰　复旦大学哲学学院博士

　　内容摘要：在《哲学家的矛盾》前两个命题中，伊斯兰宗教学者安萨里以怀疑论的方法对世界永恒说展开系统批判，内容涉及因果、意志、时间、运动、可能、必然等多重概念，意在说明世界既非无始，也非不朽，而是在时间中偶性受造的，以此破坏经典形而上学、维护启示信仰的崇高地位。哲学家伊本·鲁世德针对同样话题进行系统反击，他经过仔细推演分析，一方面认为安萨里在转移话题、偷换概念，是为诡辩；另一方面指责安萨里只阅读了伊本·西那的著作，哲学素养欠缺；此外，还认为安萨里对新柏拉图主义第一结果认识论等论题的批判是在自我发挥，并非直接针对哲学家本人的观点。伊本·鲁世德与安萨里的论战实际上围绕理性与信仰的关系展开，是对安拉、世界与人关系的理论反思，体现了针对自然理性与启示信仰、他者与自我关系的认知差异。对这一问题进行梳理，有利于澄清相关概念，具有一定的思想史意义。

关键词：安萨里 伊本·鲁世德 怀疑论 理性 信仰

一、引言

一般而言，"伊斯兰哲学是一个由叙利亚人、阿拉伯人、波斯人、突厥人、柏柏尔人和其他族群都积极参与的复杂思想进程的产物。由于阿拉伯因素在其中的优势地位，它可以被简便地称为'阿拉伯哲学'①"。② 百年翻译运动中，希腊哲学著作被大量翻译成阿拉伯文，为阿拉伯哲学的兴起提供了丰饶土壤，"在尝试理解《古兰经》和伊斯兰的实践中，很多希腊观点被用于探索其中出现的问题"。③ 因而可以说，希腊等外来思想为阿拉伯人诠释经典、理解现实问题提供了一项重要工具。尤其围绕信仰与行为、善恶与奖惩、本质与属性等问题，哈瓦利及、穆尔吉亚、吉布里耶、卡德里耶④等伊斯兰早期流派作出不同解答。所以，伊

---

① 关于伊斯兰哲学还是阿拉伯哲学、阿拉伯哲学是否意味着阿拉伯人的哲学，东方学家莫衷一是，争论异常激烈（参见 ٢٧-١٦ص，القاهرة، مكتبة الثقافة الدينية، مصطفى عبد الرازق: تمهيد لتاريخ الفلسفة الإسلامية）。严格来说，阿拉伯哲学与伊斯兰哲学是随历史、政治变迁动态发展的两个概念。就当下而言，两者不能完全等同，双方关系就像两个彼此交错而又不能完全重合的圆，只有两者重合的部分才既是阿拉伯的，也是伊斯兰的。

② Majid Fakhry, *A History of Islamic Philosophy*, New York: Columbia University Press, 2004, p. 18.

③ Oliver Leaman, *An Introduction to Classical Islamic Philosophy*, New York: Cambridge University Press, 2001, p. 3.

④ 哈瓦利及（الخوارج），意为出走，是哈里发阿里时期最早分离出的派别，以政治平权、言行合一、身心净化著称；穆尔吉亚（مرجئة），暂缓派，正面回答和反击哈瓦利及派主张，主张"因信称义"，信仰恒定，不增不减，是非功过自有安拉评说，也称"中庸派"；吉布里耶（جبرية），极端前定派，否定人有自由意志；卡德里耶（قدرية），反宿命派，主张人有行动意志和预见行为的能力，否认末日审判和来世生活，对安拉前定持保留态度。

斯兰早期的教义①思想是在批判反思、继承发展中进行的，但 9
世纪以前，并未形成完整体系。② 经过近百年的教义演变，阿拔
斯王朝（750—1258 年）时期，深受外来思想影响的穆阿台齐赖
（المعتزلة）③ 派唯理性的思维方式经艾什尔里（الأشعري，873—935
年）④ 改造、调和，成为论证正统信仰的重要工具，但论证过程
中争吵不休的状况及其中不能自圆其说的问题引发安萨里
（أبو حامد محمد بن محمد بن أحمد الغزالي，1058—1111 年）⑤ 的反思。安萨
里早年追随朱韦尼（إمام الحرمين أبي المعالي الجويني，1028—1085 年）学习
艾什尔里教义，那也是当时塞尔柱王朝的官方教义，安萨里因此
受到塞尔柱王朝首相尼扎姆·穆勒克（نظام الملك，1018—1092 年）
的赏识，曾在内沙布尔（نيسابور）⑥ 任教，担任巴格达尼扎姆学院
（المدرسة النظامية）院长。这期间，地方割据势力纷纷涌现，阿拉伯伊
斯兰帝国的统治已经风雨飘摇，不再是严格意义上的统一整体：
后伍麦叶王朝治下的西班牙发生骚乱；十字军东征，攻克耶路撒
冷、的黎波里；马格里布出现穆勒塞姆王国；法蒂玛王朝统治埃
及；阿拔斯王朝哈里发为塞尔柱人操控，统治帝国东部……各政

---

① 教义学（علم الكلام），东方学家多将之翻译为神学（Theology）或伊斯兰思辨神学（Islamic
Dialectic Theology），国内学者多称教义学，有时也称凯拉姆学（音译）、认主学、神学，比较混
乱。作者个人认为，9 世纪以后，伊斯兰教中的教义多采用论辩及逻辑论证的方式阐释宗教
义理，与基督教神学虽同受希腊哲学影响，但两者在学理体系、适用范围方面有很大差别，不
能等同。

② 吴云贵：《伊斯兰教义学》，北京：中国社会科学出版社，1995 年版，第 2 页。

③ 穆阿台齐赖，原意为分离者，是伊斯兰史上的唯理派别。

④ 艾什尔里，伊斯兰史上用希腊辩证法论证正统信仰的先驱，师承穆阿台齐赖派大师艾
卜·阿里·朱巴仪，后反出师门，创立凯拉姆经院教义学，调和思辨哲学与宗教传统的关系。

⑤ 安萨里，全名为艾卜·哈米德·穆罕默德·本·穆罕默德·本·穆罕默德·本·艾
哈麦德·安萨里，安萨勒（غزالة）是呼罗珊图斯城的一座村庄，安萨里出生于此，所以诸学者习
惯称之为安萨里，意为安萨勒人，严格意义上说，这一音译并不准确，但鉴于国内学者对此称
谓已达成共识，以下将统一采用这一译法；此外，也有因其父从事纺毛工作（الغزال），而称他为
安萨里一说，意为纺毛者，有些文献中也称他为艾卜·哈米德（أبو حامد）。

⑥ 内沙布尔，伊朗东北部城市，位于礼萨呼罗珊省，安萨里曾于此师从朱韦尼学习法源、
逻辑和教义。

治流派出于不同动机扶持各思想派别，争执不休，政治上的危机也由此引发思想上的混乱。经百年翻译运动中的学术移植与更新，阿拉伯文化同其他民族文化渐趋融合。经实践操作，艾什尔里等人虽力图使哲学与宗教相容，但到了安萨里时期，"各种极端主义表现造成了一种少见的思想上的混乱、厌倦以及各种学派纷争的局面，社会变成一个奇怪的世界……"① 尤其是在尼扎姆首相被暗杀后，安萨里对周围一切深表怀疑，《哲学家的矛盾》就写于这一时期，目的就在于对当时各种思想进行批判反思。就批判主体而言，他认为在"阿拉伯哲学家中，最可靠的传述者和论证者是法拉比·艾布·纳赛尔（الفارابي أبو نصر）和伊本·西那（ابن سينا），所以就让我们仅仅针对二人所选取的、自认为正确的观点进行反驳……"；② 就批判范围而言，在一开始列出所要批判的议题后，安萨里说，"哲学家们的形而上学和物理学论断就是其中我想指出的矛盾之处；至于数学，去否认或是反对是没意义的，因为那最终要依赖于计算和几何性分析；而逻辑学，则是在理解对象中考察思维机制，将'不赞成'涉入其中并没什么意义"；③ 就批判方法与目的而言，他说，"我写作此书只是为了说明哲学家主张的混乱与矛盾……④提醒那些美好地以为哲学家的方法路径毫无矛盾的那些人……现在业已实现"。⑤ 因而，安萨里的批判主要针对以法拉比和伊本·西那为代表的阿拉伯逍遥哲学家。在学者蒙哥马利·瓦特（Montgomery Watt）看来，这 20 个命题⑥可分为两类，一种为理性无法证明的，比如，"这个世界有

---

① 穆萨·穆萨维著，张文建、王培文译：《阿拉伯哲学——从铿迪到伊本·鲁世德》，北京：商务印书馆，1997 年版，第 121 页。

② أبو حامد الغزالي: تهافت الفلاسفة، تحقيقه سليمان دنيا، دار المعارف بمصر، ص٧٧ـ٧٨.

③ أبو حامد الغزالي: تهافت الفلاسفة، تحقيقه سليمان دنيا، دار المعارف بمصر، ص٨٧.

④ أبو حامد الغزالي: تهافت الفلاسفة، تحقيقه سليمان دنيا، دار المعارف بمصر، ص٢٥٨.

⑤ أبو حامد الغزالي: تهافت الفلاسفة، تحقيقه سليمان دنيا، دار المعارف بمصر، ص٨٢.

⑥ 这里指的是《哲学家的矛盾》中的 20 个命题，分物理学（4 个）与形而上学（16 个）两部分，涉及宇宙论、存在论、认识论、灵魂论、奇迹观等多重概念。

一个创造者；有两个安拉是不可能的；安拉并非一形体；安拉知晓他者和自身；灵魂是一自足的实体"；① 另一种是安萨里明确予以拒绝的，比如，"世界是永恒的；否认安拉知晓个别；否认肉体复活"。② 所以，在安萨里看来，形而上学理性在信仰领域要么羸弱不堪，要么荒谬悖逆。因而，除了用哲学家的方法对形而上学命题进行逻辑论证外，安萨里还在该书结尾对后者的观点进行定判 (تكفير)：哲学家的后三种主张属于不信道者的观点，因为那已触及伊斯兰的底线，而其余的则属异端。③ 因而，基于启示信仰，在哲学形而上学领域，安萨里的目的不是确信，而是怀疑；不是重构，而是破坏——实际上，他是以哲学的方式说明哲学是一项失败的事业，进而推导出哲学主张在信仰上的无能与悖逆。既然安萨里是以哲学的方式攻击哲学，以怀疑的方式引发怀疑，那么在逻辑上他的这一做法本身也是可疑的。由此在他去世半个多世纪后，针对《哲学家的矛盾》中安萨里对哲学家某些观点的批判，伊本·鲁世德 (ابن رشد，1126—1198 年)④ 经精细推演分析，认为安萨里的批判至少有三种缺陷：转移话题、偷换概念，是为诡辩；只看伊本·西那的著作，哲学素养欠缺；自我发挥，曲解哲学家主张本意；所以，伊本·鲁世德认为安萨里对哲学家的攻

---

① W. Montgomery Watt, *Muslim Intellectual : A Study of Al-Ghazali*, New York : Cambridge University Press, 1963, p. 59.

② 同①。

③ أبو حامد الغزالي، تهافت الفلاسفة، تحقيقه سليمان دنيا، دار المعارف بمصر، عام ١٩٥٧، ص٣٠٨،٣١٠.

④ 伊本·鲁世德，全名为艾布·瓦利德·穆罕默德·本·艾哈麦德·本·穆罕默德·本·鲁世德(أبو الوليد محمد بن أحمد بن محمد بن رشد)，拉丁名为阿威罗伊(Averroes)。1126 年生于西班牙科尔多瓦科学、法学世家，自幼受到良好教育，精通医学、天文学和数学，在伊斯兰教法、哲学、希腊哲学，阿拉伯文学，逻辑学等方面均有较深造诣。曾在西班牙穆瓦希德王朝任职，受宠一时，晚年受政治风波影响，遭流放，大量阿文原著被付之一炬，现仅有《矛盾的矛盾》《论哲学和宗教间的一致性》等少量原著存世。值得注意的是，伊本·鲁世德虽致力于调和哲学与宗教的关系，主张只要方法得当，哲学理性同样益于获取真理，但并没有明确提出哲学理性与启示信仰都是真理，所谓的"双重真理"有可能是伊本·鲁世德的学说传到拉丁世界后学者的自我阐发。

击大都不能成立。以下即为双方批判与反批判的具体路径。

二、安萨里对世界永恒说的怀疑性批判

安萨里研究专家苏莱曼·顿亚认为："在《哲学家的矛盾》中，安萨里的思维路径大都基于怀疑与批判……其目的就是要展现理性无法得出形而上学真相，动摇人们将理性当作形而上学问题根源的信心。"[①] 而在 "怀疑论体系的主要基本原则，是每一个命题都有一个相等的命题与它对立……"。[②] 这一反驳过程中，在列出相关论点后，安萨里的惯常表达是：如果有人这么说，你又如何反驳……进而通过意志、时间、因果、必然、可能等概念的别样阐发推演出与之相悖的结论，达到推翻原有命题设定、凸显自身主张的目的，这恰恰符合希腊怀疑论的思维方式。至于批判对象，安萨里的批判并不集中于一家之言，而是将教义学家、哲学家、内学派以及苏非等各家主张融为一体，甚至有中世纪教父哲学的影子。就批判内容而言，在前两个命题中，安萨里交叉运用宗教与哲学为基础的辩证法，以对意志、因果、必然、时间、可能、质料（物质）、形式等概念的别样阐发与综合运用来对世界永恒说进行批判。

何为永恒？从词汇上说，阿拉伯文中有多个词可以表达永恒：قديم، ازلية، أبدية، سرمدي。其中，قديم 与 ازلية（pre-eternity）的意义最为接近，表示古有、无始性永恒，倾向于表达从无始过往到现在的历程；أبدية（post-eternity）表达有始性永恒，指从现在至未来的

---

① سليمان دنيا، مقدمة للطبعة الثانية للكتاب تقافت الفلاسفة، دار المعارف بمصر، ص ٢٤.

② 塞克斯都·恩披里克：《皮罗说概略》，I.6，§12，参见北京大学哲学系编译：《西方哲学原著选读》，北京：商务印书馆，1981年版，第176页。

无限绵延;① 而 سرمدي（everlasting）表达的永恒则为无始无终，是有始与无始的结合，指过往与未来都恒常存在。② 所以，阿拉伯语中表达的永恒大致是以现在为基点，表示过往没有开端与未来无限绵延的线性时间观。也就是说，现在是无限后退的过往向前延伸的终点及未来向前无限绵延的起点，是这一起点与终点的节点。阿拉伯逍遥哲学家将之同世界属性联系到一起，安萨里显然并不同意这种做法，他认为"世界与时间在过往拥有一有限起点，安拉是永恒的，他是在非时间（non-temporal）的意义上存在于这一起点之前"，③ 也就是世界与时间皆为有限，安拉超脱于时间之外。因而在《哲学家的矛盾》中，他本人集各家所言对世界永恒说进行统一驳斥，力主这个世界既非无始，也非不朽，而是偶性受造的，以此降低其相对于造物主的地位。首先他亮出哲学家的统一观点："古往今来，哲学家大都认为世界无始，世界一直与至上安拉存在，是他的结果，与之并行齐驱，不在时间上落后于他，就像结果与原因、光明与太阳那样。造物主先于世界，就像原因先于结果，这种在先（priority）是本质、等级上在先，而非时间上（在先）。"④ 然后安萨里系统批判哲学家的时间观、因果必然论，基本沿袭了怀疑论的思维路径。

（一）安萨里对世界无始（قدم العالم）说的批判

在《哲学家的矛盾》中，世界本有，永恒意为不变，是哲学家推演世界无始的前提。具体推演过程是：如果世界由安拉从无中创造，那么世界从无到有是一种更新，如果世界没有更新，那

---

① الدكتور جميل صليبا، المعجم الفلسفي-بالألفاظ العربية والفرنسية والإنكليزية واللاتينية، الجزء الثاني، بيروت-لبنان: دار الكتاب اللبناني، ١٩٨٢، ص١٨٩.

② الدكتور جميل صليبا، المعجم الفلسفي-بالألفاظ العربية والفرنسية والإنكليزية واللاتينية، الجزء الأول، بيروت-لبنان: دار الكتاب اللبناني،١٩٨٢، ص٦٥٤.

③ Michael E. Marmura, *The Conflict over the World's Pre-Eternity in the Tahāfuts of Al-Ghazāli and Ibn Rushd*, Doctoral Thesis of University Michigan, 1959, p. 101.

④ أبو حامد الغزالي: تهافت الفلاسفة، بيروت: المكتبة العصرية، ٢٠٢١، ص٥٣.

就像往常那样保持纯粹可能的无的状态；如果世界得以更新，那么在它更新的那一刻必有某种因素使得它在此刻而不是在此之前更新，这一因素就是安拉的意志；安拉的意志是无始的，而世界从不变更到变更是种变化，也意味着安拉意志的改变，这与安拉意志永恒无始自相矛盾，所以世界本有，并非由安拉从无中创造——既然这个世界现在存在并在时间中产生是不可能的，那么它的无始永恒性就必然成立。[①]

由此可见，哲学家利用归谬法，事先承认教义学家认为安拉从无中创世的观点成立，然后据之推论出与前提相悖的结论，进而得出自己想要的结论——世界本有。简而言之即为：①安拉是永恒的，不变的，从无中以意志创世；②世界从无到有是一种变化；③安拉从未想创造世界到意欲创造世界是一种变化，与①矛盾。因而"世界只能是无始的，因为世界的原因（安拉）是无始的，世界在时间上是与原因并存的……"。[②]也就是说，因果间存在必然性，作为结果，世界绝不会在时间中延迟产生，否则就意味着安拉意志的无能，这样，哲学家引入因果概念，并作进一步分析：安拉的意志是永恒的、万能的，不可能有任何变化，不可能有任何原因能引起他的变化，更不可能有什么能阻止他作出意志决定，因此，世界只能像安拉那样是无始的。

东方学家西蒙·柏奇（Simon Van Den Berch）认为，这一形式的论证出现在伊本·西那那里，但它的要素却是亚里士多德主义者的……亚里士多德哲学认为，一切变化都有某种潜在，而一切潜在都需要一种业已存在的实在……而这一形式的论述取自晚期希腊亚里士多德的基督徒评论家约翰·菲洛波诺斯（John Phi-

---

① ‎أبو حامد الغزالي: تهافت الفلاسفة، المكتبة العصرية، ٢٠٢١، ص٥٥.‎

② 蔡德贵：《阿拉伯哲学史》，山东：山东大学出版社，1992年版，第242页。

loponus，490—570 年)①，在《世界永恒》中，针对新柏拉图主义者普洛克洛斯（Proclus，410—485 年）证明世界永恒的 18 个论断进行批判，其中就提到"世界临时受造"的理论，主张"必须将安拉（上帝）永恒意欲某物和他意欲的某物的永恒性区分开来"。② 普洛克洛斯的著作已经失传，菲洛波诺斯在批判过程中引用了其观点，并提出自身主张。菲洛波诺斯的著作被翻译成阿拉伯文，在穆斯林针对这一问题的争论中，其中很多论断得以加工再造，安萨里的回答就取自菲洛波诺斯。③

　　为回应哲学家归谬法得出的逻辑矛盾，首先，针对因果必然说，安萨里以偶因论为线索作出反驳：安拉希望世界永恒，但不是永恒存在，即安拉意欲某物（因）与某物的现实发生（果）之间未必共时，两者是有可能存在间隔的。他承认世界并非由安拉新生的意志产生，但安拉无始万能的意志让世界在任意时刻从无到有新生是可能的，世界是安拉本有意志的实现，但这并不意味着安拉及其意志的变化。安拉的意志并非像哲学家主张的那样是一种直接、必然的因果作用，而是有人格性的自由选择权。安拉的意志是世界产生的原因，世界的产生是它的结果，原因与结果间的间隔是可能的，两者的关联、结果的实现是偶然的，即便结果并未实现，也不意味着安拉的无能，而只能说作为结果的世界产生不被意欲。如此，安萨里以偶因论驳斥哲学家的因果必然论，以世界偶性受造来反对"太一"的必然流溢，通过将安拉意

----

　　①　约翰·菲洛波诺斯,基督教哲学家、科学家、神学家。菲洛波诺斯的生活和工作与亚历山大城以及亚历山大-新柏拉图学园紧密关联在一起。尽管亚历山大-新柏拉图传统是他的理智根基，但他无论在本质还是数理逻辑方面都打破传统，澄清了某些会引发批评的方式和自然科学方法，是一位原创性的思想家。参见：https://plato. stanford. edu/entries/philoponus/。

　　②　Simon Van Den Berch,*Introduction of the Incoherence of the Incoherence*,the Trustees of the Memorial, p. 14.

　　③　同②，pp. 11—14。

志与人的意志、形上世界与形下世界的地位作截然划分来破除哲
学家以归谬法得出的逻辑矛盾，从而确立世界有始有终、偶性受
造、不可比肩安拉的基本要求，进而提出安拉无始无终、却能从
无中创世、不受时空限制的主张。

安萨里与哲学家争论的第二个焦点是时间悖论。如前所言，
安拉先于世界应是所有伊斯兰学者的共识，分歧在于如何理解这
种在先。在哲学家看来，作为世界之因，安拉是本质上在先，如
一先于二，个人运动先于影子运动，手在水中动先于水动……他
们在时间方面是等同的，① 并不存在时间上的先后差异。也就是
说，安拉是不动的推动者，处于时间之外，② 但在时间中创世，
他先于世界也只在于他是共时因（simultaneous cause），并不意味
着时间，因为他存在于非时间性的永恒中。③ 鉴于（1）安拉是永
恒的、不变的，如果（2）安拉在先意味着时间，（3）时间是运
动的尺度，④ 而运动意味着变化，最终将会导出（4）安拉是变化
的，与（1）矛盾。所以作为共时因，造物主先于世界，两者必
然要么是暂时有限的，要么皆为永恒，不可能一方为永恒，而另
一方是暂时有限的。⑤ 反而言之，如果造物主先于世界和时间存
在是时间上在先，那么，在世界和时间存在之前，在世界不存在
的地方，一种时间就业已存在，因为不存在先于存在；安拉长时
间在先，在其终结方面有限（现在），在开端方面无限，因此，
在时间存在之前，无限的时间业已存在，这是一种矛盾，是荒谬
的，因为如此一来，确定时间有限就不再可能。因此，作为运动

---

① أبو حامد الغزالي، تهافت الفلاسفة، القاهرة: دار المعارف بمصر، الطبعة الرابعة، ص١١٠.

② Michael E. Marmura, *The Conflict over the World's Pre‐Eternity in the Tahāfuts of Al‐Ghazāli and Ibn Rushd*, Doctoral Thesis of University Michigan, 1959, p. 102.

③ Simon Van Den Berch, *Introduction of the Incoherence of the Incoherence*, the Trustnees of the Memorial, p. 16.

④ 同②。

⑤ أبو حامد الغزالي: تهافت الفلاسفة، تحقيقه سليمان دنيا، دار المعارف بمصر، الطبعة الرابعة، ١٩٦٦، ص١١٠.

尺度的时间必然是无始的，运动也必然是无始的，处在运动中的事物因为时间的恒动永续，必然也是永恒无始的。^① 显然，这种说法试图以归谬法从时间无始推导出运动无始，进而得出运动者即世界无始。但这种说法并非传统的形而上学观点，因为运动无始是亚里士多德不动的推动者的结论，而不是时间无始的结果。

安萨里并没有否认安拉在世界之先，他的反驳前提是时间是被造的、有始的，在此之前没有时间，然后，安拉的本体与之同在："我们说安拉先于世界和时间，是指安拉在场时没有世界，然后安拉在场而世界与之同在……我们说安拉在场时没有世界，仅仅是为了确定造物主的本体存在而世界本体不存在；我们说'安拉在场而世界与之同在'……只是说这两个本体同时存在……"^② 所以关于世界与安拉的关系，没必要去假设第三种事物，因为世界受造是从无到有，从非存在到存在，而"想象力不能设想起点之前没有事物，而理智则不能阻挡有这种认识"^③，即："想象不能理解一种有始的存在……无力评估头部上方形体的有限性，除非在表面它还有上……"^④ 也就是说，想象力只能设想有，不能想象还未发生的事物。世界与时间一同受造，时间与空间本质上是各物之间的关系，被物质所确定，物质是有限的，时间与空间自然也是有限的。艾什尔里和安萨里都认为：事物并非变化，未来并不在于现在，现在发生的每一件事都是新的，与在先者并不相关……教义学家认为，这个世界并非一个自我发展、拥有自身法度、通过自身而被理解的独立自足的系

---

① أبو حامد الغزالي: تهافت الفلاسفة، المكتبة العصرية، ٢٠٢١، ص٦٧-٦٨.
② أبو حامد الغزالي: تهافت الفلاسفة، المكتبة العصرية، ٢٠٢١، ص٦٨.
③ 蔡德贵：《阿拉伯哲学史》，山东：山东大学出版社，1992 年版，第 244 页。
④ أبو حامد الغزالي: تهافت الفلاسفة، المكتبة العصرية، ٢٠٢١، ص٦٩.

统。^① 而安萨里显然承袭了这种观点，安拉创世作为世界之因，安拉的存在与作为结果的世界并不共时，世界的衍生变化也没有绝对主体性。安拉在先，是逻辑和本质上在先，而非时间上在先，试图用"创世之前"描述一个非时间的阶段，是想象，是一种僭越。由此看来，为了反驳以上观点，安萨里引入空间与物的概念对时间进行限定，对永恒进行价值预设：时间并非实在，世界也并非不变、无始原因的必然结果，两者皆有起始；安拉是意志性的主动者，随心所欲，无始无终，在时间中创造，但并不受制于时间，也不能被时间形容。所以说，安拉在世界之先只是逻辑和本质上在先，而非时间意义在先，因为时间上在先意味着运动，运动意味着生灭变化，这种说法暗含唯有安拉永恒无始的价值预设。由此看来，安萨里与哲学家的观点并非水火不容，两者一致认为安拉在先是逻辑和本质上在先，双方争论的焦点只不过是时间是否有起始及因果间是否存在必然关系。

第三项反驳涉及哲学家的潜能说。在亚里士多德看来，变化只不过是潜能的现实化，即倾向成为现实，也就是说事物从无到有、从非存在到存在是事物本有的客观可能性，两者之间根本没有中介，^② 这也被亚里士多德视为思考的最高准则。部分哲学家将潜能转化为可能，并将之同世界存在联系在一起：世界在实际存在之前总是可能的，这种可能没有开端，既然世界现实存在着，那就实现了这种可能，可能性可被实现，而非不可能，因为可能性的不可能意味着世界不会存在，安拉对它并非万能，这与安拉全知全能的教义相悖。^③ 既然世界在现实存在之前是可能的，

① Simon Van Den Berch, *Introduction of the Incoherence of the Incoherence*, the Trustnees of the Memorial, p. 18.

② 同①, p. 17。

③ راجع أبو حامد الغزالي، تهافت الفلاسفة، المكتبة العصرية، ص٧٤.

可能是无始的，负载这种可能的世界也就是无始的。① 由此看来，
这其中隐含的真正意思是，世界是一个自足系统，完全可以实现
自身的存在转换，实现必然，无需外在力量的催动。麦加拉学派
（Megarian）② 否定现实潜能，他们认为自然中没有潜能，既然自
然中没有潜能就没有事物变化。麦加拉派对潜能的否定也为教义
学家所吸收，即世界并非一个自我发展、拥有自身法度、通过自
身而被理解的独立自足的系统，③ 那么世界的变化发展究竟为何？
艾什尔里派（الأشعري）将变化的秘密转化为安拉的秘密，安拉才是
世界上一切变化的原因，也是安拉在每刻创造着这个全新的世
界；事物是或者不是、存在与非存在并无片刻过渡，也就是说，
安拉是自发性的主体（فاعل إرادي），遵从自身意志随心所欲地创造
世间万物，这其中的本质逻辑不能用形而下的因果必然性衡量。
而对哲学家而言，安拉先于世界存在只是说安拉是世界存在的共
时因，作为原因，安拉与作为结果的世界共时存在，即原因与结
果同时产生，无分先后，既然安拉无始永恒，世界自然也为无
始。这一点之前业已提及。而安萨里认为，这一自然理性的观点
以受造物（حادث、مخلوق）比附创造者（الخالق），有使二者处于同等位
置的嫌疑，是他无论如何也不肯接受的，因而在《哲学家的矛
盾》结尾予以定判，认为那是不信道的观点。这事关创造者与受
造物的关系与地位，也是他与哲学家争论的焦点。

　　安萨里秉承艾什尔里派的观点，对哲学家的潜能说予以批
判。他认为，事物不会变化，未来并不在于现在，也无所谓潜

---

① 蔡德贵：《阿拉伯哲学史》，山东：山东大学出版社,1992 年版，第 244 页。
② 麦加拉学派：古希腊小苏格拉底学派之一。创立者为麦加拉人欧几里得，代表人物还
有欧布里德、斯底尔波，深受苏格拉底和爱利亚学派的影响，认为善是唯一的存在，是美德，是
永恒不变的"一"，除此之外都是非存在。
③ Simon Van Den Berch,*Introduction of the Incoherence of the Incoherence*,the Trustnees of the
Memorial,p. 18.

能，现在所发生的每一件事都为在时间中新生，与在先者并不相关。① 因而存在与非存在之间并无过渡，也无运动，运动既不在此也不在彼，因为我们所说的运动是不同空间的静止存在，它推动着不同时间中的原子，这是对潜能-自然可能性的否定。② 安萨里用原子性的偶因论反驳哲学家的事物间的因果必然性，将世界存在的根本、决定、主体作用上溯至安拉。此外，如果世界自无始以来就可能存在，那么无疑在任一时刻都可设想它的受造，但据此不能得出世界在现实中永远存在的结论，因为如果能够得出，那就意味着世界是必然存在而非可能存在，这样就与假设矛盾。③ 在安萨里看来，存在的开始并不特定于先后，而只是特定的偶性受造的原理。④ 所以在安萨里眼中，可能只是理性判断，并非存在物。安萨里此处的思维基于逻辑可能，而非潜能，并不依托世界质料。因而，他对哲学家的这一反驳略显乏力，有些独断，与哲学家的论述似乎也不在同一层面，这为日后伊本·鲁世德的反击留下了余地。

第四项反驳涉及质形说，并同潜能、可能等上述话题结合到一起。亚里士多德认为，世界整体虽为永恒、并非新生，但各部分却处于持续的变化当中。新事物的产生是新形式同质料的结合，在获得新形式之前存在质料，但新事物并未产生意味着形式缺失，所以有始的只是形式，是可能存在，他们只有寄托了必然存在方能存在，这一必然存在就是质料，所以质料是无始的。既然质料无始永恒，并且是一切变化的基质，质料同新形式的结合能够产生新事物，那么从永恒质料中可以发现能够或者将要发生

---

① Simon Van Den Berch, *Introduction of the Incoherence of the Incoherence*, the Trustnees of the Memorial, p. 18.

② 同①。

③ جميل صليبا، تاريخ الفلسفة العربية، الشركة العالمية للكتاب، ١٩٩٥، ص٣٦٨.

④ أبو حامد الغزالي، تهافت الفلاسفة، المكتبة العصرية، ص٧٤.

的一切事物的潜能，而据第三项论证可知，潜能完全可以现实化，既然世界现实存在，那就实现了质料永恒的可能。而每个可能性都是永恒的；每个潜能中蕴含着质料；质料是永恒的，世界自然也是无始永恒的。由此得知，哲学家通过混淆逻辑可能与潜能，利用其中最有利的特点来论证质料永恒，进而得出世界永恒，也就是其中并没有中项。

安萨里并未注意到潜能与逻辑可能中的歧义，只是在反复强调自身主张，他认为可能性、必然性都是理性概念，无需质料基体。因为如果可能性需要依托质料，那么不可能性也需要，而不可能的物质存在是荒谬的，安萨里不仅混淆可能与潜能，而且引入不可能概念进而得出逻辑与事实矛盾，但这里的讨论与世界无始说已经没什么直接关系。在批判完世界无始后，安萨里接着对世界不朽说予以批判。

（二）安萨里对世界不朽（أبدية العالم）说的批判

这一议题涉及世界存在后的状态归宿，即世界存在后是否会堕入非存在，某种程度上是前一问题的延续，"因为在哲学家看来，世界不朽，没有终结，就像它的存在是无始，即没有起始一样"。① 如此，哲学家以此为基点，构建起世界无始又不朽，即无限绵延（سرمدي）、并非偶性受造的宇宙观。安萨里与哲学家关于世界无始的论战业已提及，在《哲学家的矛盾》第二章中，安萨里又集中火力对世界不朽说予以猛烈攻击，主张世界既非无始，也非不朽，而是在时间中偶性受造的。涉及话题与论证思路也与此前大致相同，具体如下：

哲学家的第一条论证是，世界是一结果，安拉是世界产生的原因，这一原因是无始的、不朽的（在过去与将来都是永恒的），原因是结果的共时因，结果与原因同在，因而作为结果的世界也

---

① أبو حامد الغزالي: تهافت الفلاسفة، المكتبة العصرية، بيروت ٢٠٢١، ص٨٠.

是不朽的。

第二条论证是，如果这个世界得以消亡，那也是在存在后的消亡，所以世界拥有以后。这其中蕴含着对（未来）时间的确定，也就是此在的未来存在是存在的。

第三条论证是，存在的可能不会停止，可能的存在同样能够与永不止息的可能性保持一致，会成为现实。虽然偶性受造物必有开端，但至上安拉使世界持存（أبقاه أبدا），世界不朽并非不可能。

第四条论证与对世界无始的论证平行，即通过可能、质料与形式的互动关系阐释世界不朽。简而言之，未来世界是可能的，即使世界消亡，它存在的可能性还是有的，因为可能不会变为不可能……每一偶性存在都需要一种在先的质料，每一消亡的事物都需要一种质料使之消亡，因为质料与原理（المواد والأصول）是不会消亡的，消亡的只不过是其中的形式和偶性状态……①所以，"偶性受造物消亡的意思是指它的对立面（相反形式）的发生，那就是存在物，而不是什么也不是的纯粹非存在的发生……"② 在哲学家看来，某一事物的消亡并不意味着滑向完全的空无，而是通过质料与另一形式的结合转化为其他事物，并非纯粹的无。所以，哲学家以因果必然论、时间、可能，以及质形论的消隐变化阐释世界永恒无始而又无限绵延的属性，即世界本有，并非空无，也不会成为空无。

安萨里认为，存在与消亡（非存在）是万能者（القادر）的意志带来的，如果安拉意欲，那么就会引发存在或者消亡，这意味着，安拉能够实现完美的存在，在自身中，他是不会变的，所改变的只是行为。③ 也就是说，世界产生体现的是安拉行为与结果

① راجع أبو حامد الغزالي، تهافت الفلاسفة، المكتبة العصرية، بيروت: ٢٠٢١، ٨٠ـ٨١.
② أبو حامد الغزالي، تهافت الفلاسفة، المكتبة العصرية، بيروت: ٢٠٢١، ٨٥.
③ أبو حامد الغزالي، تهافت الفلاسفة، المكتبة العصرية، بيروت: ٢٠٢١، ٨٥.

间的关系，世界的存在与消亡都是偶性受造的，都意指某一事物，且是由安拉的意志决定的，体现的是世界与安拉的关系，这一关系也是可以理解的。从理性角度讲，在未来，这个世界持存与消亡都是可能的，而这两种可能究竟哪一个能成为现实只有通过启示律法（شرع）才能获知，与理性考察无关，也并非在理性考察的范围之内。①

由此可见，哲学家倾向于接受亚里士多德的质形论，以质料、形式、缺失的消隐关系阐释事物的生灭变化；出于信仰上的考虑，教义学家更愿意接受安拉随意创造世间万物的主张，在他们看来，世界并非一个自我发展、拥有自身法度的独立自足的系统，各要素间的生灭变化并没有因果必然性；而哲学家秉承亚里士多德主义传统，通过逻辑论证和流溢说的选择性应用阐释世界无始永恒的自身主张；而安萨里有可能选取了斯多葛派怀疑论与新柏拉图主义者菲洛波诺斯的世界临时受造说归纳以伊本·西那为代表的哲学家主张的悖谬之处，其目的是引发人们对哲学的怀疑，从而为以艾什尔里教义思想为代表的正统信仰辩护，而非确证哲学理性。但值得注意的是，根据前面的分析，安萨里对哲学家的反驳很多都是先入为主，并选取了对己最有利的角度进行辩护，这也为伊本·鲁世德的反击留下余地。

三、伊本·鲁世德驳安萨里的思维路径

针对安萨里在《哲学家的矛盾》中对哲学家的系统攻击，伊本·鲁世德在《矛盾的矛盾》中经仔细分析展开猛烈回击，在开篇即点出他本次写作的目的："此书的目的是要说明艾布·哈米

---

① أبو حامد الغزالي، تهافت الفلاسفة، المكتبة العصرية، بيروت: ٢٠٢١، ص٨١.

德①在《哲学家的矛盾》这一著作中得出的判断，很多并未达到证据确凿的程度。"②

就世界永恒说，伊本·鲁世德与亚里士多德的主张类似，都认为它是永恒变化的，整体为一，不会消亡，也没有什么是从无中产生，存在之后也不会变成无。因为所有从时间中产生的事物都是从潜能变为现实，又从现实变回潜能；可生灭的世界中的存在是由质料与形式构成，一方离不开另一方，两者都是无始的……我们不能说每一质料后还有一质料、每一形式之后还有一形式，直到无限。形式使可生灭存在最终抵达完善，也只有特定质料的形式更替才会带来生灭。在他看来，存在某些居于另一些之上的秩序，质料或本体形式位于纯粹偶性和独立本体之间，是潜能与现实的中间状态，最高形式是安拉的本体形式，它是世界的第一形式，而最低的就是质料形式，所有这些形式组合成一接续序列；运动也是永恒无始的，其性质就是接续数量的性质，具有此等性质的每一事物也不可能拥有时间上的起始；此外，时间是运动的尺度，两端都无极限，因而运动也是无始的。简而言之，如果变化是永恒无始的，那么就会必然得出存在永恒无始的运动，这一运动需要一永恒无始的推动者；因为如果我们说世界是在时间中受造的，那就必然有另一世界使得这一世界从中产生，这也会走向无限。所以他确定，自无始以来世界就有一个无始的推动者推动它运动……③因而世界是永恒无始的。有鉴于此，伊本·鲁世德对安萨里有三个层面的指责：诡辩、自我发挥、哲学素养欠缺。

---

① 艾布·哈米德即安萨里。

② القاضي أبي الوليد محمد بن رشد، تهافت التهافت، تحقيقه الدكتور سليمان دنيا، الطبعة الأولى، دار المعارف بمصر، ١٩٦٤، ص٥٥.

③ جميل صليبا، تاريخ الفلسفة العربية، الشركة العالمية للكتاب، ١٩٩٥، ص٤٧٧-٤٧٨.

第一，安萨里诡辩①之表现。如前所说，针对世界是否无始，哲学家、安萨里有不同理解。基于意志、行为与行为对象关系的不同认知，哲学家通过归谬法得出世界在时间中受造的悖论，即：①安拉是永恒的，不变的，从无中以意志创世；②世界从无到有是一种变化；③安拉从未想创造世界到意欲创造是一种变化，与①矛盾，因而世界只能是无始的。安萨里的反驳则是，世界因无始意志而在时间中受造，在它存在的那一刻存在，这与意志概念并不矛盾，因为它是绝对意志。哲学家声称，当意志完善时，意欲对象必然发生，但他们却基于将安拉的意志比作人类意志，声称意志与意欲对象间不可能存在时间上的延迟，这与事实相差甚远。伊本·鲁世德指责安萨里混淆了无始主体的意志与行为，是在偷换概念，即他并未认识到哲学家容许主体意志与行为对象间存在时间延迟，而非主体行为与行为对象间存在时间延迟；因为如果假设安拉以无始意志想要世界存在，那么他的行为就像意志那样，是无始的，因为在绝对主体那里，行为与意志必然相关，作为世界主体，安拉的实际行为与行为对象间并不存在时间延迟。安萨里与教义学家的错误在于将行为与意志割裂开来，如果他们承认意志与行为永恒无始地关联在一起，就无法驳斥世界永恒无始说。所以，安萨里指责哲学家将安拉意志混同于人类意愿，而伊本·鲁世德指责安萨里将安拉的意志混同于安拉的实际行为。

针对时间，教义学家一般认为，安拉不能拥有一种时间上的在先，因为在先意味着时间，时间意味着运动，是对运动的表述，如果安拉先于世界而存在是时间上在先，那就意味着安拉存

---

① 诡辩(السفسطة)，源于希腊语 σοφίσμα，意为智者(حكم)、灵巧者，此后用于表述假装智慧，也有人说诡辩是对表面真实、内在荒谬的衡量，其目的是欺骗他人或是自己。具体表现手段有偷换概念、循环论证、诉诸权威等。

在生灭变化，这在信仰上是荒谬的。鉴于此，阿拉伯哲学家力图从时间无始推导出运动无始，进而得出世界无始。为规避或驳斥哲学家的多重无始说，安萨里引入空间与物的概念，对时间进行限定，进而拉低时间和与之相关的受造物的位次：时间与空间表述物与物之间的关系，伴随着安拉对世界的创造而一同产生，既然空间与时间是被物质所确定，物质是有限的，时间与空间也就是有限的，世界自然也就是有始的，而非无始。此外，世界的产生也是在产生之前是为不可能，但在另一时间中却是可能的。如果假定这个世界在产生之前的永久时刻是不可能的，那么它就从不可能变为可能，但是将可能与不可能分别定格于某一时间中，并不能使得他们同可能性本质分离，因为这是可能的总体特征，① 如果相信某件事在一时间中不可能，但在另一时间中却是可能的，那么他就相信了这件事绝对可能而非不可能的本质。伊本·鲁世德的反驳是：对时间和空间的度量是不同的，因为空间是可把握的具体存在，不可能将某物占有的空间无限延长；但时间与此不同，时间的延长是无止境的；而且安拉是不动的推动者，如果时间是对运动的度量，那么安拉应该处于时间之外，所以安拉在世界之先并非指时间上在先，而是在因果与逻辑意义上在先；此外，某一时间当中事物存在的可能性已然超出创造者与受造物的话题探讨范围，安萨里不仅混淆时间与空间，而且引入多重概念，试图从一个问题跳到另一个问题，转移话题，同样是在诡辩。

哲学家、安萨里与伊本·鲁世德争论的另一焦点围绕可能与质料的问题展开。哲学家认为，世界是受造的，如果世界的受造有无数种可能性，那就意味着可能性的永恒持续，而非不可能，因为如果可能性有开始，那么可能性开始之前是不可能，而世界

无法由不可能变为可能；所以可能性是无始的，可能性需要质料作为依托；既然可能性是无始的，那么作为基体的质料也就是无始的，世界也就是无始的。安萨里的反驳是：如果世界可能存在，就不能同时主张世界无始，因为无始的世界是必然存在，而非可能存在，这两个概念并不相容；并且可能性无需质料依托，若可能性需要依托，那么不可能也需要依托，这是荒谬的。由此看来，双方的探讨采取的是逻辑进路，这里的可能也是逻辑意义上的可能，而非潜能，逻辑可能的推演无需质料，而每个潜能中蕴含质料。哲学家通过将逻辑可能混同于潜能，通过潜能中的质料永恒来说明世界永恒，利用其中最有利的特点来说明，其中并没有中项，这一点前文业已提及。安萨里和他要反驳的哲学家似乎并未注意到这其中的区别，伊本·鲁世德也同样如此，他的观点是：凡是承认世界在存在之前即为永不止息的可能的人，肯定也认可世界永恒，因为永恒可能即为永恒存在的假设预示着没有所谓的不可能。有可能成为永恒的也必然永恒存在，因为凡是可以接受永恒的就不会消亡……而安萨里的观点是永恒与可能并不能兼容，因为世界是偶性受造，如果假定一种并非偶性受造的永恒存在，那么现实就不再与可能相符……所以说哲学家基于逻辑论证，始终认为世界在存在之前是可能的，可能依托于质料，质料无始，世界永恒；而安萨里始终秉持世界在时间中偶性受造的观点，世界并非无始，可能并非必然，与永恒并不兼容，以此来确定世界有始。至此，双方都有较强的独断论倾向。

第二，安萨里自我发挥之表现。针对世界无始问题，伊本·鲁世德反驳完安萨里对哲学家的反驳后，各方又围绕世界存在后的状态进行争论，争论的主题是主体、存在与非存在。安萨里认为，存在与消亡是万能者的意志行为，如果安拉意欲，就会引发存在或者消亡；安拉能够实现完美的存在，其自身是不会变的，改变的只是行为……非存在也从中生发而出，在此之前并没有非存在，然后非存在重新出现了，这正是从安拉中产生的东西。① 也就是说，在安萨里看来，安拉是存在与非存在的行为主体。对此，伊本·鲁世德也承认主体在存在与非存在转化间的作用，只不过当主体进行破坏的时候，这一事物确实会变为非存在，但一旦这一事物已然不存在，主体的行为本身就不再与这一事物的不存在相关；非存在是从实际意义上的存在变为潜在，非存在的发生就是这一变化的结果，因而非存在就与主体有关……但非存在在主体行为之后发生并不一定意味着主体是它原初和本质意义上的主体。在这一问题的讨论中，当安萨里承认消亡事物非存在的发生必然是在可消亡的主体行为之后时，他得出的结论却是非存在是本质和第一行为的产物。伊本·鲁世德认为这是不可能的，因为既然主体不存在，那么主体行为就不会在本质和初始意义上与非存在相关。同理，如果可感存在（复数）是单一的，那么它们就既不会生成，也不会毁灭，除非第一和本质意义上的主体行为与非存在相关。但主体行为仅在偶然和第二意义上与非存在相关，比如将行为对象从实际意义上的存在变为另一形式的存在，这一行为伴之非存在；又比如将火变为空气，伴之非存在的是火……②但存在到非存在的转换并非意味着世界会在完全的无中消亡。这就是哲学家关于存在与非存在的理论，而不是像安萨里所言，世界存在与否全凭安拉意志，然后又将安拉意志混同于其行为，得出是安拉的意志行为造成世界存在与非存在的转换。伊本·鲁世德对此并不认同，认为这是安萨里的自我发挥。如前所言，在他看来，主体行为只在偶然和第二意义上与非存在相关，这时的主体行为与事物从潜能到现实时的主体行为并

---

① أبو حامد الغزالي: تهافت الفلاسفة، تحقيقه سليمان دنيا، دار المعارف بمصر، الطبعة الرابعة، ١٩٦٦، ص١٣١.

② ابن رشد، تهافت التهافت، تحقيقه الدكتور سليمان دنيا، دار المعارف، ١٩٦٤، ص٢٤٣.

不同一。由此可见，伊本·鲁世德与安萨里的观点并没有那么水火不容，双方争论的焦点是存在与非存在的引发主体是否同一。此外，后者更倾向于质料、形式、缺失意义上的存在转换，并非世界万物从无中受造、最终也归于无的存在论。

综上，阿拉伯哲学家基于亚里士多德主义立场，从时间、质料、原因、意志、可能性与潜能等角度得出世界永恒。而安萨里以世界既非无始也非有始为前提，借助斯多葛派怀疑论的思维路径，以同样主题驳斥深受希腊学院派影响的哲学家，将思辨理性摆在低于启示信仰的位置，以维护认主独一、至高无上、无可比拟的传统教义。伊本·鲁世德认为，安萨里的某些逻辑推演犯了偷换概念、转移话题的错误，不能成立，某种程度上是在为深受希腊思辨传统影响的哲学家辩护。

但值得注意的是，就运动、时间、质料、可能、潜能等话题，亚里士多德主义者似乎并不能从中得出，世界万物只有唯一一个同一的推动者；每一个体不动的推动者是否同一，独立于无穷倒退论证，某种程度上，这也为安萨里所诟病；而就质料、潜能与可能的议题，双方似乎并未注意到它们在概念上的微妙差异，因而二者对自身主张的论证均略显乏力；针对原因，安萨里以偶因论驳斥哲学家的因果必然论，进而将因果必然主体上溯至安拉，内在动机是维护认主独一的传统信仰。因而，以伊本·西那为代表的哲学家与安萨里基于不同思维前提认知安拉、世界与人的关系，前者试图以自然理性理解信仰，后者基于天启维护宗教，而伊本·鲁世德试图通过反驳安萨里对哲学家的批判来弥合自然理性与启示信仰间的差距。但很遗憾，伊本·鲁世德晚年受到政治风波的牵连，大量阿拉伯语原著被付之一炬，其思想在古代东方并未产生太大影响。而由于安萨里的初衷是维护启示信仰，加之他对当时塞尔柱统治者的迎合、晚年对苏非信仰的改造、对艾什尔里传统教义的发扬，他的主张在古代东方知名度很高，大量著作得以保存，其思想在东方也得到广泛传播。

概而言之，在批判与反批判中，安萨里与伊本·鲁世德争论的关键在于这个世界究竟是在时间中偶性受造的还是自然生成的。实际上这代表了两种不同的创造论：前者认为世界由安拉创造，而后者倾向于从亚里士多德主义的质形论出发，说明世界产生、衍化的逻辑与内在规律，实际上并不赞同无中生有的主张，体现了对世界、人与造物主范式的不同理解。

当代学者伊兰·纳顿（Ian Netton）认为，造物主范式共有四点：从虚无中创世；在历史时间中活动；在这样的时间中引领民众；能以某种方式被受造物间接认知。① 所以这个世界究竟本有还是由安拉从无中创造，实际上代表了对安拉与人的关系的不同认知，引发人类对世界存在性质的思考。这个世界是否永恒？以现在为基点，阿拉伯哲学家将世界永恒说分为无始与有始，安萨里都予以反驳。在他看来，这个世界既非无始，也非不朽，而是由全知万能的安拉在时间中随意创造，是偶然的，有始有终的，并以此为前提预设，竭尽所能说明阿拉伯逍遥哲学逻辑论证在这一层面的荒谬与悖逆。伊本·鲁世德以亚里士多德主义的方式归纳出安萨里在论证中转移话题、偷换概念的缺陷，实际上在为人的思维理智辩护，但并没有明确表现出反启示信仰的态度。

当代学者哈立德（خالد كبير علال）又针对《矛盾的矛盾》中的相关内容进行批判，在他看来，哲学家与伊本·鲁世德推崇世界本有、无始说的后果是："无法将创造者与受造者的行为区分开来；若安拉的创造行为受限于质料，不能从无中创造，那就是在否定安拉的全能，这与《古兰经》叙述相悖（当我要创造一件事物的

---

① Ian Richard Netton, *Allah Transcendent: Studies in the Structure and Semiotics of Islamic Philosophy, Theology and Cosmology*, London and New York: Routledge, 1994, p. 22.

时候，我只对它说声'有'，它就有了［16：40］）。"① 在他看来，"说有就有"意味着安拉从无中创世，此外，《古兰经》中以土造人的相关经文也表明安拉能以形赋形，从有中造人。他认为，哲学家与伊本·鲁世德否认无中创世的可能性，主张世界本有，无始无终，混同于有形万物的生殖繁衍，实际上拉低了安拉的位次。但根据前文分析，应该注意到的是，无论哲学家、安萨里还是伊本·鲁世德，其关于世界究竟是为无始，还是永恒不朽的论证，更多是基于不同前提、不同视角得出不同结论，是理解与意见之争，并没有明确提出反启示信仰、反宗教的立场。那么，哲学理性与启示信仰究竟是什么关系？在批判与反批判中，这成为从古至今各大流派反复争论的话题。

四、结语

安萨里与伊本·鲁世德是古典伊斯兰思想史上举足轻重的人物。两者虽均受古希腊思辨理性传统的影响，但若要细分，二者却分处宗教传统与思辨理性天平的两端。安萨里早年追随朱韦尼学习艾什尔里派教义，后到尼扎姆学院任教，黎巴嫩当代学者贾米勒·萨利巴（جميل صليبا）在《阿拉伯哲学史》中指出："如果我们知道，尼扎姆学院的建立是受逊尼派支持，目的就是反对法蒂玛学说支持下的爱资哈尔清真寺，安萨里时代出现了哈桑·本·萨巴哈创立的哈夏苏纳派（الحشاشون），之后合并成努塞里派（النصيرية）、叶齐德派（اليزيدية），还有第一次十字军东征……我们就知道安萨里在尼扎姆学院内外的思想努力并非丝毫不受政治风波

---

① خالد كبير علال، تهافت ابن رشد في كتابه تهافت التهافت،الجزائر: دار كنوز الحكمة، ٢٠١١، ص ١٣ـ١٤.

的影响。"① 安萨里也多次提到，他写作本书的目的之一就是"出名"。② 面对古典形而上学对宗教传统的冲击，安萨里以怀疑论的方式进行反击，力图引发人们对前者的怀疑："我写作此书只是为了说明哲学家主张的混乱与矛盾"，③ "提醒那些美好地以为哲学家的方法路径毫无矛盾的那些人……现在业已实现"。④ 由此可见，安萨里意在充当古典形而上学领域的破坏者，而非重构者；而"哲学的功能并非要提供问题的解决办法，而是在批判问题的已有解决办法"。⑤ 如果说安萨里是以哲学性怀疑的方式反思哲学，那么是否意味着他的主张也是可疑的？他以怀疑的方式引发怀疑，那到底什么才是确实可信的？由此，安萨里晚年深受怀疑论困扰，一度精神崩溃。

此外，从伊本·鲁世德的分析中可知，安萨里的主张也并非无懈可击，他与阿拉伯逍遥哲学家的分歧更多是观念和视角上的差异。一般而言，怀疑与好奇是求知的方式，而非目的，安萨里以怀疑的方式引发怀疑，力图动摇人们对已有学科的信心，且在著作末尾对世界永恒说等三个论题进行定判，认为那是不信道者的观点，其余则属异端，这种非此即彼的学术方式某种程度上是相当危险的。相对而言，伊本·鲁世德对启示信仰与哲学理性持开放的态度，对于某些细微问题，伊本·鲁世德在《哲学与宗教的一致性》中予以说明与调和，一定程度上体现出理性、客观、思辨、开放、包容的学术气质与文明特征。

---

① جميل صليبا، تاريخ الفلسفة العربية، الشركة العالمية للكتاب، ١٩٩٥، ص٤٠٩.

② راجع أبو حامد الغزالي، تهافت الفلاسفة، تحقيق سليمان دنيا، دار المعارف بمصر، ص٦٨-٦٩.

③ أبو حامد الغزالي، تهافت الفلاسفة، تحقيقه سليمان دنيا، دار المعارف بمصر، ص٢٥٨.

④ أبو حامد الغزالي، تهافت الفلاسفة، تحقيقه سليمان دنيا، دار المعارف بمصر، ص٨٢.

⑤ راجع الدكتور توفيق طويل، أسس الفلسفة، مكتبة النهضة المصرية، الطبعة الثالثة، ص١٢٦.

倭马亚王朝时期基督徒的处境与回应

——以叙利亚地区基督教为例

罗越源　中央民族大学哲学与宗教学学院博士研究生

内容摘要：当叙利亚地区基督徒陷入伊斯兰教征服与统治之中，他们的生存经验是什么？基于这个问题，本文首先关注叙利亚地区基督教在倭马亚王朝政治、宗教方面较为宽容的处境，同时简要分析该时期叙利亚地区基督徒对伊斯兰教征服的四种回应模式：上帝的惩罚、敌基督的前兆、基督教的异端、用伊斯兰教神学的语言为基督教辩护。倭马亚王朝统治下，叙利亚地区基督徒与伊斯兰教不断接触而发展起来的共存文化，为中东地区文明发展作出了重要贡献。

关键词：叙利亚地区基督教　倭马亚王朝　伊斯兰教

长期以来，关于中东地区的基督徒群体，学界与社会上普遍存在认识上的误解，或是认为伊斯兰政权对基督教一定是拒斥的、敌对的、不宽容的;[①] 或者以西方-基督教中心主义的视角简单化、片面化地看待伊斯兰教的崛起与发展,如皮雷纳命题（Pirenne Thesis）及由它引出的大部分争论都只关注伊斯兰教崛起对西欧基督教的影响;[②] 又或者将注意力放在穆斯林精英或是穆斯林群体上,[③] 忽视早期伊斯兰时期中东地区的社会多样性,忽略伊斯兰帝国中存在的大量非穆斯林群体及其独特处境和回应。不可否认的是,欧洲基督教和中东伊斯兰教近乎分立的研究边界忽视了伊斯兰世界中的叙利亚地区基督徒,因此,本文将主要关注倭马亚王朝时期叙利亚地区基督徒的生存体验,即他们在伊斯兰世界中的处境与回应。

被阿拉伯征服以后,叙利亚地区（Syria）[④] 变成了阿拉伯世界的一部分。阿拉伯世界首先包含民族、文化和宗教社区等概念,对于阿拉伯世界而言,叙利亚地区基督徒自始至终都不是异源的,即由历史上的偶然事件导致外来宗教在这片土地上传播,他们是构成本地社区与居民的一部分。阿拉伯征服初期,叙利亚地区首先被视作一片结合了不同文化价值观的土地,包括阿拉米、希腊、拜占庭等传统的基督教遗产,以及新兴的阿拉伯伊斯

---

① 参见: Raphael Israeli, *Christianophobia: The Persecution of Christians Under Islam*, Eugene: Wipf and Stock Publishers, 2016, p. 15; Jerry Bentley, *Old World Encounters: Cross-Cultural Contacts and Exchange in Pre-Modern Times*, New York: Oxford University Press, 1993, p. 93; Raymond Ibrahim, *Crucified Again: Exposing Islam's New War on Christians*, Washington, D. C.: Regnery Publishing, 2013, p. 7。上述著作描绘了基督徒在伊斯兰政权统治下受到的迫害。

② Admad Shbuol, "Christians and Muslims in Syria and Upper Mesopotamia in the Early Arab Islamic Period: Cultural Change and Continuity", *Sydney Studies in Society and Culture*, Vol. 12, 1996, p. 74.

③ 参见: Ira M. Lapidus, "The Separation of State and Religion in the Development of Early Islamic Society", *International Journal of Middle East Studies*, Vol. 6, No. 4, 1975, pp. 363–385。该文认为新的历史证据和考古信息正在逐渐改变人们对穆斯林宗教运动和宗教精英的看法。

④ 在古代的语境中,叙利亚地区具有广泛的地理意义,从安纳托利亚东南部向南延伸到阿拉伯,通过现代土耳其的阿穆克平原、幼发拉底河以西的现代叙利亚,以及以色列、巴勒斯坦、黎巴嫩和约旦等国家,并从地中海沿岸向东延伸到美索不达米亚的西部边缘。参见: Trevor Bryce, *Ancient Syria: A Three Thousand Year History*, New York: Oxford University Press, 2014, p. 5。

兰帝国的政治和文化价值观。其次，它被视为新兴阿拉伯伊斯兰帝国的一个重要省份，并成为其政治中心。[①] 因此，在倭马亚王朝时期，叙利亚地区民众主要信仰基督教与伊斯兰教，基督徒和穆斯林共同在叙利亚地区这片广袤的土地上书写了漫长的历史篇章。

总之，研究叙利亚地区基督教，不能不涉及倭马亚王朝对叙利亚地区的征服与统治，[②] 也不能不涉及伊斯兰教统治下基督徒的生存经验。叙利亚地区基督徒是一个完全由信仰、传统和生存意志塑造的群体。这个"虔信之民"有它自己的美丽、琐碎和悲伤的记忆。[③] 当叙利亚地区基督徒陷入伊斯兰教的征服与统治之中，他们就被要求反思这一新现实，并在社会和神学方面作出回应。

对伊斯兰世界中本土基督教社区——叙利亚地区基督徒处境和回应的考察，有利于我们了解这些在欧洲基督教和中东伊斯兰教都被边缘化的人群在异教信仰环境中的适应性，更好地理解叙利亚地区基督教传统的精神、礼仪、教父和神学宝藏；同时有利于我们探寻中东地区的宗教多样性，发现不同宗教社群间的共存与对话经验，发现伊斯兰教统治早期中东地区的伊斯兰化实际上是一种多群体参与、多方面和多维的社会和文化转型。

---

① Ahmad Shboul and Alan Walmsley, "Identity and Self – Image in Syria – Palestine in the Transition from Byzantine to Early Islamic Rule: Arab Christians and Muslims", *Mediterranean Archaeology*, Vol. 11, 1998, p. 255. 关于这个问题，可另见：Robert Schick, *The Christian Communities of Palestine from Byzantine to Islamic Rule: A Historical and Archaeological Study*, Princeton: The Darwin Press, 1996。

② Antoine Borrut, "Vanishing Syria: Periodization and Power in Early Islam", *Der Islam*, Vol. 91, No. 1, 2014, p. 6.

③ Joseph Yacoub, "Christian Minorities in the Countries of the Middle East: A Glimpse to the Present Situation and Future Perspectives", in Dietmar W. Winkler ed., *Syriac Churches Encountering Islam: Past Experiences and Future Perspectives: 1*, Piscataway: Gorgias Press, 2010, p. 172.

一、倭马亚王朝时期叙利亚地区基督教的处境

毫无疑问，阿拉伯伊斯兰帝国在地中海和印度洋地区的扩张构成了世界历史的一个重大转折点，罗马-拜占庭世界远去，阿拉伯帝国走上世界舞台。穆罕默德与四大哈里发执政时期结束以后，叙利亚地区总督穆阿维叶（Muawiya，661—680 年在位）成为哈里发，阿拉伯进入世袭制王朝——倭马亚王朝时期（661—750 年）。

在这一时期，伊斯兰教变得阿拉伯化[1]、世俗化[2]。就世俗化而言，倭马亚王朝宗教与政治发生一定程度的分离，宗教权威受世俗力量影响，伊斯兰教在政治上的神圣权威消退，政教合一传统弱化。尽管仍保留了哈里发制度等政教合一传统，但其政治体系更接近于世俗帝国，哈里发更多是世俗上的君王，而非宗教领袖。[3] 因此，倭马亚王朝处理非穆斯林问题的基本依循虽仍是《古兰经》，[4] 但也随着世俗统治的需要而变化，即伊斯兰王朝在

① 就伊斯兰教阿拉伯化而言,倭马亚王朝时期,使用叙利亚语的基督徒和希腊化的伊拉克、伊朗的基督教社群融入王朝中,为阿拔斯时代的百年翻译运动作了前期准备,600—945年,以阿拉伯文为载体的伊斯兰文明逐渐取代叙利亚语(Syria)和巴列维语(Pahlavi)的中东文明。

② 倭马亚王朝时期,早期政教合一的乌玛体制难以适应日趋复杂的国家治理现实,统治者本身也难以维系宗教与政治双重领袖的身份,伊斯兰社会政治权威与宗教权威在事实上出现分离的趋势。参见:Ira M. Lapidus, "The Separation of State and Religion in the Development of Early Islamic Society", International Journal of Middle East Studies, Vol. 6, No. 4, pp. 363-385。

③ Admad Shbuol, "Christians and Muslims in Syria and Upper Mesopotamia in the Early Arab Islamic period:Cultural Change and Continuity", *Religious Change*, *Conversion and Culture*, Vol. 12, 1996, p. 76.

④ Murat Ülgül, "Religion and Empire:Islam as a Structural Force in the Umayyad and the Ottoman Empires", *Novus Orbis:Siyaset Bilimi ve Uluslararası ilişkiler Dergisi*, Vol. 2, 2020, pp. 115-116.

征服之初实行的宗教宽容①是统治的必要条件，维持被征服社区的稳定符合阿拉伯统治者的自身利益，因为它们为帝国提供了稳定的经济基础。

总的来说，学界普遍认为，倭马亚王朝施行有限度的宗教宽容。在宗教管理上，倭马亚王朝不强迫被征服区的一神教徒改信，将犹太人和基督教徒视为"有经人"，尊重"有经人"的信仰自由，②"对于宗教，绝无强迫"。

根据阿拉伯人只能有一种宗教的原则，阿拉伯基督徒被迫皈依伊斯兰教，相比之下，非阿拉伯族裔的基督徒享有更大的自由。服从伊斯兰教统治的非阿拉伯裔基督徒被给予受保护的地位，允许他们在一定范围内从事自己的宗教活动。"你们有你们的报应，我也有我的报应"，③ 他们可以继续保持自己的信仰，但其宗教活动以不扩张影响、不影响穆斯林为限，比如不能建造新宗教场所、不能传教、教堂不能敲钟等等。此外，倭马亚王朝执行一套顺民（Dhimmi）④ 系统，王朝治下的基督徒需要缴纳人丁税（Jizyah），⑤ 他们的社会权利和地位要低于穆斯林。

---

① 本文宗教宽容指倭马亚王朝时期对非穆斯林（基督徒、犹太人、琐罗亚斯德教徒等）宗教社群的包容，不管统治者对某宗教社群的态度是赞同、支持还是歧视、憎恶，只要允许伊斯兰教之外的宗教群体存在、允许宗教社群进行宗教活动、不强迫改信，就是实行了宗教宽容。

② 在《古兰经》中，犹太人和基督徒被称为"有经人"（Ahl al-Kitāb, people of the book），除犹太人、基督徒之外，有时还包括拜星教徒（Sabians）、琐罗亚斯德教徒（Zoroastrians）。"信奉天经的人啊！你们没有信奉什么，直到你们遵守《讨拉特》（Torah）和《引支勒》（Gospel），以及你们的主所降示你们的经典"（《古兰经》5：68）。参见马坚译：《古兰经》，北京：中国社会科学出版社，2003 年版，第 84 页。本文《古兰经》引文皆采用马坚本。

③ 在《古兰经》中，阿拉伯文为"دين ولي دينكم لكم"，英文转译为"For you is your religion, and for me is my religion"，参见 https://koran. link/en__109/。

④ 顺民指服从阿拉伯统治的"有经人"，意即"被保护的人"。这一词汇最早指犹太教徒，后来扩展到了基督徒、萨比教徒、袄教徒、撒马利亚派教徒等。参见金宜久主编：《伊斯兰教词典》，上海：上海辞书出版社，1997 年版，第 304 页。

⑤ 马歇尔·哈济生著，张人弘等译：《伊斯兰文明：伊斯兰古典时期（上卷）》（第一册），台北：台湾商务印书馆，2015 年版，第 374 页。

在倭马亚王朝统治的近一个世纪内，"叙利亚地区在战略和地缘政治方面经历了 180 度的重新定位"。① 635 年，叙利亚地区开始被置于穆斯林的统治之下。阿拉伯将领哈立德·伊本·韦立德（Khālid ibn al-Walīd）以"至仁至慈的安拉之名"，与叙利亚大马士革守军和居民订立和约，和约规定，"倘若他进了城，他答应保护他们的生命、财产、教堂……我们给予他们真主的契约，以及先知、哈里发和信士们的保护"。当然这种保护是有条件的，"只要他们缴纳人丁税，他们就会享受福利"。② 就相关文献记载，在大马士革，似乎找不到任何表明城市和居民区受到穆斯林征服者肆意破坏的证据。③

之后，穆阿维叶在叙利亚地区任总督 20 年，因此，可以说叙利亚地区是倭马亚家族天然的"政治基石与后方"。在成为哈里发后，穆阿维叶将统治中心由麦地那迁往大马士革，叙利亚地区成为倭马亚王朝的政治与文化中心。

伴随着倭马亚王朝开疆拓土，王朝内的政治生活趋向复杂，新征服领土中的绝大多数人口都是非穆斯林，包括基督教徒、犹太教徒、琐罗亚斯德教徒等。出于国家治理的实际需要，穆阿维叶选择在叙利亚地区维持原有的行政管理机构，而不是依靠伊斯兰教的神职系统进行管理。

据记载，叙利亚地区政府工作人员大部分是或曾是基督徒，甚至一些基督徒还在倭马亚王朝扮演重要角色，如穆阿维叶的妻子是基督教徒，他的财政大臣、医生、诗人也都是基督教徒。④ 9

---

① Ahmad Shboul and Alan Walmsley, "Identity and Self - Image in Syria - Palestine in the Transition from Byzantine to Early Islamic Rule: Arab Christians and Muslims", *Mediterranean Archaeology*, Vol. 11, 1998, p. 256.

② 菲利浦·希提著，马坚译：《阿拉伯通史》（上册），北京：新世界出版社，2008 年版，第 135 页。

③ Donald R Hill, *Termination of Hostilities in the Early Arab Conquests AD* 634-656, London: Luzac, 1971, p. 59.

④ 同②，第 214 页。

世纪的一位阿拉伯地理学家和历史学家雅各比（al-Ya'qubi）评论说，"在穆阿维叶之前，没有一个哈里发雇用过基督徒"，① 这种行政惯例一直延续到阿拔斯王朝（Abbasid，750—1258 年）及以后。

根据叙利亚地区基督教处境的考古资料与历史记载，倭马亚王朝对基督教圣地与教堂的态度也可能是宽容的。穆阿维叶在耶路撒冷被他的黎凡特追随者授予哈里发头衔，接着他在此地以哈里发的身份探访一些基督教圣地，如客西马尼教堂、各各他山、升天大教堂，甚至还在圣母玛利亚墓附近祈祷。②

穆阿维叶以倭马亚王朝宗教与政治领袖的身份探访基督教圣地，可以看作是出于世俗政治治理需要的一种维护宗教和平、维护社会稳定的政治手段。另一名哈里发也有类似的行为，欧麦尔二世（Omar Ⅱ，717—720 年在位）令其部下在征服土地时，"不要摧毁其上的任何一座教堂"。此外，据推罗的威廉（William of Tyre）说，"阿拉伯人还允许基督徒重建他们被毁坏的教堂"。③

在倭马亚王朝时期，基督教的庆祝活动也没有停止，"他们不仅不攻击基督教，而且尊重我们的信仰，尊重我们的神职人员和圣徒，支持我们的教堂和修道院"，④ 被穆斯林征服后，教会的领袖也继续保有对神职人员、教堂、修道院与学校的控制。⑤ 倭

① Sidney H. Griffith, "The Man ṣ ūr Family and Saint John of Damascus: Christians and Muslims in Umayyad Times", in A. Borrut and F. Donner ed., *Christians and Others in the Umayyad State*, Chicago: The Oriental Institute, 2016, p. 31.

② Nour Abu Assab, "the Umayyads' Attitude Towards the Christian Sacred Sites in Islamicjerusalem", *Journal of Islamicjerusalem Studies*, Vol. 14, 2014, pp. 27-76.

③ 同②。

④ 649 年至 659 年东方教会主教 Ishoyahw III 的书信中的话，参见：Mar Louis Sako, "Muslim-Christian Dialogue in Syriac Sources", in Dietmar W. Winkler ed., *Syriac Churches Encountering Islam: Past Experiences and Future Perspectives: 1*, Piscataway: Gorgias Press, 2010, p. 7。

⑤ U. Simonsohn, "The Christians Whose Force is Hard NonEcclesiastical Judicial Authorities in the Early Islamic Period", *Journal of Economic and Social History of the Orient*, Vol. 53, 2010, p. 584.

马亚王朝时期的麦基派（Melkite）[1] 基督徒仍然与君士坦丁堡教会保持共融。在 7 世纪的大部分时间里，生活在穆斯林统治下叙利亚地区的麦基派基督徒，用希腊语、阿拉米语和叙利亚语写作，与国内外基督徒就圣像、基督论等问题展开激烈争论。直到 9 世纪前期，麦基派基督徒似乎还与君士坦丁堡教会有定期接触。[2]

有文献证据表明，雅各比派（Jacobite）和聂斯托利派（Nestorian）基督徒也保留了他们的传教活动。[3] 甚至在倭马亚王朝早期，聂斯托利派基督徒还在巴勒斯坦建造了修道院，泰尔马索斯（Tel Masos）修道院可以追溯至 700 年前，橄榄山修道院（The Monastery of the Mount of Olives）也至少可以追溯到 739 年。[4] 这种宗教活动的连续性及教会系统管理的独立性也显示出倭马亚王朝对基督教更可能采取宽容态度。

然而，这种宽松的处境是变化的，随着阿拉伯帝国伊斯兰化的发展，伊斯兰教在国家与社会层面占据主要地位，因此，基督徒的生存空间事实上在减少，尤其是倭马亚王朝的第五位哈里发阿卜杜勒·马利克（Abd al-malik，685—705 年在位）和他的儿子瓦利德一世（Al-Walid I，705—715 年在位）统治时期，倭马亚哈里发统治权力达到高峰，国家公众形象中出现了更加明显的

---

① 麦基派意为"皇帝的人"，因其忠于拜占庭帝国，并接受君士坦丁四世主持召开的第三次君士坦丁大公会议的基督论，又被称为保皇党（Royalist）。

② Sidney H. Griffith，"John of Damascus and the Church in Syria in the Umayyad Era：The Intellectual and Cultural Milieu of Orthodox Christians in the World of Islam"，*Hugoye：Journal of Syriac Studies*，Vol. 11，No. 1，2008，p. 220.

③ Ibrahim，Mar Gregorios Yohanna，"The Syrian Churches During the Umayyad Era"，in *Syriac Churches Encountering Islam：Past Experiences and Future Perspectives：1*，Piscataway：Gorgias Press，2010，p. 56.

④ John C Lamoreaux，"Early Eastern Christian Responses to Islam"，in John Victor Tolan edited，*Medieval Christian Perceptions of Islam：A Book of Essays*，East Sussex：Psychology Press，2000，p. 7；另见：Aharon Kempinski，"Tel Masos"，*Expedition Magazine*，https://www.penn.museum/sites/expedition/tel-masos/ 。

阿拉伯和伊斯兰特征，叙利亚地区基督徒的生存空间相对缩减。

哈里发阿卜杜勒·马利克为纪念新王朝的成就，下令建造了圆顶清真寺（Dome of the Rock）。美国学者赖默（Rhymer）认为，可以更多地把圆顶清真寺的建立视为哈里发对新王朝身份的确认和对伊斯兰世界扩张速度的标记，[1] 是统治者对其统治合法性的强化。这位哈里发在世时期，宣扬基督教，尊奉耶稣为先知、马利亚为童贞女，主张独一神论的共同的亚伯拉罕宗教身份。[2] 结合其事迹，我们认为，这是倭马亚王朝强调自身的宗教基础，[3] 而不是特意打击基督教。但不可否认的是，在这种情形下，叙利亚地区基督教的生存空间逐渐被伊斯兰教挤占，伊斯兰教逐渐在该地区占主要地位。

基督徒面临的困境还不止于此，随着倭马亚王朝的统治进入末期，哈里发对基督徒的宽容度明显下降。安提阿宗主教去世时，哈里发瓦利德一世不允许任命他的继承者再任命下一个。[4] 欧麦尔二世也为《欧麦尔约章》（The Pact of Omar）增加了许多歧视性的、严苛的条例，比如要求基督徒穿着独特的衣着、限制他们公开表达信仰和建立新教堂、限制他们举行礼拜仪式、禁止展示十字架和圣经等。[5]

因此，可以说，在倭马亚王朝时期，穆斯林征服者对叙利亚地区基督徒的政策与态度在容忍和胁迫之间具有相当大的变化性，并没有系统、成熟的规划。本文猜测，这与倭马亚王朝的

---

① Joseph Rhymer, *New Illustrated Atlas of the Bible*, New York: Chartwell Books, 2003, p. 111.

② Patricia Crone and Michael Cook, *Hagarism: The Making of the Islamic World*, London: Cambridge University Press, 1977, pp. 3–34.

③ Jeremy Johns, "Archaeology and the History of Early Islam: The First Seventy Years", *Journal of the Economic and Social History of the Orient*, Vol. 46, No. 4, 2003, p. 432.

④ A. S. Tritton, *Caliphs and Their Non-Muslim Subjects*, Delhi: Idarah-iAdabiyat-i-Delli, 2002, p. 79.

⑤ Raymond Ibrahim, *Crucified Again: Exposing Islam's New War on Christians*, Washington, D. C: Regnery Publisher, 2013, pp. 27–29.

"短命"、"得位不正"、作为征服者的"优越感"有关。

总之，就叙利亚地区而言，在伊斯兰教统治早期，"伊斯兰化"或者说伊斯兰教的"传播"，在本质上指的是政治统治、社会转型、文化适应、阿拉伯化，而不是指改变信仰。[1] 事实上，在穆斯林征服叙利亚地区的一个世纪内，据说在倭马亚王朝的400万人口中，可能仅有25万人（占人口的6%）是穆斯林，其中还要加上几千名来自叙利亚地区的非阿拉伯血统的穆斯林。[2] 这个数据表明，新建立的倭马亚王朝对于境内的非穆斯林大致持宽容的宗教政策。直到13世纪，叙利亚地区或者更广泛的中东地区依然存在庞大的基督徒群体。[3] 相比几个世纪之后发生在中东地区的宗教迫害、强迫改信、宗教战争甚至是种族大灭绝，我们可以说，在倭马亚王朝时期，即使对基督徒存在一定限制，如施加一些歧视性规定、限制宗教活动的公共空间等，叙利亚地区基督徒群体仍大致处于一个宽容的宗教环境中。

二、叙利亚地区基督徒对伊斯兰教征服的回应

叙利亚地区是连接亚非大陆的桥梁，因其居于要冲的地理位置而在古代近东地区占有重要地位。叙利亚地区是基督教的发祥地，自1世纪以来，叙利亚地区基督教在幼发拉底河流域广泛传播，在巴勒斯坦、叙利亚、黎巴嫩、土耳其、伊朗、伊拉克和海湾地区等都建立了教会。在伊斯兰教出现之前的三个世纪里，基督教几乎是叙利亚地区所有阿拉伯部落、氏族和城市化家庭的宗

---

[1] Admad Shbuol, "Christians and Muslims in Syria and Upper Mesopotamia in the Early Arab Islamic Period: Cultural Change and Continuity", Vol. 12, 2016, p. 76.

[2] Youssef Courbage, Philippe Fargues and Judy Mabro trans. , *Christians and Jews Under Islam: From the Arab Conquests to the Lebanese Civil War*, London: I. B. Tauris, 1997, p. 11.

[3] Philip Jenkins, *The Lost History of Christianity: The Thousand-Year Golden Age of the Church in the Middle East, Africa and Asia*, California: Harper One, 2008, p. 114.

教。因此，叙利亚地区基督徒不是异源的，而是本地社区与当地土著。

当时，叙利亚地区的主要城市虽然被希腊化，属于东方传统的基督教徒范围，追随安提阿或者耶路撒冷的宗主教，但其主要信仰人口仍由阿拉米人（Arameans）和阿拉伯人组成。① 因此，在教会礼仪中，他们使用阿拉伯语或叙利亚语。到倭马亚王朝时期，叙利亚地区仍存在大量基督教社区。总的来说，该时期叙利亚地区表现在语言和文化上的阿拉伯化程度高于宗教上的伊斯兰化程度。

倭马亚王朝征服与统治叙利亚地区时，叙利亚地区有三个主流的基督教群体②：首先是麦基派，在 5 世纪后期，叙利亚地区的查尔西顿派基督徒，也就是后来倭马亚王朝时期新兴的麦基派，开始在叙利亚/巴勒斯坦地区占据主导地位，③ 其教会中心是耶路撒冷的教会及其在西奈山等地的修道院社区。其次是在叙利亚和美索不达米亚腹地的安提阿宗主教区，当地的基督教社区横跨罗马帝国和波斯帝国，国界两边的主流教会分别是雅各比派④和聂

---

① 关于这个过程，参见：J. Spencer Trimingham, *Christianity Among the Arabs in Pre-Islamic Times*, London: Addison-Wesley Longman Ltd., 1978; Admad Shbuol, "Christians and Muslims in Syria and Upper Mesopotamia in the Early Arab Islamic Period: Cultural Change and Continuity", Vol. 12, 1996, p. 79。

② 本文所指叙利亚地区基督教即指说叙利亚语的基督教。

③ 从 7 世纪后期开始，叙利亚语和阿拉伯语的雅各比派经常用"麦基派"来形容他们在伊斯兰世界中的查尔西顿派对手。使用"麦基派"一词有两个误区。一方面，学者们经常不合时宜地使用这个词来指代 5 世纪以来的查尔西顿派，而事实上，这个词直到 681 年第三次君士坦丁堡大公会议之后才开始流行，它主要指的是伊斯兰世界中那些接受该会议教义的基督教徒。另一方面，在现代，这个词几乎只用来指 18 世纪与罗马教廷共融的基督教社区。参见：Sidney H. Griffith, "'Melkites', 'Jacobites' and the Christological Controversies in Arabic in Third/Ninth-Century Syria", in David Thomas ed. *Syrian Christians Under Islam: The First Thousand Years*, Leiden: Brill, 2001, pp. 9-55。

④ 相对的，自从 451 年查尔西顿会议发生分裂以来，查尔西顿派称该教会为"雅各比派"，参见：G. W. Bowersock, Peter Brown and Oleg Grabar, eds. *Interpreting Late Antiquity: Essays on the Postclassical World*, Cambridge, Mass.: Belknap Press, 2001, p. 227。

斯托利派①。在被阿拉伯帝国征服后，雅各比派逐渐成为叙利亚
地区主要的基督教传统。雅各比派即叙利亚正教会（Syriac Ortho-
dox Church），因其基督论上的立场特点又被称为合性论派（Mi-
aphysitism）②，在当时被误称为一性论派（Monophysites），其在今
天被称为安提阿及全东方叙利亚正教宗主教区（Syrian Orthodox
Patriarchate of Antioch and All the East）。而处于萨珊波斯范围内的
聂斯托利派，因其位于所有古老教会的最东方，且使用叙利亚语
作为他们的礼仪语言，又被称为东方教会（Church of the East）、
亚述东方教会（Assyrian Church of the East）或者是东叙利亚基督
教（Eastern Syriac Christianity），其在今天的全称为神圣使徒大公
亚述东方教会（Holy Apostolic Catholic Assyrian Church of the
East）。他们的最高领袖为大公长或公主教（Catholicos），其宗教
中心在伊拉克马登附近的塞琉西亚。东叙利亚基督教在唐朝经丝
绸之路传入中国，与中国本土文化相结合，发展成为中国化的基
督教，即"景教"。

语言和文化上的差距扩大复杂化了神学上的斗争。聂斯托利
派于431年被以弗所会议（Council of Ephesus）宣布为异端，雅
各比派也于451年被查尔西顿会议（Council of Chalcedon）宣布为
异端。两个不认同查尔西顿会议的教派长期受查尔西顿会议支持
者们的迫害，阿拉伯统治者取消了拜占庭皇帝加诸在这些非查尔

---

① 431年，以弗所会议拒绝了君士坦丁堡牧首聂斯托利的教义，其声称，在基督里有两
个独立的人和本性。追随聂斯托利的叙利亚人建立了新的教会，于498年脱离了安提阿宗
座，为波斯的聂斯脱利派，实际上，聂斯托利派并不赞同聂斯托利的主张，关于学术界对"聂斯
托利"标签的拒绝，参见：Sebastian P. Brock, "The 'Nestorian' Church: A Lamentable Misnomer",
Bulletin of the John Rylands University Library of Manchester, Vol. 78, 1996, pp. 23–35。但为使读者
更好地了解当时的情况，本文依旧采取了当时的称呼"聂斯托利派"来指称亚述东方教会。
② Miaphysitism，这里将它翻译为合性论，该词经常与一性论（Monophysite）混淆。雅各比
派认为，耶稣基督体内是"一个道成肉身的本性"[the incarnate word, is fully divine and fully hu-
man, in one "nature"（physis）]，即完全的神性与人性奥秘地结合在一个统一体中。

西顿派教会上的所有限制。① 因此，这两个教会的地位未被影响，在穆斯林统治下反而不再遭到君士坦丁堡的压力，被允许有宗教自由和法律上的半自治。②

"以实玛利人（Ishmael）的胜利是来自上帝的事实"，③ 在这种情形下，一些基督徒认为穆斯林征服者的到来是一种解放。亚美尼亚使徒教会（Armenian Apostolic Church）④ 主教谢别奥斯（Sebeos）于 661 年这样写道：穆罕默德学习摩西律法，向阿拉伯人传授亚伯拉罕上帝的知识，他"放弃了对虚荣事物的崇敬，转向了永生的上帝，也即向亚伯拉罕显现的那一位"，⑤ 于是上帝将他赐给亚伯拉罕的土地赐给了阿拉伯人，并让他们战胜了不虔诚的拜占庭人。

即便是在阿拉伯人征服后仍与君士坦丁堡教会保持长期共融的麦基派基督徒，也大多讲阿拉米语、叙利亚语或阿拉伯语，可能对拜占庭存在一种语言上的隔膜与疏离。在记载的历史证据中，麦基派也表现出足够的现实主义和对与新政权建立积极关系的努力。他们的主教虽接受了完全的希腊式神学教育，但也是土生土长的叙利亚人，在与阿拉伯征服者的和平协议谈判中发挥了主导作用。比如前文提到的大马士革向征服者投降时签订的条约，由当地的基督徒官员曼苏尔·伊本·萨尔琼（Manṣūr ibn

---

① Sidney H. Griffith, "John of Damascus and the Church in Syria in the Umayyad Era: The Intellectual and Cultural Milieu of Orthodox Christians in the World of Islam", Vol. 11, No. 1, 2020, p. 217.

② Tolan John, "Christian Reactions to Muslim Conquests (1st-3rd Centuries AH, 7th-9th Centuries AD)", in Volkhard Krech and Marion Steinicke ed., *Dynamics in the History of Religions Between Asia and Europe Vol. 1*, Leiden: Brill, 2012, p. 191.

③ Mar Louis Sako, *Muslim-Christian Dialogue in Syriac Sources*, Gorgias Press, 2010, p. 7.

④ 亚美尼亚使徒教会（Armenian Apostolic Church）同样拒绝查尔西顿会议作出的决定，在基督论上支持合性论，与雅各比派一样，属于东方正教会的一员。

⑤ John C Lamoreaux, *Early Eastern Christian Responses to Islam*, New York: Routledge, 1996, p. 19.

Sarjūn）与阿拉伯将领开展谈判并签订。他为阿拉伯军队打开了大马士革的城门，"站在城门前战斗的罗马人听到他们的哭声，知道是曼苏尔打开城门让阿拉伯人进城，于是离开城门逃走"。①

土生土长的基督教社区不得不接受在叙利亚地区建立伊斯兰教统治所带来的新的政治形势。我们注意到，在伊斯兰教征服与扩张的第一个世纪，叙利亚地区（或者更广泛地说，被伊斯兰教征服的基督教-罗马帝国地区，覆盖范围从叙利亚到西班牙）基督徒对伊斯兰教征服的回应是多样、复杂的。"我们是上帝和他所爱的儿子，那么他为什么要为你的罪孽惩罚你？"面对伊斯兰教征服与统治的处境，无数中世纪基督徒经历了深刻的矛盾心理，敬畏、不安、羞辱、竞争、蔑视……

由约翰·托兰（John Tolan）编辑的论文集《中世纪基督教对伊斯兰教的认知》（*Medieval Christian Perceptions of Islam*）以时间为编排顺序，汇集了不同学者关于不同时期基督徒对伊斯兰教看法的研究论文。② 其中，《早期东方基督徒对伊斯兰教的回应》（*Early Eastern Christian Responses to Islam*）③ 一文分析了麦基派、雅各比派与聂斯托利派基督徒对伊斯兰教征服回应的文本；《撒拉逊人》（*Saracens*）与《以实玛利之子》（*Sons of Ishmael*）中以基督徒对伊斯兰教教徒的称呼为线索，详细探讨了基督徒对伊斯兰教教徒的态度。④

护教士试图在神学上反驳伊斯兰教的教义；历史学家试图解

---

① Sidney H. Griffith, "The Man ṣ ūr Family and Saint John of Damascus: Christians and Muslims in Umayyad Times", p. 30.

② John Victor Tolan, *Medieval Christian Perceptions of Islam: A Book of Essays*, New York: Routledge, 1996.

③ John C Lamoreaux, "Early Eastern Christian Responses to Islam", New York: Routledge, 1996, pp. 3–31.

④ John Victor Tolan, *Saracens: Islam in the Medieval European Imagination*, New York: Columbia University Press, 2002; John Victor Tolan, *Sons of Ishmael: Muslims Through European Eyes in the Middle Ages*, Gainesville: University Press of Florida, 2008.

释伊斯兰教的起源和扩张；解经学者定义了伊斯兰教在上帝救赎之 "神圣计划" 中的作用……这取决于他们所属的神学阵营与社区类型。总的来说，我们可以把叙利亚地区基督徒对穆斯林征服的回应简略归纳为如下四种。①

第一种态度是将阿拉伯穆斯林的入侵描绘成上帝的惩罚（Divine Scourge），阿拉伯被视为军事入侵者，但并没有威胁到基督教的精神与文化。耶路撒冷宗主教索夫罗纽（Sophronius）在其634 年的圣诞布道中说道，阿拉伯人的入侵是上帝对（非查尔西顿派）异端 "罄竹难书的罪和错误" 的惩罚。② 正如亚当和夏娃被天使的火焰之剑从伊甸园放逐一样，在圣诞节，基督徒也被撒拉逊人（对伊斯兰教征服者的称呼）的剑阻止接近伯利恒。③ 伊斯兰教征服者被看作持剑者，"这是由剑建立的统治，而非由神圣奇迹证实的基督教信仰"，④ 虽然伊斯兰教征服者在武力上占支配地位，但在宗教、文化上并没有威胁到基督教团体的信仰。

阿拉伯人的入侵象征着神圣的惩罚，这是一种典型的旧约叙事，上帝的子民犯了错，上帝就惩罚他们，派遣异教徒去征服他们。因此，通往胜利的道路是忏悔，"让我们纠正自己，让我们发出悔改的光芒，让我们通过皈依得到净化……如果我们约束我们自己……我们应该嘲笑我们的撒拉逊敌人的倒下，我们将看到他们不久的死亡，我们将看到他们最终的毁灭"。⑤ 因此，可以

① Tolan John, *Christian Reactions to Muslim Conquests* (*1st-3rd Centuries AH, 7th-9th Centuries AD*), Leiden: Brill, 2012, p. 192.

② S. P. Brock, "Syriac Views of Emergent Islam", in Fred M. Donner edited, *The Expansion of the Early Islamic State*, London: Routledge, 2008, pp. 350-367.

③ Sophronius, *Christmas Sermon*, in Walter Kaegi, "Initial Byzantine Reactions to the Arab Conquest", *Church History*, Vol. 38, 1969, pp. 139-149; John Victor Tolan, *Saracens*, pp. 41-43.

④ 叙利亚地区一位主教 Hananisho（685—700 年）对伊斯兰教征服的看法，参见：Mar Louis Sako, "Muslim-Christian Dialogue in Syriac Sources", Gorgias Press, 2010, p. 7。

⑤ Sophronius, *Christmas Sermon*, in Walter Kaegi, "Initial Byzantine Reactions to the Arab Conquest", *Church History*, Vol. 38, 1969, p. 141.

说，叙利亚地区被征服之初，基督徒与穆斯林并没有深入的交流，基督教神学家并不将伊斯兰教征服者在军事上的成功看作神学上的挑战。

第二种态度是将阿拉伯的入侵描绘成敌基督（Antichrist）的前兆，把穆斯林描述为一群正在追随敌基督的人，以反对伊斯兰教的合理性。这反映了基督教会领袖对越来越多的人皈依伊斯兰教的担忧。这是因为随着被征服地区的伊斯兰化，越来越多的基督徒皈依伊斯兰教，伊斯兰教确实已经变成了基督教在精神与文化方面的对手。

7世纪的一部托名圣默道的末世论著作《伪圣默道启示录》（*The Apocalypse of Pseudo-Methodius*），就是在这种背景下写成的。其匿名的叙利亚作者（685—692年）[1] 就用基督教的术语解释伊斯兰教的征服，"以实玛利的后裔将横行波斯与罗马帝国"，[2] 以此为穆斯林统治下的基督徒面临的困难与部分基督徒为避税而背道的行为作解释，同时在终末意义上为困境中的基督徒提出了一个美好愿景。

这一文本描述了从亚当到终末的历史与政治军事历程，将穆斯林的统治看作是"终末剧场"的一部分。[3] 就像上帝从前差遣亚玛力人在沙漠里和以色列人争斗一样，阿拉伯军队的入侵成为上帝对有罪基督徒的惩罚。[4] 穆斯林就是"以实玛利人之子"，上

---

① Gerrit J. Reinink, "*Pseudo-Methodius: A Concept of History in Response to the Rise of Islam*", in A. Cameron and L. I. Conrad, eds. *The Byzantine and Early Islamic Near East: Vol. 1*, Princeton: Darwin Press, 1992, pp. 149–187; John Victor, *Saracens: Islam in the Medieval European Imagination*, New York: Columbia University Press, 2002, pp. 46–50.

② 理查·费德勒著, 陈锦慧译:《幽灵帝国拜占庭: 从罗马到伊斯坦堡, 一窥文明的冲击、帝国的陷落、基督教的兴起、诡谲的权势之争……》, 台湾: 商周出版社, 2018年版, 第169页。

③ John Victor Tolan, *Christian Reactions to Muslim Conquests (1st-3rd Centuries A. H., 7th-9th Centuries AD)*, Leiden: Brill, 2012, p. 195.

④ John Victor Tolan, *Saracens: Islam in the Medieval European Imagination*, New York: Columbia Unirersity Press, 2002, p. 66.

帝宣布他们的统治将持续"十个七年"（Ten weeks of years），也就是 70 年。① 同时，穆斯林的统治又被看作"试验炉"，目的是在基督教最终胜利之前考验真正的基督徒。就像使徒保罗预言的那样，"在后来的时候，必有人离弃真道，听从那引诱人的邪灵和魔鬼的道理"，不虔诚的基督徒就会在这种试炼下皈依伊斯兰教。

第三种态度是认为伊斯兰教是异端，穆罕默德是这种异端教派的创始人。基督教最后一位教父大马士革的约翰（John of Damascus，675—749 年），就持这种说法。

约翰是曼苏尔家族的后裔，在耶路撒冷的教会里用希腊文写作，是第一批认真考虑伊斯兰教对基督教挑战的基督教思想家之一。可以说，约翰的一生与倭马亚王朝是基本重合的，他在一个新成立的"宗派环境"（Sectarian Milieu）中坚持他的信仰并维护、塑造其宗教社群的正统信仰，他关注他生存其中的叙利亚/巴勒斯坦内的神学处境（伊斯兰教世界中的麦基派基督教面临着来自雅各比派基督教、聂斯托利派基督教及伊斯兰教等的新挑战），而不是任何与君士坦丁堡相关的神学主题。他的著作帮助形成了"希腊东正教"或者说生活在伊斯兰世界的麦基派基督教，② 尤其是在塑造他们的基督教思想和实践方面发挥了关键作用。

约翰在用希腊文写成的《知识之源》（Fount of Knowledge，其主题为基督教正统纲要）、《论异端》（On the Heresies）一节中，回应"现在的统治者——以实玛利人误导人的宗教"。他认为，

---

① John Victor Tolan, *Christian Reactions to Muslim Conquests*（*1st-3rd Centuries A. H.*, *7th-9th Centuries AD*）, Leiden: Brill, 2012, p. 196.

② Sidney H. Griffith, '*Melkites*', '*Jacobites*' *and the Christological Controversies in Arabic in Third/Ninth-Century Syria*, Leiden: Brill, 2001, pp. 9-55; Sidney H. Griffith, "John of Damascus and the Church in Syria in the Umayyad Era: The Intellectual and Cultural Milieu of Orthodox Christians in the World of Islam", Hugoye: Journal of Syriac Studies, Vol. 11, No. 2, 2011, pp. 217-220.

穆罕默德是基督教异端的领袖，伊斯兰教是最新的一个异端教派，其异端在于伊斯兰教通过否认圣子和圣灵的神性，剥夺了上帝的关键属性。[①]

"既然你说基督是上帝的道和灵，你怎么会骂我们是合作者派（Associators，ἑταιριαστάς）[②] 呢？因为圣子和圣灵彼此与他们所出的那一位不可分割；因此，如果圣子在上帝里，很明显，他也是上帝。另一方面，如果圣子在上帝之外，那么按照你的说法，上帝是没有道和没有灵的。因此，你们试图避免对上帝产生联想，就等于肢解了他……因此，你们错误地指责我们是空想家；而我们则称你们为上帝的切割派（Mutilators，ἑταιριαστάς）。"换句话说，约翰采用基于三位一体神圣属性的三一论将伊斯兰教的异端归类为基督论上的异端，为基督教驳斥伊斯兰教提供了神学上的支撑。

第四种态度是将希腊语的基督教文本翻译为叙利亚语，用伊斯兰教神学的语言为基督教辩护，同时向穆斯林表明，基督教教义是合乎逻辑的、可理解的、可以被人类思想所接受的。如阿勒颇和幼发拉底河周围的雅各比派主教乔治（George），他在倭马亚王朝时期积极参与了将希腊语译成叙利亚语的运动，对教会生活与文本进行实际调整，以迎接伊斯兰教的新挑战，为阿拔斯王

---

① Daniel J. Sahas, "John of Damascus, Liber de haeresibus（On the Heresies）", in Daniel Sahas trans., *John of Damascus on Islam: The "Heresy of the Ishmaelites"*, Leiden: Brill, 1972, pp. 134-135.

② 本文将 Associators 翻译为"合作者派"以突出穆斯林对基督徒教义的拒斥。"合作者派"为当时撒拉逊人对基督徒常见的指责之一，穆斯林认为，基督教通过称"基督是上帝之子和上帝"，在上帝旁边引入了一个合作者，或者阿拉伯语词根شرك sharika（动词）有"成为同伙人、合伙人，成为股东"的意思，因此，Associator 的阿拉伯语翻译可为مشرك mushrik，就是"多神论者"，即指责基督徒"举伴真主"，将真主的造物与真主联系起来。约翰则指责撒拉逊人为切割派，因其试图将上帝三位一体的神圣本质分离。参见：同①。

朝的百年翻译运动铺平了道路。① 对于叙利亚地区的教会来说，将希腊语翻译为叙利亚语与阿拉伯语的文本可以帮助生活在伊斯兰国家的基督徒更新他们的神学语言，并向穆斯林介绍他们的信仰内容。

甚至更进一步的，有的叙利亚地区基督徒还试图以伊斯兰教的神学语言证明基督教是优于伊斯兰教的宗教。如约翰所讲，阿拉伯语的继承人西奥多·阿布·库拉（Theodore Abû Qurrah，755—830 年）平静地接受伊斯兰教在政治和社会层面的存在，接受基督徒在穆斯林社会中作为顺民的角色，以《古兰经》的术语和同时代的穆斯林对话。在《论真宗教》（*On True Religion*）中试图用客观、理性的标准论证基督教优于其他宗教，伊斯兰教是享受今世的宗教，基督教是来世的宗教。②

总体上说，第一种态度（将伊斯兰教征服看作上帝的惩罚）与第二种态度（穆斯林是敌基督者的前兆）显示出，这类基督教神学家们的陈述仍处于同一框架中，即并不真正地将伊斯兰教当作宗教对手看待。第三种态度（将伊斯兰教看作异端）与第四种态度（用伊斯兰教神学语言为基督教辩护）显示出，在伊斯兰教发展壮大和倭马亚王朝持续统治的背景下，基督教神学家们不得不认真处理伊斯兰教征服问题，并为自身所处宗教群体的持续与发展作出努力。值得注意的是，以上四种态度是并存的、混合的。

随着时间的推移，穆斯林获得更多权力，基督教社区生存空间渐渐被压缩。因此，对于被征服地区的许多基督徒而言，改信

---

① Sidney H. Griffith, "The Manṣūr Family and Saint John of Damascus: Christians and Muslims in Umayyad Times", in Antoine Borrut, Fred M. Donner, eds. *Christians and Others in the Umayyad State*, Chicago: The Oriental Institute of the University of Chicago, 2016, p. 44.

② Sidney H. Griffith, "Faith and Reason in Christian Kalâm: Theodore Abû Qurrah on Discerning the True Religion", Samir Khalil Samir and Jørgen S. Nielsen, eds. *Christian Arabic Apologetics During the Abbasid Period* (750–1258), Leiden: Brill, 1994, pp. 1–43.

伊斯兰教是可以接受的。他们或是出于经济、生存的需要（顺民制度下的人丁税对穷人来说非常繁重），或是认为伊斯兰教是基督教的更新版本，或是认为伊斯兰教是统治阶级的宗教，总之，被纳入伊斯兰世界一个世纪后，大批信仰基督教的叙利亚地区民众在阿拔斯王朝改信了伊斯兰教。[①]

在伊斯兰帝国壮大、基督徒越来越多地皈依伊斯兰教的社会背景下，叙利亚地区基督徒转向阐明神学和护教回应的长期任务，即伊斯兰世界中的基督教神学家有双重角色，既要找到适当的阿拉伯语翻译基督教神学概念，又要捍卫自己作为基督徒的信仰。同时在阿拉伯征服时期，基督教的主题、宗派间的对抗和社区间的争论已经进入了基督教对伊斯兰教回应的话语中，不同宗派的神职人员也逐渐广泛使用伊斯兰教文化元素来构建他们在宗派上不同的身份。伊斯兰世界中的基督教社区，尤其是麦基派，不仅将阿拉伯语作为教会生活中的公共语言，而且将其作为一种礼仪与神学语言。[②]

随着倭马亚王朝下的基督徒越来越适应穆斯林统治的处境，叙利亚地区基督教学者大量地使用阿拉伯语书写、翻译神学论文与护教学著作。这些文本不仅促进了宗教间对话，更重要的是，清楚地划定了基督教与伊斯兰教之间的分歧与界限，为判定彼此的宗教身份提供了可沟通的桥梁，使得不同宗教、不同宗派之间的区别更加明显，为增进伊斯兰教与基督教社区对彼此的身份认同作出了贡献。

---

① Steven Runciman, *A History of the Crusade*, London: Penguin Books, 1991, pp. 21–23.

② Sidney H. Griffith, "From Aramaic to Arabic: The Languages of the Monasteries of Palestine in the Byzantine and Early Islamic Periods", *Dumbarton Oaks Papers*, Vol. 51, 1997, pp. 11–31; Dietmar W. Winkler, "Christian Responses to Islam in the Umayyad Period", in Dietmar W. Winkler ed., *Syriac Churches Encountering Islam: Past Experiences and Future Perspectives: 1*, Piscataway: Gorgias Press, 2010, pp. 72–73.

三、结论

750 年后，倭马亚王朝覆灭，阿拔斯王朝兴起。"阿拔斯王朝始于叙利亚地区，而与此同时，叙利亚地区的历史也以阿拔斯王朝结束"，[①] 叙利亚地区作为伊斯兰帝国中心、基督教传播中心的历史也逐渐湮没在时间长河中。

"自前伊斯兰时代以来，至少在阿拔斯王朝第三任哈里发马赫迪（Al-Mahdi，775—785 年在位）统治之前，叙利亚的阿勒颇腹地大部分人一直是基督徒。"[②] 倭马亚王朝时期，基督徒虽然受到歧视、生存空间在事实上减少，但拥有相当的宗教自由，并没有大规模的改信，叙利亚地区的主要宗教仍是基督教。

在倭马亚王朝较为宽松的宗教环境下，叙利亚地区及更广泛的中东地区成为一个巨大的共同"宗教市场"。穆斯林与非穆斯林群体（基督徒、犹太教徒、琐罗亚斯德教徒等）生活在一起，各种基督教教派（麦基派、雅各比派、聂斯托利派）处于异教徒的统治之中，同时，他们都是叙利亚地区的人民、倭马亚王朝的公民。他们彼此之间存在竞争或赞赏，有时带有对彼此的怀疑或蔑视。特别是在叙利亚地区的城市和宫廷圈子里，他们不断地碰撞与接触，基督徒的回应普及了那些使伊斯兰教信仰和基督教信仰互相争辩的神学问题，刺激了神学争论文化、翻译运动的发展。这种回应及对话使得彼此的界限更加清晰，促进了各宗教群体间的自我认同与共存。共存文化成为叙利亚地区基督教不同教

---

① Paul M. Cobb, "Community Versus Contention: Ibn ʿAsākir and ʿAbbāsid Syria", in J. Lindsay ed., *Ibn ʿAsākir and Early Islamic History*, Princeton: Darwin Press, 2001, p. 100.

② Admad Shbuol, "Christians and Muslims in Syria and Upper Mesopotamia in the Early Arab Islamic Period: Cultural Change and Continuity", *Religious Change, Conversion and Culture*, Vol. 12, 1996, p. 85.

派之间、基督徒与穆斯林之间共同历史的组成部分。而在当今世界，对于叙利亚地区乃至中东地区的穆斯林和基督徒来说，对话仍然具有相当的活力和重要性。

在这种共存的处境下，基督教与伊斯兰教的和谐与张力使得中东地区文明更加复杂多元。对于中东地区文明来说，尤其是对于倭马亚王朝时期的伊斯兰文明来说，来自叙利亚、美索不达米亚上游和伊拉克的阿拉伯和阿拉米土著基督徒作出了巨大的贡献，他们在倭马亚王朝的建设中发挥了至关重要的作用，并在经济、文学与艺术等方面取得了重要成就。如前文提到的大马士革的约翰所属的曼苏尔家族等，他们用双语、三语能力以及土著的官僚经验，在新兴的政权与本地基督教社区之间扮演了知识和文化调解人的重要角色。最后，结合叙利亚地区基督徒在倭马亚王朝时期的处境与回应，我们发现，伊斯兰教统治早期，中东地区的伊斯兰化实际上是一种多群体参与、多方面和多维的社会和文化转型。

隐形的竞赛：巴以冲突中的人口政治探析[*]

叶尔沙那提·吾尔尼克拜 美国华盛顿与李大学
（Washington and Lee University）法学院研究生
舍金林 复旦大学国际关系与公共事务学院本科
毕业生

内容摘要： 人口是巴以冲突中的重要变量，生育率是观察人口变动趋势的关键指标之一。本文探讨巴以生育率出现不同走向的政治原因，认为巴以双方均实施人口战略，均进行人口竞赛。学界通常认为，巴勒斯坦人口出生率高于以色列，随着巴勒斯坦人口的增加，巴以冲突中时间在巴勒斯坦一方，巴方将占据优势。本文研究发现，巴以双方都将人口增长作为政治斗争的武器，实施"生出来"、"引进来"和"赶出去"。相似的地缘政治环境和生育观念、不同的国家能力和社会经济条件对巴以双方的人口政策和民众生育意愿产生影响，从而推动双方生育率的反向变化，使巴以族群人口相对

　＊ 感谢复旦大学中东研究中心主任、国际问题研究院研究员孙德刚对本文初稿提出的修改意见和建议。

优势向以方倾斜。巴以国家能力的不对称深刻影响着双方所能控制和分配的社会经济资源，导致即使双方都有意利用国家政策促进己方人口发展以赢得双方"人口暗战"的主动权，也会因资源总量的不同而使政策制定和执行中所需配给的资源份额存在巨大差距，这是以色列能维持生育率稳定而巴勒斯坦无法遏制其生育率下降的重要原因。

关键词：巴以人口博弈　生育意愿　国家能力　人口政治

一、问题的提出

巴以问题是中东地区的核心问题之一，自英国委任统治时期至今，阿拉伯世界与犹太复国主义者之间时战时谈，但因二者目标存在根本分歧，双方就巴勒斯坦问题的接触和谈判均以失败告终。在这一进程中，以色列不仅在历次中东战争中获胜，还利用其外交谋略从内部瓦解阿拉伯世界的团结，先后与埃及、约旦、阿联酋、巴林、苏丹、摩洛哥六个阿拉伯国家建立外交关系，进一步撬动原有的中东地缘政治格局；① 而巴勒斯坦却因阿拉伯各国在行动上的疏离陷入孤军奋战的泥潭。1993 年，巴以双方签订《奥斯陆协议》，同意在巴方五年自治过渡期内举行永久地位谈判，内容包括巴勒斯坦未来地位、双方边界、耶路撒冷地位、犹太人定居点、水资源、难民回归等关键性问题。然而谈判至今未取得实质性进展，谈判主导权也牢牢掌握在以色列手中，正如以色列司法部部长、著名鸽派人物贝林（Yossi Beilin）所言，"只要以色列不同意，就算全世界都承认，巴勒斯坦建国也只是纸上

---

① 孙德刚、喻珍：《从威胁平衡到多元平衡："新中东"视野下的阿联酋对冲战略》，载《西亚非洲》，2021 年第 2 期，第 68 页。

谈兵、徒有虚名"。① 加之以色列右翼政党利库德集团长期把控政权，巴勒斯坦解放组织（巴解组织）与巴勒斯坦伊斯兰抵抗运动（哈马斯）内部政治分裂，巴勒斯坦建立独立主权国家仍然遥遥无期。

人口在巴以困局中的重要性在于：首先，它是影响巴以问题的重要变量，双方冲突与人口变化是一个互构的过程，② 双方族群人口分布状况和不同群体的人口增长、规模的平衡程度，都是潜在冲突在中长期时间维度上的触发因素，③ 而双方之间的长期斗争与冲突，也推动了其族群人口的变化，这可能引发更多的负面溢出效应。其次，犹太复国主义（锡安主义）所构想的国家所具备的两大基本属性是犹太民族属性和族群民主属性，二者都与人口密切相关，只有保持犹太人的绝对多数地位，方能在民主选举的框架内，维持其犹太国家属性，这也是以色列虽然有实力占领所有巴勒斯坦领土，但仍然在大以色列和犹太国家之间选择后者的重要原因。

在巴以地缘政治环境复杂、双方冲突频发的背景下，双方人口的相对优势便具有了深刻的政治意涵。为赢得这场"人口暗战"的主动权，巴以双方都非常重视各自的人口发展，但在双方的人口竞争中，以色列处于上风。以色列大体上以三种方式为己方获取人口优势，即"生出来"、"引进来"和"赶出去"，其中"生出来"主要表现为提高犹太人生育率，而"引进来"与"赶出去"则是人口的迁入与迁出，如推动犹太人移居以色列、反对

---

① 马晓霖：《巴以生死场》，北京：金城出版社，2019 年版，第 158 页。

② Sergio Della Pergola, "Demographic Trends in Israel and Palestine: Prospects and Policy Implications", in American Jewish Committee, eds. *The American Jewish Yearbook*, Lavergne: Nabu Press, 2003, pp. 3-5.

③ Elia Zureik, "Demography and Transfer: Israel's Road to Nowhere", *Third World Quarterly*, Vol. 24, No. 4, 2003, p. 619.

阿拉伯难民回流、以定居点方式强制阿拉伯人离开其故土等。鉴于当今巴以人口的发展形势，"引进来"与"赶出去"在双方人口竞争中已经失去了其决定性意义，而"生出来"即提高生育率在 21 世纪巴以人口较量中发挥着关键作用。首先，以色列海外犹太人比例降低，存量大不如前，已基本见底,[1] 而且他们中的多数没有强烈的移民意愿，甚至以色列出现了"倒移民"现象，即哈马斯发动武装袭击、打击以色列境内的目标，迫使一些犹太人让自己的子女迁出以色列;[2] 其次，虽然以色列犹太右翼群体中赶走阿拉伯人的声音有逐渐增强的趋势,[3] 但明目张胆地大规模驱除阿拉伯人的可能性较低，毕竟以色列需要考虑国际舆论压力；再次，难民回归权始终是双方谈判的关键问题，然而，以色列将巴勒斯坦难民看作其巨大的人口威胁，以色列前总理佩雷斯（Shimon Peres）声称，巴勒斯坦难民回归会"抹杀以色列国家特征"，因此，以色列也不会接受巴勒斯坦难民回归。[4]

总的来看，相比"引进来"与"赶出去"，增强己方生育率优势具有更加现实的意义，也是双方人口竞争的主要关切。学界通常认为，巴勒斯坦的人口自然增长率超过以色列，故巴以纷争中巴方占据主导权。而从双方人口和生育率的现实变化趋势来看，虽然双方人口都呈增长态势，但以色列生育率长期保持相对稳定，近年来稳中有增，以色列国内的阿拉伯人与犹太人也在 2020 年共同达到了 3.1 的生育率水平，而巴勒斯坦生育率自第三

① 如 Pergola 认为,美国犹太人口于 20 世纪 90 年代停止增长,之后缓慢下降。参见：Della Pergola S,"On Demographics and Space Cadets",https://www.jpost.com/Opinion/Op-Ed-Contributors/Article.aspx? id=51391。

② 艾仁贵：《以色列倒移民现象的由来、动机及应对》,载《世界民族》,2019 年第 2 期,第 76—77 页。

③ Elia Zureik, "Demography and Transfer: Israel's Road to Nowhere", *Third World Quarterly*, Vol. 24, No. 4, 2003, p. 625.

④ 陈天社：《阿拉伯世界与巴勒斯坦问题》,北京：世界知识出版社,2013 年版,第 187 页。

次中东战争以来长期处于下降趋势。根据这一现象及其背后潜在的巴以人口优势向以方倾斜的形势,本文希望通过多因素的互动分析,进一步探索其背后的因由。本文探讨的核心问题是:在同样受世界范围内的现代化影响、同处地缘政治冲突的环境之中且对人口和生育问题有着相似认知结构的情况下,为什么巴勒斯坦与以色列出现生育率的反向变化以致双方族群人口相对优势向以色列倾斜?

二、文献综述

在有关人口政治学和巴以人口政治的已有研究中,学界从不同学科、不同角度出发,取得了不少成果。该部分将分别从人口政治学和巴以人口政治研究两部分入手综述已有的研究成果。

(一)人口政治学研究

人口政治学(Demographic Politics)是人口学与政治学的交叉学科,在这一概念产生之前,人口作为一个重要变量在政治学研究中并不少见,如:马汉(Alfred Mahan)的"海权论"将人口数量和质量看作一国海军强大与否的重要影响因素;① 汉斯·摩根索(Hans Morgenthau)在《国家间政治:权力斗争与和平》一书中也从数量与质量层面论述人口与国家权力之间的关系,并将人口视为国家权力九要素之一;② 米尔斯海默(John Mearsheimer)认为人口规模是军事权力原动力的组成部分;③ 克莱因(Ray

---

① 马汉著,安常容等译:《海权对历史的影响》,北京:解放军出版社,2014 年版,第 58—64 页。
② 汉斯·摩根索著,徐昕、郝望、李保平译:《国际间政治:权力斗争与和平》,北京:北京大学出版社,2006 年版,第 167—172 页。
③ 米尔斯海默著,王义桅、唐小松译:《大国政治的悲剧》,上海:上海人民出版社,2014 年版,第 62—66 页。

Cline）在其国家权力方程中也将人口作为重要的变量。[①] 但这些研究只是将人口作为权力的影响因素作出简略论述。在大多数情况下，人口学家和政治学家往往都从各自的学科角度出发，认为人口变化与政治力量之间的相互影响过于间接，政治影响无法对人口变化起决定性作用，反之，人口变化也无法直接作用于政治。这种现状也为非学术群体讨论政治人口学留下了空间。[②] 1971 年，麻省理工学院国际研究中心主任麦荣·韦纳（Myron Weiner）首次提出并定义了"政治人口学"这一概念：政治人口学是研究人口规模、组成、分布与政府及政治相互关系的学科，它主要关注人口变化的政治后果，尤为重视人口变化对政府需求与政府绩效、国内和国际政治权力分配的影响。它还探讨人口变化的政治决定因素，特别是人口流动的政治原因、人口结构与政府结构及其职能的关系，以及公共政策对人口规模、构成和分布的影响。[③]

此后，从不同的侧重点出发，政治人口学和人口政治学作为独立的研究领域开始步入学者的研究视野之中。已有的人口政治学研究文献大致可以从人口与权力、冲突之间的互动关系两个角度加以梳理。

首先，从人口与权力的互动来看，人口不仅是国家权力的构成要素之一，也是国家权力争夺的重要政治工具。在一国的建构与发展中，人口始终是不可缺失的变量。建构中的国家若存在多元的族群，支配性族群往往会通过人口工程来加强对非自然边界

---

① Ray S. Cline, *World Power Trends and U. S. Foreign Policy for the 1980s*, New York: Routledge, 1980, pp. 33–50.

② Michael S. Teitelbaum, "Political Demography: Powerful Trends Under-Attended by Demographic Science", *Population Studies*, Vol. 69, No. 2015, p. 88.

③ Myron Weiner, "Political Demography: An Inquiry into the Political Consequences of Population Change", in *Rapid Population Growth: Consequences and Policy Implications*, Baltimore: Johns Hopkins University Press, 1971, p. 567.

和少数族群聚居区的权力控制，尤其当这些少数族群与敌对国有某种联系时，这种控制更是国家建构时用于巩固领土和支配性族群权力的必要战略。国家往往通过重新安排少数族群和支配性族群的分布，提高少数族群地区的支配性族群同质化水平，以加大边界改变的难度，从而实现对该地的社会控制。① 而这种对少数族群的控制往往受民族主义政治精英观念的影响，他们认为，只有国家内部不再具有非核心族群的威胁或者内部族群同质化程度较高时，国家建构才算完成。② 这一过程实质上是族群间因人口规模而展开的权力斗争，其目标是增加特定领土范围内支配性族群对其他族群的政治、经济权力，而改变人口规模与分布是实现这一目标的重要途径。③此外，在民主国家的选举政治中，人口分布及不同党派偏好亚群体的结构变化都会影响立法机构中不同族群或语言群体的席位分配，从而决定了不同群体在国家政治权力机构中的地位和话语权；④ 从这一点出发，有时会出现操纵选举的情形，如著名的"格里蝾螈"便是通过不同的选区划分改变选民的分布从而加强或减弱特定选民群体的势力或其所支持的政党力量，从而达到为某一政党或候选人谋取政治利益的目的。同时，老龄化、青年人口的膨胀、种族和宗教转变、移民和城镇化等人口结构发生巨大变化时，往往也会重塑国内政治结构，甚至

① Lachlan McNamee and Anna Zhang, "Demographic Engineering and International Conflict: Evidence from China and the Former USSR", *International Organization*, Vol. 73, No. 2, 2019, pp. 295-297.

② Harris Mylonas, *The Politics of Nation-Building: Making Co-Nationals, Refugees, and Minorities*, Cambridge: Cambridge University Press, 2012, pp. 3-10.

③ Milica Zarkovic Bookman, *The Demographic Struggle for Power: The Political Economy of Demographic Engineering in the Modern World*, New York: Routledge, 2013, pp. 1-2.

④ Marcel Leroy, *Population and World Politics: The Interrelationships Between Demographic Factors and International Relations*, Hague: Netherlands Interuniversity Demographic Institute, 1978, pp. 1-2.

会影响国际安全。①

其次，从人口与冲突的关系来看，人口趋势的变化有催发暴力冲突和政治不稳定的风险。特定人口群体的结构变化与政治暴力风险的增加密切相关，如农民人口增加而地主却控制了大量土地，城市人口增加而城市却无法提供相应的经济支持，受高等教育的青年人口膨胀而获得精英政治、经济职位的机会却十分有限，大量移民迁入有明显族群政治特征的国家或地区影响族群权力分配，在类似上述这些特定的情形中，人口的变化会增加暴力冲突的风险。② 这也凸显了人口增长率的重要性，一些国家能够适应高增长率，而另一些国家则可能难以提供人口增长所需的基础设施、教育、就业、卫生服务甚至粮食供应，从而提高了冲突爆发的可能性。③ 此外，人口年龄结构的转型对国内和国际冲突都有重要影响，年轻化的社会更容易导向冲突，而人口老龄化较严重的国家则更倾向于和平。④ 亨廷顿（Samuel Huntington）甚至将伊斯兰世界青年人口的膨胀看作"沿伊斯兰世界边境的穆斯林和其他民族之间冲突的主要因素"，认为这些青年人为"原教旨主义、恐怖主义、暴动和移民提供了生力军"。⑤

综上，人口政治学研究人口与政治的相互关系，即人口的变

---

① Jack A. Goldstone, Eric P. Kauffman and Monica Duffy Toft, *Political Demography : How Population Changes are Reshaping International Security and National Politics*, Boulder : Paradigm, 2012, pp. 3 - 30.

② Jack A. Goldstone, "Population and Security : How Demographic Change Can Lead to Violent Conflict", *Journal of International Affairs*, Vol. 56, No. 1, 2002, pp. 14 - 15.

③ Michael S. Teitelbaum, "Political Demography : Powerful Trends Under - Attended by Demographic Science", *Population Studies*, Vol. 69, No. 1, 2015, pp. 90 - 91.

④ Deborah Jordan Brooks, Stephen G. Brooks, Brian D. Greenhill and Mark L. Hass, "The Demographic Transition Theory of War : Why Young Societies are Conflict Prone and Old Society are the Most Peaceful", *International Security*, Vol. 43, No. 3, 2018, pp. 53 - 95; R. Cincotta, Robert Engelman and Daniele Anastasion, *The Security Demographic : Population and Civil Conflict After the Cold War*, Washington : Population Action International, 2003, pp. 2 - 21.

⑤ 塞缪尔·亨廷顿著，周琪等译：《文明的冲突与世界秩序的重建》，北京：新华出版社，2009 年版，第 83—99 页。

化如何影响政治，以及政府的决策如何改变人口结构从而实现特定的政治目的。现有研究多从权力和冲突的角度分析人口与政治的互动关系，但仍然较少回答这一问题：在同样的时空条件下，为什么有些国家的政策能比其他国家的政策对人口结构产生更大的影响？

（二）巴以人口政治研究

对巴以问题的既有研究中，学者多围绕巴以冲突与谈判、身份政治、党派政治、土地争夺等相对显性的问题展开讨论。[①] 巴以人口问题虽也得到了不少关注，但相比于对巴以问题及其走向的描述性研究，从人口政治视角探讨巴以人口问题并分析其背后的因素与机制的学术研究仍然较少，且多为国外学者所探讨，国内学者对此鲜有涉及。而研究巴以冲突及其背后的深层次原因，以及巴以问题的和平解决等，都无法绕开人口问题。下文将分别从巴勒斯坦和以色列各自的人口、政治两个方面梳理已有文献的研究脉络，并简单指出其不足。

单就巴勒斯坦人口与政治关系进行研究的典型较少，已有研究主要涉及巴勒斯坦历史上的人口发展及其如今面临的人口困境。大卫·格劳斯曼（David Grossman）通过研究奥斯曼帝国晚期巴勒斯坦地区的人口分布及各区域的人口密度，指出，巴勒斯坦阿拉伯人口自然增长率过高使其人口密度过大，从而缺乏足够的资源支撑自身发展，导致巴勒斯坦人的反政府和反犹太复国主

---

① 研究巴以问题的典型文献有不少，如：陈天社：《阿拉伯世界与巴勒斯坦问题》，北京：世界知识出版社，2013 年版；James L. Gelvin, *The Israel-Palestine Conflict: One Hundred Years of War*, Cambridge: Cambridge University Press, 2014；Norman G. Finkelstein, *Image and Reality of the Israel-Palestine Conflict*, New York: Verso, 2003；Oren Yiftachel, *Ethnocracy: Land and Identity Politics in Israel/Palestine*, Pennsylvania: University of Pennsylvania Press, 2006；Tanya Reinhart, *The Road Map to Nowhere: Israel/Palestine Since 2003*, New York: Verso, 2006。

义行为。① 该研究虽然为研究巴勒斯坦人口与政治的相互作用提供了早期历史视角，但将早期巴勒斯坦人的反犹太复国主义和反政府行为归结为人口密度过高导致的资源匮乏有失偏颇。巴勒斯坦人的反犹太复国主义斗争伴随着巴以冲突的始终，他们的不满情绪来自被迫流离失所的遭遇以及巴勒斯坦土地上持续发生的族群人口更替。② 而在这一进程中，巴勒斯坦没有充分认识到政治导向的人口规划与发展的重要性，以致巴勒斯坦土地上的阿拉伯人没有良好的社会经济条件及教育条件，使巴勒斯坦人很难承担起国家建构的责任。③ 但这一解释仍有不足，它高估了巴勒斯坦民族权力机构所能发挥的职能，在巴勒斯坦被占领土上，巴勒斯坦民族权力机构只不过是在以色列的权力框架内行使有限的生活管理责任。④ 巴勒斯坦人的高生育率也得益于外部的经济支援，但他们从外部获取资源的能力日益受到削弱，因此，有学者指出，巴以双方在未来很有可能同时趋于相对较低的生育率。⑤

相比之下，学者对以色列的人口政治予以更多关注，归结起来大概可从国内政治、种族化与殖民化、女性主义三个视角加以概括。

首先，从以色列国内政治来看，以色列建国之初就将人口问题提上了日程，以色列人口学家罗伯特·巴奇（Roberto Bachi）

---

① David Grossman, *Rural Arab Demography and Early Jewish Settlement in Palestine: Distribution and Population Density During the Late Ottoman and Early Mandate Periods*, New York: Routledge, 2011, pp. 184-195.

② Janet L. Abu-Lughod, "The Demographic Transformation of Palestine", in Ibrahim Abu-Lughod, ed. *The Transformation of Palestine*, Evanston: Northwestern University Press, 1971, p. 163.

③ Edward Hagopian and A. B. Zahlan, "Palestine's Arab Population: The Demography of the Palestinians", *Journal of Palestine Studies*, Vol. 3, No. 4, 1974, pp. 33-72

④ Nigal Parsons and Mark B. Salter, "Israeli Biopolitics: Closure, Territorialisation and Governmentality in the Occupied Palestinian Territories", *Geopolitics*, Vol. 13, No. 4, 2008, p. 719.

⑤ Philippe Fargues, "Protracted National Conflict and Fertility Change: Palestinians and Israelis in the Twentieth Century", *Population and Development Review*, Vol. 26, No. 3, 2000, p. 471.

在以色列建国前就为其领导人建言献策，将鼓励生育政策与犹太人国家建设战略联系在一起，提出要赢得犹太人相对阿拉伯人的数量优势。① 此后，解决人口问题和确保犹太人口优势成为犹太复国主义者的重大关切，而阿拉伯人口比例的变化则成为关键的参考指标。② 莫妮卡·托夫特（Monica Toft）结合权力转移理论和巴以人口变化的现实，指出，以色列建立隔离墙不仅仅出于对恐怖主义等物理安全问题的考虑，更多是对巴勒斯坦阿拉伯人的"人口威胁"作出的反应。③ 事实上，很多学者也注意到了以色列国内人口结构变化为其政治生态带来的威胁，并指出这种威胁是以色列尤应关注的国内威胁：高生育率的极端正统派犹太人（哈瑞迪）和大量苏联移民都推动了其国内政治右翼的崛起，④ 而有相当一部分相对世俗的年轻犹太人出于对以色列政治安全局势的不满，逐渐失去了让其子女继续留在以色列的强烈意愿，⑤ 这将对以色列未来的政治结构产生重大影响，并随着时间的推移从内部侵蚀以色列，同时进一步阻碍巴以和平进程。但也有学者认为，以色列国内不同群体之间多层次的人口竞争模糊了以往以色列犹太人与巴勒斯坦阿拉伯人之间的人口竞争，⑥ 人口外流反映

---

① Anat E. Leibler, "Disciplining Ethnicity: Social Sorting Intersects with Political Demography in Israel's Pre-State Period", *Social Studies of Science*, Vol. 44, No. 2, 2014, p. 271.

② Elia Zureik, "Demography and Transfer: Israel's Road to Nowhere", *Third World Quarterly*, Vol. 24, No. 4, 2003, p. 619.

③ Monica Duffy Toft, "Demography and National Security: The Politics of Population Shifts in Contemporary Israel", *International Area Studies Review*, Vol. 15, No. 1, 2012, p. 37.

④ Monica Duffy Toft, "Differential Demographic Growth in Multinational States: Israel's Two-Front War", *Journal of International Affairs*, Vol. 56, No. 1, 2002, pp. 72-83; 张俊华:《以色列"向右转"的人口政治学考察》,载《国际观察》,2018年第3期,第139—140页。

⑤ Ian S. Lustick, "Israel's Migration Balance: Demography, Politics and Ideology", *Israel Studies Review*, Vol. 26, No. 1, 2011, pp. 54-58.

⑥ Youssef Courbage, "Reshuffling the Demographic Cards in Israel/Palestine", *Journal of Palestine Studies*, Vol. 28, No. 4, 1999, p. 35.

了犹太复国主义意识形态的衰退，以及以色列走向多元社会的趋势，① 这种观点事实上弱化了以色列对其犹太国家属性的强调。

其次，从种族化与殖民化视角来看，有学者认为，理解巴勒斯坦的人口困境，就需要理解以色列种族化的国家性质以及它与世界种族化体系的历史联系；理解以色列的人口政策，就需要将其置于殖民与内部殖民的制度逻辑范畴之内。② 以色列虽然否认其种族主义的现实，但却将阿拉伯人、东方犹太人（Mizrahi）看作对其"欧洲特征"的"人口威胁"，这也成为以色列接纳苏联犹太移民的重要原因。③ 在奥伦·耶夫塔克（Oren Yiftachel）看来，以色列虽有一套民主外壳，但仍然是犹太人治下的公开一族统治政体（Ethnocracy），殖民定居社会的形成、族群-民族主义的动员力量，以及资本的族群逻辑之间的互动催生了以色列的一族政治，决定了其占统治地位的族群谋求对争议领土和敌对团体施加不成比例的控制。④ 这种族群间的地理隔离也推动了政治整合与文化整合的错位，以及以色列阿拉伯人政治认同与民族认同的错位，进而不利于以色列族群之间的融合。⑤ 而以色列通过制造更多争端解决人口问题，也让自身陷入了恶性循环。⑥ 殖民主义的视角对以色列人口政治有了更深层次的创新，但对于解释巴

① 艾仁贵:《以色列倒移民现象的由来、动机及应对》,载《世界民族》,2019 年第 2 期,第 76—77 页。

② Mary Hovsepian,"Demography of Race and Ethnicity in Palestine",in Rogelio Saenz,et. al. eds. ,*The International Handbook of the Demography of Race and Ethnicity*,New York:Springer, 2015,p. 339.

③ Yossi Yonah, "Israel's Immigration Policies:The Twofold Face of the 'Demographic Threat'",*Social Identities:Journal for the Study of Race,Nation and Culture*,Vol. 10,No. 2,2004,p. 195.

④ Oren Yiftachel,*Ethnocracy:Land and Identity Politics in Israel/Palestine*,Pennsylvania:University of Pennsylvania Press,2006,p. 12.

⑤ 刘军:《以色列阿拉伯人口分析》,载《西亚非洲》,2007 年第 8 期,第 77—78 页。

⑥ 韩晔:《巴以问题中以色列的人口困境》,载《西安社会科学》,2010 年第 5 期,第 171—172 页。

以人口优势的倾斜仍然存在瑕疵，若从殖民主义视角出发，从社会、国家、国际环境的互动中进一步剖析该问题，可能会有更强的解释力。

最后，女性主义视角部分继承了殖民主义视角的思想，从女性出发理解女性在巴以人口政治中扮演的角色。余瓦尔·戴维斯（Yuval Davis）认为，以色列为维持并尽可能增加其犹太人优势，不仅在其国内以政治和意识形态压力促使犹太妇女成为国家的生育机器，而且以其犹太集体身份的话语鼓励在世界各地扩大犹太人口，以"补偿"在纳粹大屠杀中失去的孩子。[1]《孕育国家》一书则强调了巴以冲突背景下生育所具有的特殊意义，以色列通过一种东方主义的叙述将巴勒斯坦女性看作人口威胁和落后、反现代化的象征，并将巴勒斯坦人在经济、社会、政治上的落后归结为其"落后的、第三世界的、东方的高生育率"，并由此采取了一系列限制巴勒斯坦人生育率的隐性措施。而巴勒斯坦女性则利用这一话语以生育行动和对生育的话语重构来反制以色列的殖民话语和差别对待，在这种话语和行动的斗争中，女性成为国家认同和斗争的载体，这在殖民主义和反殖民主义的话语体系中同样适用。[2]

可以看出，现有文献对巴以双方人口政治的研究一方面探讨了人口变化对双方政治的影响，另一方面讨论了巴以人口政治措施的不对等及以色列人口政治的运作机理。殖民主义和女性主义视角对以色列人口政治措施与话语的解读较为深刻，但仍然缺少从社会、国家和国际环境等因素切入的多层次互动分析。在族群

---

[1] Yuval-Davis,"National Reproduction and 'the Demographic Race' in Israel",in Nira Yuval-Davis,Floya Anthias and Jo Campling,eds. *Woman-Nation-State*, London:Palgrave Macmillan,1989,pp. 93-94.

[2] Rhoda A. Kanaaneh, *Birthing the Nation:Strategies of Palestinian Women in Israel*, Berkeley:University of California Press,2002,pp. 2,251-255.

人口相对优势方面，多数研究认为巴勒斯坦的高生育率会使其在巴以人口竞争中占据优势；有学者则注意到，巴以人口的增长速率出现了反转，巴勒斯坦人口转型和生育率下降的速度加快，而以色列犹太人口出生率却在不断上升，因此提出巴勒斯坦人口增长率的下降趋势对巴勒斯坦人与巴以和平进程中的"两国方案"都有很大的负面影响。[①] 但总体而言，巴以人口生育率趋于平衡的现实所反映的双方人口优势的潜在倾斜及其原因，仍有待进一步探讨。

本文通过多因素的互动分析，在既有研究的基础上，从人口博弈的视角，以政策支持和生育意愿对巴以双方生育率变化及其背后人口优势倾斜的影响为主线，讨论不同国家能力下社会经济条件、地缘政治环境及观念认知，如何对巴以双方的人口政策和民众生育意愿产生影响，从而推动双方生育率的逆向变化，使巴以族群相对优势向以方倾斜。

三、巴以人口政治：人口战略博弈的分析框架

生育率变化通常需要两个条件。第一个条件是作为主观因素的个体生育意愿发生变化，而生育意愿是个体认知结构的直接反映。第二个条件是个体的客观生育条件能否满足个体的生育意愿，而生育条件则直接受制于国家所拥有的社会经济资源体量，以及与之相适应的国家政策对生育的支持力度。也就是说，国家能力的强弱是个体生育条件是否良好的必要条件。巴勒斯坦和以色列之间国家能力的不对称深刻影响着双方所能控制和分配的社会经济资源，在这种情况下，即使双方都有意利用国家政策促进

[①] Youssef Courbage, "Demography and Conflicts in the Context of Israel/Palestine: Forecasts for the Future", *International Relations and Diplomacy*, Vol. 2, No. 7, 2014, p. 474.

己方人口发展以赢得"人口暗战"的主动权，也会因资源总量的不同而使政策制定和执行中所配给的资源份额存在巨大差距，巴勒斯坦作为国家能力相对弱小的一方甚至会因资源匮乏而难以制定相应的人口政策，遑论政策执行。这就能解释为什么巴以双方在同样受世界范围内的现代化影响、同处地缘政治冲突的环境之中且对生育有着相似认知结构的情况下，出现生育率的逆向变化以致双方族群人口相对优势向以色列倾斜。

本文的核心假设为：在高生育意愿的基础上，国家能力更强的一方，更有可能利用政策扶持为个体提供更好的生育条件，相应地，从长期来看，其总和生育率也会更高，因而在人口博弈中更有可能占据主导优势。接下来，本文将分别从生育意愿、政策支持和国家能力三个核心因素出发，探讨巴以人口相对优势向以色列倾斜这一现象背后的人口政治运作机制。图 1 为巴以人口生育率变化分析框架。

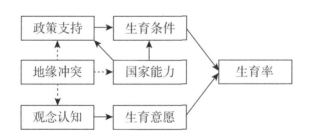

图 1　巴以人口生育率变化分析框架

注：实线为核心解释机制，虚线为辅助解释机制。

（一）生育意愿

生育意愿是指在理想条件下个体的预期生育需求，它是生育决策和生育行为过程中的重要阶段。① 已婚夫妇是否存在育孩的意愿，以及这种意愿的确定性，都与其未来的生育行为密切相关，因此，生育意愿是预测生育行为的最强因子。② 生育意愿受到多重因素的影响，如宗教与文化传统、历史记忆等认知结构基础上形成的图式会在潜意识中形塑生育意愿；③ 社会经济条件作为外部结构性因素则是生育意愿的基础；地缘政治冲突会对社会经济和生育观念造成冲击；④ 国家政策以干预变量的形式，通过调整社会、政治和经济以至观念力量的分配影响生育意愿。⑤ 因此，生育意愿反映了夫妇满足理想子女数量的生育需求和结构性约束条件之间的综合效应。

第一，宗教与文化传统是个体生育行为的重要影响因素。如果宗教教义存在能够影响生育结果的明确行为规范，如禁止堕胎、反对采取避孕措施等，或宗教团体有向其成员传播教义或强制其成员遵守教义的手段，或宗教团体成员对团体有强烈归属感时，宗教很可能会影响生育行为。⑥ 而族群-宗教群体之间存在冲突或竞争时，宗教信仰往往会与民族主义高度关联，这会使个人对其所属的宗教团体产生更强烈的团结感和依附感，从而对个体的生育意愿产生正向影响。⑦ 除宗教外的文化传统，如对婚姻和

① Elizabeth Thomson and Yvonne Brandreth, "Measuring Fertility Demand", *Demography*, Vol. 32, No. 1, 1995, p. 82.

② Robert Schoen, Nan Marie Astone and Young J. Kim, ed. al. "Do Fertility Intentions Affect Fertility Behavior", *Journal of Marriage and the Family*, Vol. 61, No. 3, 1999, p. 799.

③ Christine A. Bachrach and S. Philip Morgan, "A Cognitive-Social Model of Fertility Intensions", *Population and Development Review*, Vol. 39, No. 3, 2013, p. 479.

④ Justin McCarthy, *The Population of Palestine; Population History and Statistics of the Late Ottoman Period and the Mandate*, New York: Columbia University Press, 1990, pp. 25–27.

⑤ Sunnee Billingsley and Tommy Ferrarini, "Family Policy and Fertility Intensions in 21 European Countries", *Journal of Marriage and Family*, Vol. 76, No. 2, 2014, p. 429.

⑥ Kevin McQuillan, "When Does Religion Influence Fertility", *Population and Development Review*, Vol. 30, No. 1, 2004, pp. 49–50.

⑦ Evgenia Bystrov, "Religiosity, Nationalism and Fertility Among Jews in Israel Revisited", *Acta Sociologica*, Vol. 59, No. 2, 2016, p. 171.

传统大家庭的重视①、父母帮助子女照顾孩子的家庭传统等也会增强个体的生育意愿。② 这类观念和认知是通过长期沉淀形成的结构性图式，虽然它们会受到现代化潮流的冲击，但周边社会环境的塑造和外部手段的干预能够部分中和冲击效应，如伊斯兰教和犹太教在堕胎方面的保守宗教伦理，以及阿拉伯人和犹太人对传统家庭观念的重视就在巴以冲突的族群民族主义情绪推动下进一步增强，这也是巴以高生育意愿较为普遍的宗教文化根由。

第二，个体的社会经济条件是生育意愿的基础。如贝克尔（Gary Becker）所言，孩子"是由每个家庭利用市场商品、服务和父母的时间，尤其是母亲的时间生产出来的"，③ 因此，对生育的需求不仅受到家庭实际收入的影响，更重要的是，它取决于财富和服务的代际流动方向。如果家庭内部财富和服务主要呈现从孩子到父母的流向，例如，当抚养孩子的成本较低，而成年孩子所带来的财富与服务价值较高时，对父母来说，拥有大家庭是理性的选择，否则父母更倾向于选择小家庭。④ 工作稳定是家庭实际收入的基本保障，工作和收入不稳定意味着缺乏足够的能力抵御潜在风险，因此，女性工作不稳定会阻碍其作出生育决策。⑤ 受教育程度也会影响生育一胎的年龄，同时会影响二、三胎的生育意愿。个体受教育程度越高，其生育一孩的年龄相对越

---

① Christine A. Bachrach and S. Philip Morgan, "A Cognitive-Social Model of Fertility Intensions", *Population and Development Review*, Vol. 39, No. 3, 2013, p. 479.

② Barbara S. Okun, "An Investigation of the Unexpectedly High Fertility of Secular, Native-born Jews in Israel", *Population Studies*, Vol. 70, No. 2, 2016, p. 255.

③ 贝克尔著,王献生、王宇译:《家庭论》,北京:商务印书馆,2005 年版,第 164 页。

④ John C. Caldwell, "Toward a Restatement of Demographic Transition Theory", *Population and Development Review*, Vol. 2, No. 3/4, 1976, p. 322.

⑤ Francesca Modena and Fabio Sabatini, "Economic Insecurity and Fertility Intentions: The Case of Italy", *Review of Income and Wealth*, Vol. 60, No. S1, 2014, p. S233.

晚，生育二、三胎的意愿越低。[1] 无论是工作、收入、家庭财富还是教育水平，个体的社会经济条件受国家社会经济资源总量的制约，国家政策对个体育孩的支持能够部分缓解因育孩成本高昂而下降的生育意愿。人口学研究中普遍认为收入与生育率呈负相关关系，但若考虑到宗教文化、地缘冲突所催生的民族主义，以及政策对生育率的干预，那么，收入增加不必然意味着生育率降低，反而可能为生育提供经济基础。因此，还有研究指出，生育率与收入水平之间呈 U 型关系，并非简单的线性关系。[2]

第三，地缘政治冲突与生育意愿之间的关系较为复杂。在特定情境下，冲突会增加生育意愿，但在另一些情况下，则会降低生育意愿。一方面，冲突会影响资源分配的质量、数量和路径，其带来的社会经济不稳定和心理不确定性增加会让夫妇的生育意愿降低，或至少推迟生育时间。城市地区的武装冲突对生育率下降的影响尤为明显，因为城市地区的人们更加依赖基础设施和健康服务等。[3] 另一方面，冲突同样可以促进与扩大生育相关的观念和心理变化，如上文提到的冲突背景下宗教与民族主义的结合会提高生育意愿；国家层面对冲突紧张氛围的营造，以及民间社会团体对"族群危机"意识形态的强化会增强族群民族主义情绪；冲突本身也会造成某种"儿童替代效应"，即若孩子在族群冲突中死亡，为替代或"补偿"死去的孩子，父母的生育意愿就会提升。[4]

---

[1] Oystein Kravdal and Ronald R. Rindfuss, "Changing Relationships Between Education and Fertility: A Study of Women and Men Born 1940 to 1964", *American Sociological Review*, Vol. 73, No. 5, 2008, p. 867.

[2] Robert J. Willis, "A New Approach to the Economic Theory of Fertility Behavior", *Journal of Political Economy*, Vol. 81, No. 2, 1974, p. S53.

[3] Victor Agadjanian and Ndola Prata, "War, Conflict and Fertility in Angola", *Demography*, Vol. 39, No. 2, 2002, pp. 227–229.

[4] Kati Kraehnert, Tilman Bruck, Michele Di Maio and Roberto Nistico, "The Effects of Conflict on Fertility: Evidence from the Genocide in Rwanda", *Demography*, Vol. 56, No. 3, 2019, p. 935.

由于巴勒斯坦与以色列是地缘政治冲突中的双方，而两国宗教文化传统对生育观念有着类似的影响，这部分解释了巴以相对其他国家能够保持较高生育率的原因，但这两方面因素是二者所共有的，因而无法解释巴勒斯坦生育率下降而以色列生育率稳中有升的原因。因此，要解释这一现象背后的运作机制，需要考虑巴以之间个体社会经济条件以及国家总体社会经济资源的不对称，前者又受到后者的制约，只有国家拥有雄厚的社会经济资源，个体方能获得更好的社会经济条件，这种资源的不对称也直接影响着国家将政策意图转化为实际政策并执行的能力空间。也就是说，即使巴以双方都有意利用人口优势赢得政治主动权，但从长期来看，双方对社会经济资源控制能力的不对称让人口优势很难向巴方倾斜。

（二）政策支持

在本文中，政策支持不是指广义上用于推动社会经济发展的宏观国家政治经济政策，而专指狭义上用于促进生育的政策，它是一国人口政策的组成部分。人口政策是政府"为直接或间接影响人口变化而有意制定的计划或安排"，是"为国家生存和利益而改变现有人口趋势的立法和行政措施以及其他政府行为"。[①] 在族群冲突背景下，人口政策往往与权力争夺有紧密的联系。作为人口政策的重要组成部分，鼓励生育政策的主要目标通常是提高生育率或将生育率保持在更替水平，它往往是通过减轻父母负担、保证女性工作与家庭之间的平衡等措施来间接影响生育率。[②]

关于生育政策对生育率是否有影响及在多大程度上有影响这个问题，人口学家存在不同解答。一种观点认为，政府为鼓励生

① Dudley L. Poston and Leon F. Bouvier, *Population and Society: An Introduction to Demography*, Cambridge: Cambridge University Press, 2010, p. 338.

② Rand Corporation, *Low Fertility and Population Ageing: Causes, Consequences, and Policy Options*, Santa Monica: Rand, 1995, pp. 1-4.

育而采取的措施对生育率的提升效果十分有限，在现代工业化国家，限制生育的计划生育政策往往能够取得较好的成效，但鼓励生育政策似乎还不足以抵消社会经济发展本身对生育带来的消极影响。[1] 另一种观点则指出，政府生育政策所采取的激励措施能缓解父母的经济负担，从而提升其生育意愿，长期来看，对生育率的变化有积极影响，如瑞典在 20 世纪 70 年代通过政策刺激扭转了其生育率下降的趋势。[2] 从这一点来说，鼓励生育政策虽然无法直接有效地提高生育率，但至少能够缓解生育率的下降趋势，若没有鼓励生育政策，生育率可能会下降得更快。世界范围内总体生育率的下降源于现代国家自身所促成的社会自由主义和新资本主义社会经济变革浪潮，因为这提高了个体对个人生活质量和经济福祉的期待值，与此同时削弱了个体组建和维持大家庭的能力，所以这并非意味着人们没有通过家庭关系获得亲密情感的个人需要，只是面对社会经济现实，许多人没有能力实现组建大家庭的愿望。[3] 国家为促进生育而制定的公共政策也是通过重建育龄夫妇的信心间接将生育率维持在一个较为安全的水平，因此，问题不在于鼓励生育政策是否能够提升生育率，而在于这种提升作用能够以多快的速度发生。[4] 当生育政策能够满足女性在协调工作与生活方面的需求时，它对生育率会产生积极影响，[5] 而鼓励生育政策的长期执行能在一定程度上稳定育龄夫妇

① Michael S. Teitelbaum, "Fertility Effects of the Abolition of Legal Abortion in Romania", *Population Studies*, Vol. 26, No. 3, 1972, p. 414.

② Dudley L. Poston and Leon F. Bouvier, *Population and Society: An Introduction to Demography*, Cambridge: Cambridge University Press, 2010, p. 351.

③ Peter McDonald, "Low Fertility and the State: The Efficacy of Policy", *Population and Development Review*, Vol. 32, No. 3, 2006, p. 505.

④ 同③, p. 506。

⑤ Giuliano Bonoli, "The Impact of Social Policy on Fertility: Evidence from Switzerland", *Journal of European Social Policy*, Vol. 18, No. 1, 2008, pp. 74-75.

的预期，从而减缓生育率的下降速度。①

从根本上来说，在认知结构和环境影响一定的条件下，个体的社会经济条件是其作出生育决策的基础考量。根据约翰·考德威尔（John Caldwell）人口转型的财富流理论，财富和服务的代际流动方向是父母作出育孩决策的基础。② 鼓励生育政策实际上减少了财富和服务在代际间的单向流动，如生育补贴能降低养育孩子的金钱成本，托育制度能够降低父母花在孩子身上的时间成本等。由于这类政策的实施需要耗费大量的社会经济资源，因此，国家若缺乏社会经济实力，就很难分配出足够的资源用于政策执行，这也是出台鼓励生育政策所需考虑的基础因素；但这并不意味着国家社会经济资源丰富就一定会推行高强度的鼓励生育政策。由此出发，结合类似认知结构下的不同生育意愿，即可划分出四种组合，如表 1 所示，不同组合会呈现不同的生育率变化趋势。

表 1　观念认知与政策支持不同组合下的生育率变化

生育率变化		政策支持	
认知/政策		强	弱
观念认知	高意愿	高生育率稳定型，如以色列	高生育率跌落型，如巴勒斯坦
	低意愿	低生育率稳定型，如日本	低生育率跌落型，如韩国

---

① Anders Bjorklund, "Does Family Policy Affect Fertility: Lessons from Sweden", *Journal of Population Economics*, Vol. 19, No. 1, 2006, p. 3.

② John C. Caldwell, "Toward a Restatement of Demographic Transition Theory", *Population and Development Review*, Vol. 2, No. 3/4, 1976, p. 322.

生育意愿的高低可以人口自然更替生育率作为参考标准，人口学将总和生育率低于2.1（更替水平）视为低生育率，将高于1.5的生育率视为生育率的安全区，[1] 而生育意愿往往会高于实际生育率。据此，本文以3.0为界，生育率大于3.0即为高生育意愿，小于3.0即为低生育意愿。高生育意愿和强政策支持能够让生育率维持在较高水平并保持稳定或稳中有升的趋势，以色列即为此类国家。虽然高生育意愿能使生育率处于较高水平，但若没有政策加持，当育龄夫妇需要长期面对紧张的个体社会经济条件所带来的高生育风险时，生育率难免跌落，即高生育率跌落型，巴勒斯坦是典型。低生育意愿情况下，生育率本身就处于较低水平，只有给予强政策支持，才能让其处于低水平的稳定状态，如日本。若政策支持力度太小，生育率水平可能会进一步降低，即低生育率跌落型，如韩国。巴以能够维持高生育意愿与其宗教文化传统及所处的地缘政治环境有关，在二者既定的现实中，生育率趋势的不同走向则与双方是否存在对生育行为的强政策支持有关。但并非所有国家或政治实体都有能力制定和执行强政策，因为伴随政策制定与执行的是大量社会经济资源的协调与分配。因此，要讨论巴以人口生育率变化的不同趋势，就无法避开对巴以双方国家能力的讨论。

（三）国家能力

国家能力的概念在政治学和政治经济学领域得到了广泛讨论。国家能力是一个国家能够正常运作的基础。学者们主要从政策制定与执行、提供公共服务、汲取和配置资源、改造社会等方面入手对国家能力进行定义，如贝斯利（Timothy Besley）与皮尔森（Torsten Persson）认为，国家能力是"国家执行各种政策、

---

[1] Dudley L. Poston and Leon F. Bouvier, *Population and Society: An Introduction to Demography*, Cambridge: Cambridge University Press, 2010, p. 62.

为家庭和企业提供福利和服务的制度能力";① 斯考契波（Theda Skocpol）提出，国家能力是"即使国家在面对力量强大的社会组织实际或潜在的反对时，国家仍能执行其政治目标的能力";② 福山（Francis Fukuyama）从国家职能范围和国家力量强弱两个维度分析了国家能力，认为，国家能力包括"制定、实施政策和制定法律的能力，高效管理能力，控制渎职、腐败和行贿的能力，保持政府机关高度透明和诚信的能力，以及执法能力";③ 米格代尔（Joel Migdal）将国家能力分为国家渗透社会、制定计划以改造社会、汲取并为特定目标分配资源的能力;④ 迈克尔·曼（Michael Mann）从国家与社会的联系度出发，将权力划分为专制性权力与基础性权力，后者与国家能力具有一致性，指国家渗透公民社会、在其领土范围内有效贯彻政治决策的能力，基础性权力强意味着国家能建立与社会进行稳定沟通的渠道，如税收系统、金融系统等。⑤

国家能力受到国家内外部不同因素的影响。从内部因素来看，国家主权和国家机构对领土的稳定控制是国家能力的先决条件，大量的经济资源、专业娴熟的行政人员、独立的官僚系统，以及领导人出色的领导能力是国家能力的基础，国家-社会联系的紧密程度、社会力量对国家政策的支持，以及国家能够利用的

---

① Timothy Besley and Torsten Persson, *Pillars of Prosperity: The Political Economics of Development Clusters*, Princeton: Princeton University Press, 2011, p. 2.

② Theda Skocpol, "Bringing the State Back in: Strategies of Analysis in Current Research", in Peter Evans, Dietrich Rueschemeyer and Theda Skocpol, eds. *Bringing the State Back in*, Cambridge: Cambridge University Press, 1985, p. 9.

③ 弗朗西斯·福山著, 黄胜强、许铭原译:《国家构建: 21 世纪的国家治理与世界秩序》, 北京: 中国社会科学出版社, 2007 年版, 第 7—9 页。

④ 乔尔·S. 米格代尔著, 张长东译:《强社会与弱国家》, 南京: 江苏人民出版社, 2009 年版, 第 272 页。

⑤ 迈克尔·曼著, 陈海宏译:《社会权力的来源》（第二卷·上）, 上海: 上海人民出版社, 2007 年版, 第 68—69 页。

政策工具数量也是国家能力的重要影响因素。[1] 从外部因素来看，世界历史提供的时机和军事威胁是强国建立的重要条件，[2] 因为处于特定地缘政治环境中的国家总是与其他国家相互作用，这为国家创造了不断塑造自我的任务与机会。[3] "战争塑造国家"，军事政治竞争对国家能力的塑造有积极作用，因为战争威胁促使统治者动员其国内人力、物力、财力，建立强大军队、垄断暴力、集中权力，这让中央控制能力得以蔓延到边境地区，从而增强国家的整体控制能力。[4] 但战争并非总是能够塑造强大的国家能力，因为对外战争虽然能够增强社会各群体之间的共同利益，但若国家在战争中失败，其国家能力可能会因丧失领土、财富等一系列关键资源而遭到削弱。[5] 此外，国内战争不仅不会增强国家能力，反而会导致各群体之间的深层次利益冲突，削弱国家财政能力，[6] 除非内战的一方能够以其强大动员能力击败对手、夺得权力并统筹全局，否则持久的内战只会导致国家内部的分裂，进而不断削弱国家整体能力。

国家能力与社会经济发展是相互塑造的过程，一国拥有强大的国家财政和行政能力，是其长期经济增长的重要决定因素，国

① Theda Skocpol, "Bringing the State Back in: Strategies of Analysis in Current Research", in P. Evans, Dietrich Rueschemeyer and Theda Skocpol, eds. *Bringing the State Back in*, Cambridge: Cambridge University Press, 1985, pp. 16–18；彼得·J. 卡岑斯坦著，陈刚译：《权力与财富之间》，吉林：吉林出版集团，2007 年版，第 361—410 页。

② 乔尔·S. 米格代尔著，张长东译：《强社会与弱国家》，南京：江苏人民出版社，2009 年版，第 281 页。

③ 西达·斯考切波著，何俊志、王学东译：《国家与社会革命：对法国、俄国和中国的比较分析》，上海：上海人民出版社，2007 年版，第 31 页。

④ 查尔斯·蒂利著，魏洪钟译：《强制、资本和欧洲国家（公元 990—1992 年）》，上海：上海人民出版社，2012 年版，第 20—35 页；曾庆捷：《发展政治学》，上海：复旦大学出版社，2018 年版，第 56 页。

⑤ 叶成城、唐世平：《第一波现代化：一个"因素+机制"的新解释》，载《开放时代》，2015 年第 1 期，第 122 页。

⑥ Timothy Besley and Torsten Persson, "Wars and State Capacity", *Journal of the European Economic Association*, Vol. 6, No. 2–3, 2008, p. 522.

家通过创建基础设施和其他与社会沟通的渠道不断增强其国家能力，这对其社会经济的发展有积极影响。① 社会经济资源以国家能力为基础支撑，强大的国家能力不仅意味着丰富的社会经济资源，还意味着国家能够通过规划、协调、配置这些资源达成国家的特定政策目标。人口作为重要的社会资源，其良性发展也离不开社会经济资源与国家能力的支持，当人口成为重要的国际政治博弈工具时，博弈双方的国家能力强弱则直接决定了其能为本国人民提供的社会经济条件优劣及其能为人口发展所配置的资源总量大小，而个体的社会经济条件是其作出生育决策的基础参考，国家人口政策能否刺激个体的生育意愿取决于个体能从中获利多少。

　　巴以双方国家能力的不对等是显而易见的。首先，对巴勒斯坦来说，作为国家能力先决条件的领土控制能力基本处于缺失状态，如约旦河西岸的巴勒斯坦民族权力机构处于以色列的控制之下。其次，巴勒斯坦内部的分裂本身严重削弱了其国家能力的建构，而以色列则在历次中东战争中不断增强其动员和控制能力。巴勒斯坦国家能力的脆弱甚至缺失使其很难整合大量的社会经济资源，因此，巴勒斯坦也很难为其国民提供良好的社会经济发展环境，在这种困境中，虽然巴勒斯坦认识到了人口问题的重要性，但它没有能力制定和实施一系列需要大量资源的人口政策；而在巴以冲突的地缘环境中，巴勒斯坦人在夹缝中求生存的状态已经影响其生育决策，即使在传统的宗教文化语境中仍然保持较高的生育意愿，但他们自身所面临的社会经济条件已经限制了他们能够育孩的数量。对比之下，以色列不仅能够为其国民营造良好的社会经济氛围，而且能够为其所推出的各种生育激励措施配置充足的资源。这也是以色列犹太人口能够保持较高且相对稳定

① Mark Dincecco and Gabriel Katz,"State Capacity and Long-Run Economic Performance", *The Economic Journal*, Vol. 126, No. 590, 2016, p. 214.

的生育率而巴勒斯坦人口生育率不断下降的重要原因。

四、巴以人口政治的实证分析

以色列与巴勒斯坦是在同一块土地上共生的两个民族，人口竞赛成为双方博弈的重要领域。探讨双方的国家能力及其生育率变化也需要看到双方动态的不对称关系及政治的紧密联系。如图2所示，巴勒斯坦生育率快速下降的起始阶段正是第三次中东战争及以色列占领巴勒斯坦地区的时间，即1967年左右，仅就这一点而言，双方的生育率变化就已经与巴以政治关系的现实走向产生了联系。本文案例部分首先综合分析巴以国家能力存在差距的现实，其次分别论述巴以双方的生育意愿与政策，以及背后复杂交织的动态共生关系。

（一）巴以人口政治态势分析

在衡量国家能力时，往往会从政治、经济、社会等各领域入手进行综合评测，脆弱国家指数（Fragile States Index，FSI）作为目前最完整的政治秩序测量指标体系，在一定程度上反映一国"国内政治、经济、社会状况是否处于崩溃或临近崩溃的状态"。[1] 在脆弱国家指数排名中，巴勒斯坦在179个国家中排第37位，脆弱指数达到86；而以色列排名148位，脆弱指数43；巴勒斯坦是典型的脆弱国家，以色列则是稳定国家。[2]

---

[1] 王正绪、耿曙、唐世平主编：《比较政治学》，上海：复旦大学出版社，2021年版，第13页。

[2] "Fragile States Index"，https://fragilestatesindex.org/country-data/.

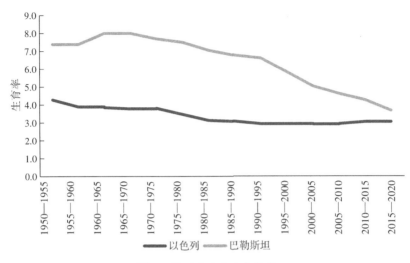

图 2　巴以生育率变化趋势

资料来源：联合国《世界人口展望 2019》。

米格代尔（Joel Migdal）在《强社会与弱国家》一书的第四章对英国托管时期的巴以关系及其国家能力差异的起源有过精彩论述。米格代尔认为，由于阿拉伯人拒绝接受《贝尔福宣言》中的托管原则，他们从英国当局没有获得多少好处，而犹太人则利用该宣言为其复国主义寻求支撑。"托管时期由于巴勒斯坦阿拉伯社会的持续碎片化，集中的犹太组织就毫无疑问地成了整个地区社会控制最强有力的基地。"①犹太机构在其发展过程中产生了严密的社会控制，并提高了其提供日常服务的能力，这也使得以色列在 1948 年的战争中发挥了极大的动员优势，而阿拉伯人在英国的统治中处于碎片化状态，第一次中东战争让其有限的政治机构走向崩溃，大量巴勒斯坦阿拉伯人"或逃走或被赶出他们的乡镇和城市"。②

---

①　乔尔·米格代尔著，张长东译：《强社会与弱国家》，南京：江苏人民出版社，2009 年版，第 178—179 页。

②　同①，第 180 页。

对英国托管时期历史时机的不同把握让此后以色列与巴勒斯坦国家能力的差距逐渐扩大。经过五次战争的重塑，取得全胜的以色列进一步增强了其动员与配置人力等社会资源的能力，继而成为其塑造强国家能力的重要推力。以色列拥有征收国家生产总值三分之一作为税收的能力，也是世界上军事化程度最高和福利政策最广泛的国家之一，[①] 如以色列要求除哈瑞迪人外的每个犹太男性服兵役，并采取普遍的备战手段，普及小学到高中的全部教育等。反观与巴勒斯坦在同一战线上的阿拉伯国家，它们不仅在历次战争中失败，最终还因国家利益分歧导致内部团结瓦解，巴勒斯坦自 1967 年起就几近成为以色列的占领之地，不仅丧失对领土、人口、资源的控制能力，其国家能力也在长期的战争与占领中遭到削弱。

巴勒斯坦内部政治的分裂和外部受以色列控制的现实进一步凸显了双方国家能力差距悬殊的现状。巴解组织所领导的巴勒斯坦民族解放运动（法塔赫）目前实际上处处受制于以色列，领导加沙地区的哈马斯也因与以色列彻底敌对而遭到封锁。法塔赫与哈马斯的分裂源自社会力量的分割，对和平进程失去信心的巴勒斯坦人在加沙给予哈马斯更多的支持，而法塔赫与哈马斯的竞争与冲突甚至常常反映在社会层面，如加沙地区学生之间基于派别的内斗。[②] 自从哈马斯掌控加沙并走上与法塔赫截然相反的道路后，其与以色列之间的冲突也不断激化，以色列不仅控制着加沙的领海和领空，封锁了机场和海港的建设，还进一步控制了其几乎所有的基础设施，包括电线、水下电缆、网络，以及分配给巴

---

① 乔尔·米格代尔著，张长东译：《强社会与弱国家》，南京：江苏人民出版社，2009 年版，第 154—158、180 页。

② 马晓霖：《巴以生死场》，北京：金城出版社，2019 年版，第 97 页。

勒斯坦手机公司的频率。①

　　此外，这种现状还体现在巴勒斯坦与以色列对公民身份的界定以及对人口的管控方面。以色列于 1952 年通过的公民法为其他国家的犹太人赋予了公民身份，却至今拒绝超过 585 万巴勒斯坦难民回归，如表 2 所示。同时，以色列加大对约旦河西岸地区定居点的建设，即便开启和平进程也丝毫没有减缓建设速度。从 1975 年至 2019 年，定居点的犹太人口增长了 293 倍，同时期，尽管巴勒斯坦生育率高于以色列，但叠合 20 世纪 90 年代苏联犹太移民的拉动，以及巴勒斯坦生育率快速放缓和人口基数大的作用，巴勒斯坦实际增长人口低于以色列，巴以人口差值持续扩大，这进一步助推以色列扩大其定居点建设，如表 3 所示。1967 年以来，以色列军方发布数百条军事命令以管理日常生活的许多方面，其中包括管制行动自由、土地和自然资源的获取。以色列单方面吞并了包括耶路撒冷东部和约旦河西岸 28 个村庄周围土地在内的 72 平方千米巴勒斯坦领土，将大耶路撒冷视作其永恒的首都，并根据其民法进行管理。② 为减轻这一举措对人口的影响，以色列当局授予东耶路撒冷巴勒斯坦人永久居留权，而非予以其公民身份，并制定了诸多其他政策，旨在维持和促进该市犹太人口的多数地位。

表 2　分国别巴勒斯坦登记难民　　　　（单位：人）

国别	剩余可登记难民	已登记难民	总数
约旦	111 152	2 175 491	2 286 643

---

① Gisha, "Scale of Control: Israel's Continued Responsibility in the Gaza Strip", http://gisha.org/UserFiles/File/scaleofcontrol/scaleofcontrol_en.pdf.

② The Applied Research Institute of Jerusalem (ARIJ), "Status of Palestinian Territories and Palestinian Society Under Israeli Occupation", https://www.arij.org/atlas40/chapter2.2.html.

续表

国别	剩余可登记难民	已登记难民	总数
黎巴嫩	50 131	463 664	513 795
叙利亚	75 114	543 014	618 128
巴勒斯坦	274 515	2 158 274	2 432 789
约旦河西岸地区	187 435	809 738	997 173
加沙地带	87 080	1 348 536	1 435 616
总和	510 912	5 340 443	5 851 355

资料来源：巴勒斯坦国家统计局。

表3　巴以人口对比与以色列定居点人口变化　　（单位：千人）

年份	定居点人口	以色列人口	巴勒斯坦人口	巴以人口差值
1975	1.5	3297	1324	1973
1980	12.5	3701	1511	2190
1985	46.1	4035	1760	2275
1990	81.9	4448	2101	2347
1995	134.3	5271	2619	2652
2000	198.3	5946	3224	2722
2005	247.3	6529	3578	2951
2010	311.1	7346	4056	3290
2015	385.9	7978	4529	3449
2019	441.6	8519	4981	3538

资料来源：定居点人口数据源于以色列中央统计局，巴以人口数据源于联合国经济和社会事务部。

更为直观的是以色列的隔离墙建设，隔离墙既是意识形态权力的分界，也是以色列强制性权力的象征，以色列赋予了它确定哪一部分巴勒斯坦人拥有合法身份和合法迁移权利的功能。首先，以色列控制着加沙和西岸之间的所有过境点，并在被占领土的两个部分之间维持着隔离政策。其次，在约旦河西岸地区，巴勒斯坦人的行动自由处处受到隔离墙和检查站的限制。巴勒斯坦人和犹太定居者享有完全不同的行动自由，只有在以色列控制的人口登记处做过登记的巴勒斯坦人才有资格领取身份证或护照，加上以色列的暗中操作，目前仍有几十万人无法获得登记。[①] 以色列禁止约旦河西岸的巴勒斯坦人进入约旦河西岸的大部分地区，允许通行的许可证难以获得且有时间限制。这些区域包括东耶路撒冷和附近的村庄、隔离墙和绿线之间的接合区，以及定居点和封闭的军事区。在东耶路撒冷，以色列建立环状定居点并包围巴勒斯坦人聚居点，事实上禁止了巴勒斯坦人在其家园或社区以外的任何地方自由行动，巴勒斯坦人甚至必须通过一道道检查才能上学、工作，或者去杂货店、医院。[②]

当巴勒斯坦人游行示威时，以色列军警常常对巴勒斯坦示威者过度使用武力，用枪炮回应石块，往往还禁止巴勒斯坦警方使用武器并介入战斗，只允许其帮助驱散巴勒斯坦示威人群。[③] 甚至连法律系统也对约旦河西岸的巴勒斯坦人和犹太定居者有着截然相反的对待。巴勒斯坦人受到指控基本等于定罪，而犹太定居者则往往能逃脱指控。以色列民权协会（ACRI）在 2014 年的一份报告中指出，"自 20 世纪 80 年代以来，所有在军事法庭受审

[①] Ian S. Lustick, "What Counts is the Counting: Statistical Manipulation as a Solution to Israel's 'Demographic Problem'", *The Middle East Journal*, Vol. 67, No. 2, 2013, p. 185.

[②] Al Haq, "Hidden in Plain Sight: The Village of Nabi Samwil", http://www.alhaq.org/advocacy/6186.html.

[③] 马晓霖:《巴以生死场》，北京：金城出版社，2019 年版，第 181—192 页。

的以色列公民都是阿拉伯人"。① 可以看出，以色列政府对巴勒斯坦人口流动的管控似乎体现了某种以色列对巴勒斯坦人的"政府性"，而面对这一切，巴勒斯坦方面表现得无能为力。

长期的控制与被控制让以色列和巴勒斯坦之间的国家能力出现了巨大分野，这也让双方所拥有的社会经济资源及相应的个体社会经济条件差距越来越悬殊。以色列人均国内生产总值近 44 000 万美元，是巴勒斯坦约 3000 美元的十倍有余，75% 的巴勒斯坦家庭生活在贫困线以下，而犹太家庭的这一比例仅为 22%。② 大多数巴勒斯坦社区的基础设施条件很差，卫生、娱乐和教育服务等公共资源严重不足，相比之下，多数以犹太人为主的社区则有铺设良好的道路、众多的公园和游乐场、充足的垃圾收集站和足够的学校。③ 这种差距是被控制一方的巴勒斯坦无力解决而控制一方的以色列无意解决的共同结果，原耶路撒冷市长泰迪·阔列克（Teddy Kollek）的言论就体现了这一点：

在过去的 25 年里，我为耶路撒冷的犹太人做了一些事情。至于东耶路撒冷，我做了什么？什么都没有。人行道上？什么都没有。文化机构？没有一个。是的，我们为他们安装了排水系统，并改善了供水系统。你知道为什么吗？你认为这是为他们好，为他们的幸福吗？忘掉它吧！那里有一些霍乱病例，犹太人担心他

---

① ACRI,"One Rule,Two Legal Systems",https://law. acri. org. il/en/wp-content/uploads/2015/02/Two-Systems-of-Law-English-FINAL. pdf.

② ACRI,"East Jerusalem:Facts and Figures 2021",https://01368b10-57e4-4138-acc3-01373134d221. usrfiles. com/ugd/01368b_38b8a5ddcca54bdabee6d68f0cf17ba9. pdf.

③ Bimkom,"Survey of Palestinian Neighborhoods in East Jerusalem:Planning Problems and Opportunities",http://bimkom. org/eng/wp-content/uploads/survey-of-the-Palestinian-neighborhoods-of-East-Jerusalem. pdf.

们会感染，所以我们安装了下水道和供水系统来预防霍乱。①

因此，单就巴勒斯坦无法控制其领土这一点，就已经决定了其国家能力的有限性，而以色列在历史和现实的运作中不断增强其国家能力。巴以处于类似的地缘政治冲突环境之中，有着类似的宗教和民族主义混合影响下的认知结构，因而相比于同类国家，双方都有着较高的生育意愿。然而，是否有足够的国家能力为个体提供较好的社会经济条件、制定并推动一系列人口政策以充分发挥文化与冲突因素影响下的高生育意愿潜力，则是巴以双方的差异所在。以下将分别论述以色列和巴勒斯坦的生育意愿与人口政策。

（二）以色列的人口政治

以色列生育率几十年来保持稳中有升的态势，2020 年生育率达到 3.1，远高于同水平发达国家。实际上，以色列的生育主义在各个社会阶层都有很深的基础。诸多前总理与其他重要人物都多次发表过重视人口与生育的言论。内塔尼亚胡（Yair Netanyahu）在社交平台声称，"以色列不是所有公民的国家，而是且仅是犹太人的国家"，② 他还在一次会议上宣称，"如果以色列有人口问题，那就是与以色列籍阿拉伯人之间的问题，如果他们的比例达到 35%—40%，以色列国家将瓦解"。③ 实际上，主张从被占领土退出并实质上在 1993 年开启并推动和平进程的拉宾

---

① B'Tselem, "A Policy of Discrimination: Land Expropriation, Planning and Building in East Jerusalem", https://www.btselem.org/sites/default/files/publications/199505_policy_of_discrimination_eng.pdf.

② Benjamin Netanyahu, @b.netanyahu, March 10, 2019, Instagram, https://www.instagram.com/p/Bu0U2TABMNI/? utm_source=ig_embed.

③ Gideon Alon and Aluf Benn, "Netanyahu: Israel's Arabs are the Real Demographic Threat", https://www.haaretz.com/1.4802179; The Associated Press and Aluf Benn, "MKs Slam Netanyahu's Remarks About Israeli Arabs", https://www.haaretz.com/1.4789108.

（Yitzhak Rabin）总理，也将人口问题作为其主要论点，认为只有以色列人退出被占领土才能保证犹太国家属性。[1] 前总理奥尔默特（Ehud Olmert）认为，为应对人口问题，应该采取"最大化犹太人口，最小化巴勒斯坦人口"的战略。[2] 即便是持中间立场的前总理巴拉克（Ehud Barak）同样宣称，"巴勒斯坦人口多数地位将摧毁犹太国家"。[3] 前以色列卫生部部长顾问哈伊姆·萨丹（Haim Sadan）在 20 世纪 70 年代提议，"强迫每一个考虑堕胎的（以色列犹太）妇女观看幻灯片，其中包括纳粹集中营里死去的孩子的照片"。[4]

在民众意愿层面，社会规范、宗教传统、冲突背景共同推高犹太人的生育意愿。犹太社会交织在"受困心态"中，大屠杀的集体记忆和痛苦以及与阿拉伯世界的冲突，共同引起集体焦虑。[5] 结合很多犹太移民具有建立统一政治实体的强烈动机，以及对犹太历史和宗教中某些共同标志的高度忠诚，[6] 以色列女性负担着与巴勒斯坦女性进行"摇篮战争"的压力，而多生育同时也是成为在冲突中失去一个孩子的保险措施。[7] 与犹太人偏高生育率相关的重要现象是其内部依据宗教信仰程度不同的生育率分化，如图 3 所示。40 年来，犹太世俗女性生育率在 2.0 左右浮

[1]　Rhoda A. Kanaaneh, *Birthing the Nation: Strategies of Palestinian Women in Israel*, Berkeley: University of California Press, 2002, p. 50.

[2]　David Landau, "Maximum Jews, Minimum Palestinians", https://www. haaretz. com/1. 4759973.

[3]　Elia Zureik, "Demography and Transfer: Israel's Road to Nowhere", *Third World Quarterly*, Vol. 24, No. 4, 2003, p. 621.

[4]　Yuval-Davis, "The Jewish Collectivity and National Reproduction in Israel", https://libcom. org/library/jewish-collectivity-national-reproduction-israel-nira-yuval-davis.

[5]　Philippe Fargues, "Protracted National Conflict and Fertility Change: Palestinians and Israelis in the Twentieth Century", *Population and Development Review*, Vol. 26, No. 3, 2000, p. 455.

[6]　乔尔·S. 米格代尔著，张长东译：《强社会与弱国家》，南京：江苏人民出版社，2009 年版，第 153 页。

[7]　Youssef Courbage, "Reshuffling the Demographic Cards in Israel/Palestine", *Journal of Palestine Studies*, Vol. 28, No. 4, 1999, p. 26.

动，近年来稍高于 2.0；信教女性则保持在 3.0 左右；极端正统派（哈瑞迪）女性拥有 7.0 左右的高生育率，因此她们是以色列长期保持高生育率的生力军。福瑞德·皮尔斯（Fred Pearce）在《人口大震荡》中曾对此进行过详细的描述：

　　哈瑞迪人（极端正统派）占了耶路撒冷人口的三分之一，而耶路撒冷的儿童人口更有超过半数都是哈瑞迪人的孩子……一旦结婚之后，女性就立刻开始生孩子，而且要一直不断地生……部分原因是大屠杀留下的心里创伤……正统犹太教徒是纳粹屠杀行动中最大的受害者……他们一直想要弥补那些人口……哈瑞迪的人口每十五年就会倍增一次……以色列不必与巴勒斯坦人协商"两国方案"，只要靠着庞大的人口，即可维持对整个区域的掌控。①

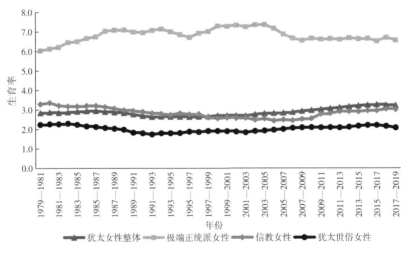

图 3　以色列犹太女性生育率（按宗教虔诚度划分）

资料来源：以色列中央统计局。

---

①　福瑞德·皮尔斯著，陈信宏译：《人口大震荡》，台湾：天下杂志，2012 年版。

　　即便是在生育率相对较低的犹太世俗女性中，生育意愿仍然较高，尤其是本土出生的犹太世俗女性。数据显示，在本土出生的 25—39 岁犹太世俗女性的生育意愿平均为 3.1 人，这一数字远高于欧盟国家 2.2 人的平均生育意愿。① 在本土出生的犹太世俗女性中，55% 的人表示理想的家庭规模是三个孩子，18% 的人想要两个孩子，26% 的人想要四个及以上，而只有略高于 1% 的人表示不想要孩子或只要一个孩子。与之相比，欧洲 60% 的女性认为理想的孩子数量是两个。②

　　除此之外，以色列的家庭主义思想也是其生育意愿较高的重要因素。以色列社会是一个面向家庭的社会，家庭主义被认为提供了一种文化准则来规定男女的生活，同时强调婚姻稳定与高生育率。③ 家庭主义在两代人之间运作，以色列父母愿意为其已经成年子女提供经济帮助，并维持持续的亲密关系与频繁的接触。④

　　以色列政府对犹太人多数地位的追求贯穿于其政策体系，它不仅通过法律规定间接推动生育率的转化，还拥有一系列包括母子津贴、托管设施、限制堕胎、辅助生殖在内的鼓励生育措施，以及对工作母亲相对友好的促进生育措施。

　　第一，以色列独立宣言中明确表明"在圣地以色列建立一个犹太国家"，新建立的国家"属于犹太人"。⑤ 以色列的基本法规定：表达或暗示否定以色列作为犹太和民主国家地位的候选人将

---

① Barbara S. Okun，"An Investigation of the Unexpectedly High Fertility of Secular，Native-Born Jews in Israel"，*Population Studies*，Vol. 70，No. 2，2016，p. 244.

② 同①。

③ Yochanan Peres and Ruth Katz，"Stability and Centrality：The Nuclear Family in Modern Israel"，*Social Forces*，Vol. 59，No. 3，1981，pp. 687-704；Yoav Lavee and Ruth Katz，"The Family in Israel：Between Tradition and Modernity"，*Marriage & Family Review*，Vol. 35，No. 1-2，2003，pp. 193-217.

④ 同①，p. 247。

⑤ Knesset，"Proclamation of Independence"，https：//www. knesset. gov. il/docs/eng/megilat_eng.

无权参加竞选。[①] 2018 年 6 月，当一名议员尝试推动一条法案，规定以色列为所有公民的国家，议长迅速否决该法案，认为该法案威胁"以色列作为犹太国家的地位"。[②]

第二，以色列颁布一系列刺激生育的经济措施，其中大部分子女津贴实际上带有对阿拉伯人的歧视性质，只对犹太人有利。1970 年，以色列议会通过了《退伍军人福利法》，规定其国民若有意愿扩大家庭，只要他们的配偶或配偶家庭成员曾在以色列军队服役，就为其提供低息住房贷款。[③] 1983 年，《有子女家庭法》仅向符合《退伍军人福利法》规定的人，即犹太人，提供了高得多的子女津贴。[④] 与之类似，2002 年，以色列议会通过的削减子女津贴法案规定，将所有以色列籍家庭子女津贴降低 4%，但对那些父母没有服兵役的家庭削减幅度高达 24%，而以色列籍阿拉伯人绝大多数都没有服过兵役。虽然这一政策也影响了极端正统派（哈瑞迪）犹太人，但由于哈瑞迪男性不工作，仅在学校研习宗教经典，女性则负责抚养众多的孩子，他们特殊的生活方式有赖于政府的财政支持，他们每年维持 6% 的人口增长速度，为以色列人口增长作出了巨大贡献，因此他们有资格获得一系列优惠政策，包括获得巴勒斯坦人无法获得的额外教育补助、免服兵役优惠及儿童津贴等。[⑤] 歧视措施确实发挥了作用，2005 年 1 月的

---

① Knesset, "Basic Law: The Knesset-1958, Prevention of Participation of Candidates List, Amendments Nos. 9 and 35,7A", https://www.mfa.gov.il/mfa/mfa-archive/1950-1959/pages/basic%20law%20the%20knesset%20-1958-%20-%20updated%20translatio.aspx.

② Jonathan Lis, "Knesset Council Bans Bill to Define Israel as State for All Its Citizens", *Haaretz*, June 4,2018https://bit.ly/2Melt6S.

③ YRIS, "'Be Fruitful and Multiply': The Role of Israeli Pronatalist Policy in the Pursuit of Jewish Demographic Dominance in the Holy Land", http://yris.yira.org/essays/2385.

④ Jacqueline Portugese, *Fertility Policy in Israel: The Politics of Religion, Gender, and Nation*, Westport: Greenwood Publishing Group, 1998, p. 105.

⑤ Human Rights Watch, "Israel: Cuts in Child Allowance Discriminate Against Palestinian Arab Citizens", https://www.hrw.org/news/2002/06/06/israel-cuts-child-allowance-discriminate-against-palestinian-arab.

以色列《国土报》就 2003 年、2004 年以色列籍巴勒斯坦人出生率下降援引财政部的观点称，"出生率下降明显是过去两年削减子女津贴补助的结果……我们正在努力保证犹太人多数"。[①]

第三，以色列对工作女性给予支持，为其创造了良好的生育环境。[②] 例如，以色列的育儿女性可以更容易地平衡工作和家庭，因此在保持高生育率的同时，她们的带薪工作受到的干扰更少，且犹太人有相对平等的夫妻间家庭劳务分工。[③] 持平等主义性别角色态度的女性可能拥有更高的理想家庭规模，因为她们相信自己可以与伴侣平等地分担家务和照顾家庭。[④] 此外，以色列更多地将家务劳动和托儿服务有偿外包，托儿所等机构可以有效缓解女性的角色冲突。[⑤]

第四，在宗教对堕胎的限制之外，以色列政府还出台一系列措施限制堕胎，如女性若要堕胎，需要向委员会提交一份书面请求，而后医院领导小组会就她们的情况进行审核评估。此外，这部分女性还需要支付没有纳入保险的额外费用。另外，在以色列，只有 18 岁以下或 40 岁以上或其他特殊情况的女性才可以堕胎。[⑥]

第五，以色列在促进生育方面另一影响较大的政策是政府在

[①] Nehemia Shtrasler and Ruth Sinai, "Arab Birthrate Drops for First Time in Years", https://www.haaretz.com/1.4711279.

[②] Chiara Saraceno, "Childcare Needs and Childcare Policies: A Multidimensional Issue", *Current Sociology*, Vol. 59, No. 1, 2011, pp. 78-96.

[③] Liat Raz-Yurovich, "Divorce Penalty or Divorce Premium? A Longitudinal Analysis of the Consequences of Divorce for Men's and Women's Economic Activity", *European Sociological Review*, Vol. 29, No. 2, 2013, p. 376.

[④] Peter McDonald, "Gender Equity in Theories of Fertility Transition", *Population and Development Review*, Vol. 26, No. 3, 2000, p. 436.

[⑤] Liat Raz-Yurovich, "Normative and Allocation Role Strain: Role Incompatibility, Outsourcing, and the Transition to A Second Birth in Eastern and Western Germany", *Max Planck Institute for Demographic Research Working Paper*, August, 2012, p. 2.

[⑥] Jacqueline Portugese, *Fertility Policy in Israel: The Politics of Religion, Gender, and Nation*, Westport: Greenwood, 1998, p. 137.

其国家健康保险方案中为昂贵的辅助生殖技术提供了广泛的资金。依赖试管婴儿技术生育一个孩子将平均花费 1—1.5 万美元,1995 年的《国家健康保险法》完全涵盖了以色列女性通过体外受精生育的头两个孩子的费用,① 以确保所有想要孩子的家庭都能顺利生育。以色列是世界上人均获得试管婴儿技术支持最高的国家,甚至是排名第二的丹麦的两倍。② 然而,阿拉伯女性无法获得类似医疗支持。③

综上,以色列在促进生育方面具有从国家到社会的高意愿共识,加之其良好的社会经济条件和覆盖广泛的促进生育政策,都为稳定高生育率提供了必要条件,而在此背后则是其高国家能力的支撑。上述关于以色列政策的讨论中涉及的对巴勒斯坦人的歧视,在下述探讨巴勒斯坦时将不再赘述。

(三) 巴勒斯坦的人口政治

即便巴勒斯坦人实际生育率处于下降态势,至今仍然高于以色列,说明其同样维持着较高的生育意愿。实际上,巴勒斯坦人维持高生育意愿的许多因素都与以色列犹太人相似,如阿拉伯宗教与父权制传统,以及冲突背景下由民族主义转化的生育主义。巴勒斯坦民族主义具有高度发达的民族意识和明确的民族认同感,一些巴勒斯坦人认可以阿拉伯人口增长作为一种抵抗形式,并呼吁鼓励阿拉伯人口和阿拉伯化地区的自然增长,尤其是在目前犹太人占多数的地区。④ 巴勒斯坦女性以生育行动和日常生活

---

① Jacqueline Portugese, *Fertility Policy in Israel: The Politics of Religion, Gender, and Nation*, Westport: Greenwood, 1998, p. 154.

② Daphna Birenbaum-Carmeli, "Thirty-Five Years of Assisted Reproductive Technologies in Israel", *Reproductive Biomedicine & Society Online*, No. 2, 2016, p. 17.

③ Alon Tal, *The Land is Full: Addressing Overpopulation in Israel*, New Haven: Yale University Press, 2016, p. 126.

④ Rhoda A. Kanaaneh, *Birthing the Nation: Strategies of Palestinian Women in Israel*, Berkeley: University of California Press, 2002, p. 49.

中对生育的重新建构来反制以色列的殖民话语和差别对待。① 如在黎巴嫩的一个巴勒斯坦难民营中，一名妇女描述巴勒斯坦女性拥有孕育战士的能力，② 著名的巴勒斯坦民族诗人马哈茂德·达尔维什（Mahmoud Darwish）所作的一首短诗也与之遥相呼应，并在巴勒斯坦民间广为流传：

> 记下来吧，我是一个阿拉伯人！
> 我的身份证号码是五万，
> 我有八个孩子，第九个将诞生于明年的夏天，
> 愤怒吗？那就记下来吧，我是一个阿拉伯人！③

然而，巴勒斯坦人的高生育意愿受到社会经济条件的制约。在巴勒斯坦社会中存在第二种日益壮大的生育立场，这种立场基于巴勒斯坦人所面临的经济困难，认为巴勒斯坦人应该少生孩子，以使他们能够接受教育并走向现代化。④ 这既反映了巴勒斯坦个体社会经济条件的制约，也揭示了巴勒斯坦传统大家庭与现代化所需的高素质人才在巴勒斯坦被占领的困境下愈发难以弥合的矛盾。实际上，这一立场仍然以民族主义作为出发点，巴勒斯坦人希望能通过有限的资源条件提高人口素质，以对抗以色列的殖民与占领。生育决策取决于社会构建的情感欲望和物质欲望的组合，大家庭和小家庭作为两种观点，普遍存在于巴勒斯坦人的认知中。追求大家庭、生育更多孩子是为与犹太人抗衡，是为生

---

① Rhoda A. Kanaaneh, *Birthing the Nation: Strategies of Palestinian Women in Israel*, Berkeley: University of California Press, 2002, pp. 251-255.

② Julie Peteet, *Gender in Crisis: Women and the Palestinian Resistance Movement*, New York: Columbia University Press, 1992, p. 185.

③ Ian Lustick, *Arabs in the Jewish State: Israel's Control of a National Minority*, Austin: University of Texas Press, 1980, p. 11.

④ 同①, p. 62。

育更多阿拉伯战士,进而由婴儿决定边界。而组建小家庭,或者倡导提高女性受教育程度,则是为提高人口素质,最终对抗以色列的占领。

政策层面,巴勒斯坦没有独立完整的卫生系统,更难以制定并推行需要大量社会经济资源的鼓励生育政策。1967—1993 年,巴勒斯坦卫生部门的运作归属于以色列国防部下属的民政部门,以色列政府分配给巴勒斯坦卫生服务的资源不足,导致巴勒斯坦卫生基础设施多年来走向恶化和边缘化,只能依赖以色列的医疗系统。[1] 1993 年后,由于巴勒斯坦的重点在于推进和平进程而缺乏明确的卫生规划或政策指示。[2] 自第二次因提法达起义后,受制于以色列无处不在的隔离墙与封锁措施,巴勒斯坦女性在家分娩的比例从 1999 年的 8% 上升到了 2002 年的 33%。[3] 同时,巴勒斯坦女性在检查站分娩的新闻在建设隔离墙后越来越多,仅 2004 年年初,巴勒斯坦卫生部记录了至少 55 例女性在检查站分娩的案例,33 例婴儿因在检查站延误分娩而在出生后死亡。[4] 2000 年 9 月开始,宵禁、封锁、包围将巴勒斯坦分割成一个个孤立的小实体,导致各地无法获得基本的孕产妇服务,使孕产妇及新生儿成为高度脆弱的群体,这些割裂现象尤其影响巴勒斯坦的人口发展。

有研究认为,巴勒斯坦不注重对其人口的研究和规划,缺乏

---

① Rita Giacaman, Hanan F. Abdul-Rahim and Laura Wick, "Health Sector Reform in the Occupied Palestinian Territories (OPT) : Targeting the Forest or the Trees?", *Health Policy and Planning*, Vol. 18, No. 1, 2003, p. 32.

② Rita Giacaman, Hanan F. Abdul-Rahim and Laura Wick, "The Politics of Childbirth in the Context of Conflict : Policies or de Facto Practices?", *Health Policy*, Vol. 72, No. 2, 2005, pp. 129 - 139, 134.

③ Christian Aid, "Losing Ground : Israel, Poverty and the Palestinians", https://www.christianaid. org. uk/sites/default/files/2017-08/losing-ground-israel-poverty-palestinians-2003. pdf.

④ YRIS, "'Be Fruitful and Multiply' : The Role of Israeli Pronatalist Policy in the Pursuit of Jewish Demographic Dominance in the Holy Land", http://yris. yira. org/essays/2385.

方针规划来调动其人口潜力。[1] 然而，在巴以冲突中，巴勒斯坦在被占领的夹缝中生存，即便巴勒斯坦民众存在高生育意愿，巴勒斯坦民族权力机构也有意利用人口政策推动其人口发展，但在目前的政治条件下，巴勒斯坦缺乏制定长期政策和计划的能力，也难以抗衡以色列的限制措施对巴勒斯坦人生育意愿的负面影响。[2]

综合来看，巴以双方国家能力严重不对称，双方所能利用的资源不在一个量级上，而巴勒斯坦人又处处受到以色列的歧视和限制，使得巴勒斯坦人处于和以色列犹太人截然不同的个体社会经济条件之中。即便巴勒斯坦阿拉伯人与以色列犹太人受宗教、民族主义和军事政治冲突的影响，都维持着很高的生育意愿（以色列有着高于欧洲发达国家的生育率，巴勒斯坦生育率也高于多数阿拉伯国家），但这种高生育意愿转化为现实的稳定高生育率有赖于充分的个体社会经济条件。巴勒斯坦国家能力的欠缺使其社会经济资源处于匮乏状态，这既无法让其为巴勒斯坦人提供良好的个体社会经济条件，也无法推行有力的人口发展政策；而以色列长期以来锻造的强国家能力为其积累丰富的社会经济资源提供了基础，使以色列犹太人能享有一系列人口政策优惠措施，这是其能保持生育率稳定的重要原因。

五、结论

人口政治是巴以战略博弈的一个方面。在现代选举政治驱动

---

[1] Edward Hagopian and A. B. Zahlan, "Palestine's Arab Population: The Demography of the Palestinians", *Journal of Palestine Studies*, Vol. 3, No. 4, 1974, p. 32.

[2] Rita Giacaman, Hanan F. Abdul-Rahim and Laura Wick, "The Politics of Childbirth in the Context of Conflict: Policies or de Facto Practices?", *Health Policy*, Vol. 72, No. 2, 2005, pp. 129-139; UNFPA, "Palestine 2030: Demographic Transition in Palestine and What it Means for Development", https://www.un.org/unispal/document/auto-insert-192874/.

下，"一人一票"决定了人口数量的优势可以转化为政治博弈的优势。巴以双方都将扩大己方人口比例作为战略目标，通过"生下来"、"引进来"和"赶出去"增加己方人口，减少对方人口。从五次中东战争的阿以直接冲突到1993年开启巴以和谈，阿拉伯世界对巴勒斯坦问题直接参与的意愿与能力在多次战败与内外政治局势变化中逐渐减弱，巴勒斯坦也被迫回到谈判桌前，在被占领的背景下寻求建立独立主权国家的希望，尽管谈判筹码早已不如第一次中东战争之前。保持人口比例增加是巴勒斯坦反制以色列的重要手段，以色列则采取了扩大犹太人比例的相应手段。

在这场人口竞赛中，以色列事实上处于上风，巴勒斯坦人口自然增长率逐渐降低的趋势还将延续下去。巴以人口趋势扭转背后存在复杂的客观与主观原因，政策支持与生育意愿共同影响双方生育率变化，而在此背后施加影响的则是不同国家能力导致的一系列个体社会经济条件的巨大差异。尽管双方在宗教与冲突等既有的客观因素下都保持高生育意愿，不同国家能力所造就的个体社会经济条件与国家政策却存在悬殊差异。以色列在其国家社会对人口高度重视的背景下，凭借其积累和配置社会资源的能力为生育主义社会提供了充足的资源和政策支持。巴勒斯坦脆弱的国家能力最终导致巴勒斯坦人生活在碎片化的社会中，个体社会经济条件的恶化也让其很难保持较高的生育水平，导致其在这场"人口暗战"中逐渐处于劣势。

在巴以冲突中，巴勒斯坦是弱势方，其陷入了"被占领陷阱"，法塔赫与哈马斯的纷争使这个脆弱国家治理能力进一步下降，逐渐丧失人口增长优势，削弱了与以色列博弈的筹码，而这更有可能使其持续处于被动状态。以色列通过定居点建设驱赶巴勒斯坦人，通过政策支持鼓励犹太人生育，通过优惠物质政策吸引来自世界的犹太人移民。巴以人口竞赛的天平正朝着有利于以色列的方向倾斜。巴以国家国家能力失衡是造成人口数量失衡的重要因素。随着巴以地区以色列人口比例扩大、巴勒斯坦人口比例减小，巴勒斯坦问题将在中东冲突中进一步被边缘化。